Italian Tutor
Grammar and Vocabulary Workbook

Italian Tutor
Grammar and Vocabulary Workbook

Maria Guarnieri and Federica Sturani

First published in Great Britain in 2016 by Hodder and Stoughton. An Hachette UK company

This edition published in 2016 by John Murray Learning

A CIP catalogue record for this title is available from the British Library.

Library of Congress Catalog Card Number: on file.

ISBN: 9781444796131

3

Typeset by Cenveo® Publisher Services.

Printed and bound in Great Britain by CPI Group (UK) Ltd., Croydon, CR0 4YY

John Murray Learning policy is to use papers that are natural, renewable and recyclable products and made from wood grown in sustainable forests. The logging and manufacturing processes are expected to conform to the environmental regulations of the country of origin.

Carmelite House
50 Victoria Embankment
London EC4Y 0DZ
www.hodder.co.uk

CONTENTS

SCOPE AND SEQUENCE OF UNITS

LANGUAGE		SKILLS	
GRAMMAR	**VOCABULARY**	**READING**	**WRITING**
Main: The present tense: **essere** (to be) and **avere** (to have) **Subsidiary:** Adjectives: nationalities Negative and interrogative sentences	Personal information Different nationalities	Reading comprehension	Write a personal profile
Main: Singular/plural nouns **Subsidiary:** Articles with countable and uncountable nouns Numbers 1–100	Food and drink Dates and times Numbers	Which statement?	Write a blog post
Main: Present indicative – regular verbs **Subsidiary:** Elements of syntax (sentence construction)	Daily activities	True or false?	Write an article
Main: Present indicative – irregular verbs **Subsidiary:** Reflexive verbs	Sport and leisure	Paragraph matching	Write a message
Main: Impersonal **si** form **Subsidiary:** Infinitive to give generic instructions	Food: ingredients/cooking terms	Reading comprehension	Write a recipe
Main: **C'è/ci sono** there is/there are **Subsidiary:** Descriptive and demonstrative adjectives	Characteristics of a town; landmarks	Complete the sentences	Describe a town/city

Main: Prepositions (single and with articles) **Subsidiary:** Adverbial phrases of place	Home: rooms and furniture	Reading comprehension	Ask for advice
Main: **Passato prossimo** of regular verbs **Subsidiary:** **Passato prossimo** with the verb **essere** (to be) and **avere** (to have)	Holidays and travel	True or false?	Write an email
Main: The verb **piacere** (to like) **Subsidiary:** Indirect object pronouns The verb **piacere** in the past	Preferences: likes and dislikes Other verbs to express likes and dislikes	Who said what?	Write a blog post
Main: Revision of direct and indirect object pronouns, combined forms **Subsidiary:** Object pronouns with modal verbs Object pronouns with past participle	Leisure: expressions of time, idiomatic phrases to express surprise, regret, etc., (**Che bello!, Fantastico!** etc.)	Multiple choice	Write an email
Main: Adjectives: comparatives and superlatives **Subsidiary:** Adverbs of quantity Irregular comparatives and superlatives	Shopping: clothes and accessories, materials and designs	Paragraph matching	Write an email
Main: Imperfect tense 1 **Subsidiary:** Expressions of time used with the imperfect	Childhood Personal memories	Reading comprehension	Write an email

Main: Imperfect tense 2 **Subsidiary:** Imperfect used in conjunction with the **passato prossimo**	Past trends and objects	Find the phrase	Write a blog post
Main: **Il passato remoto** **Il trapassato prossimo** **Subsidiary:** Expressions of time	Art history Italian culture Museums	Reading comprehension	Write a blog post
Main: Future tense: main uses **Subsidiary:** Expressions of time used with the future	Weather and climate	Paragraph matching	Write a paragraph
Main: Relative pronouns **Subsidiary:** Indefinite pronouns and adjectives	Jobs Professional skills	True or false?	Write a mini CV
Main: Informal imperative **Subsidiary:** Asking for informal advice	States of mind	Reading comprehension	Write an email
Main: Formal and plural imperative **Subsidiary:** Negative imperatives	Personal health Health warnings	Find the phrase	Write a letter
Main: **Secondo me/per me**, etc. + verbs of opinion **Subsidiary:** Verbs of opinion + present and past subjunctive	Contemporary society: media and technology	True or false?	Write a blog post

Main: Uses of the present conditional	Relationships	Find the phrase	Write an email
Main: Standard uses of the present/past subjunctive **Subsidiary:** Conjuctions with the subjunctive	Family and society	Multiple choice	Write a paragraph
Main: 'If' clauses The imperfect/pluperfect subjunctive in 'if' clauses **Subsidiary:** The present and past conditional in 'if' clauses	The environment and society	True or false?	Write a blog post

MEET THE AUTHORS

When we first worked together as Italian Foreign Language Assistants at a redbrick university in north-west England in the nineties, we never thought that years later we would be here, sharing our teaching knowledge and expertise with you. Between us, we have taught literally hundreds of students at levels that range from complete beginners to near native proficiency, on specialist degrees and university-wide language programmes, in primary and secondary schools, online and even in prisons.

This experience has provided us with a clear understanding of how to create the conditions for effective Italian language learning and teaching.

Italian is generally perceived as the language of music, food, love, art and ideas. Italians can discuss current affairs and the weather with the same degree of passion and enthusiasm. They enjoy nothing more than getting together with family and friends over a good meal, and talking tirelessly. Silence is never an option. For a non-native speaker to be able to join in requires effort and a strong desire to learn the language. Complete accuracy is not necessary – Italians are warm and hospitable, and very inclusive when it comes to conversation. If you have already learned another Latin-based language, you will find that there are reassuring similarities which can enable rapid progression, but also intriguing differences.

We hope to show you that learning Italian is a challenge that you can embrace and enjoy. The materials are designed to guide you step by step through the language. Clear explanations are provided, along with up-to-date relevant cultural insights, and useful tips to help you understand and remember structures, and build a working vocabulary.

We hope you enjoy the course and the opportunities that learning Italian will open up for you.

Maria Guarnieri and Federica Sturani

HOW TO USE THIS BOOK

If you have studied Italian before and have reached a low intermediate level but would like to improve your grammar, vocabulary, reading and writing skills, this is the book for you. *Italian Tutor* is a grammar workbook which contains a comprehensive grammar syllabus from low intermediate to high intermediate and combines grammar and vocabulary presentations with over 200 practice exercises.

The language you will learn is presented through concise explanations, engaging exercises, simple infographics and personal tutor tips. The infographics present complex grammar points in an accessible format while the personal tutor tips offer advice on correct usage, colloquial alternatives, exceptions to rules, etc. Each unit contains reading comprehension activities incorporating the grammar and vocabulary taught, as well as freer writing and real-life tasks. The reading stimuli include emails, blogs, social media posts and business letters using real language so you can be sure you are learning vocabulary and grammar that will be useful for you.

You can work through the workbook by itself or you can use it alongside our *Complete Italian* course. This workbook has been written to reflect and expand upon the content of *Complete Italian* and is a good place to go if you would like to practise your reading and writing skills on the same topics.

Icons

 Discovery

 Vocabulary

 Writing

 Reading

 Personal Tutor

THE DISCOVERY METHOD

There are lots of philosophies and approaches to language learning – some practical, some quite unconventional, and far too many to list here. Perhaps you know of a few, or even have some techniques of your own. In this book we have incorporated the Discovery Method of learning, which is an awareness-raising approach to language learning. What this means is that you will be encouraged throughout to engage your mind and figure out the language for yourself, through identifying patterns, understanding grammar concepts, noticing words that are similar to English, and more. This method promotes language awareness, a critical skill in acquiring a new language. As a result of your own efforts, you will be able to better retain what you have learnt, use it with confidence, and, even better, apply those same skills to continuing to learn the language (or, indeed, another one) on your own after you have finished this book.

Everyone can succeed in learning a language – the key is to know how to learn it. Learning is more than just reading or memorizing grammar and vocabulary. It is about being an active learner, learning in real contexts, and, most importantly, using what you have learnt in different situations. Simply put, if you figure something out for yourself, you are more likely to understand it. And when you use what you have learnt, you are more likely to remember it.

As many of the essential but (let's admit it!) challenging details, such as grammar rules, are introduced through the Discovery Method, you will have more fun while learning. Soon, the language will start to make sense and you will be relying on your own intuition to construct original sentences independently, not just reading and copying.

Enjoy yourself!

BECOME A SUCCESSFUL LANGUAGE LEARNER

1   Make a habit out of learning

▶   Study a little every day – between 20 and 30 minutes is ideal. Give yourself **short-term goals,** e.g., work out how long you will spend on a particular unit and work within this time limit, and **create a study habit**. Try to **create an environment conducive to learning** which is calm and quiet and free from distractions. As you study, do not worry about your mistakes or the things you cannot remember or understand. Languages settle gradually in the brain. Just **give yourself enough time** and you will succeed.

2   Maximise your exposure to the language

▶   As well as using this course, you can listen to the radio, watch television or read online articles and blogs in Italian. Do you have a personal passion or hobby? Does a news story interest you? Try to access Italian information about them. It is entertaining and you will become used to a range of writing and speaking styles.

3   Vocabulary

▶   Group new words under **generic categories**, e.g., *food, furniture,* **situations** in which they occur, e.g., under *restaurant* you can write *waiter, table, menu, bill,* and **functions**, e.g., *greetings, parting, thanks, apologizing.*

▶   Write the words over and over again. Keep lists on your smartphone or tablet, but remember to switch the keyboard language so you can include all accents and special characters.

▶   Cover up the English side of the vocabulary list and see if you remember the meaning of the word. Do the same for the Italian.

▶   Create flash cards, drawings and mind maps.

▶   Write Italian words on sticky notes and attach them to objects around your house.

▶   **Experiment with words.** Look for patterns in words, e.g., make words feminine by changing the ending **-o** to **-a: ragazzo/a.**

4   Grammar

▶   **Experiment with grammar rules.** Sit back and reflect on how the rules of Italian compare with your own language or other languages you may already speak.

▶   Use known vocabulary to practise new grammar structures.

▶   When you learn a new verb form, write the conjugation of several different verbs you know that follow the same form.

5   Reading

The passages in this book include questions to help guide you in your understanding. But you can do more:

▶   **Imagine the situation.** Think about what is happening in the extract/passage and make educated guesses, e.g., a postcard is likely to be about things someone has been doing on holiday.

▶   **Guess the meaning of key words before you look them up.** When there are key words you do not understand, try to guess what they mean from the context. If you are reading an Italian text and cannot get the gist of a whole passage because of one word or phrase, try to look at the words around that word and see if you can work out the meaning from the context.

6 Writing

▶ Practice makes perfect. The most successful language learners know how to overcome their inhibitions and keep going.

▶ When you write an email to a friend or colleague, or you post something on social media, pretend that you have to do it in Italian.

▶ When completing writing exercises, see how many different ways you can write it; imagine yourself in different situations and try answering as if you were someone else.

▶ Try writing longer passages such as articles, reviews or essays in Italian, it will help you to formulate arguments and convey your opinion, as well as help you to think about how the language works.

▶ Try writing a diary in Italian every day, this will give context to your learning and help you progress in areas which are relevant to you.

7 Visual learning

▶ Have a look at the infographics in this book (at the beginning of some of the units). Do they help you to visualise a useful grammatical point? You can keep a copy of those you find particularly useful to hand to help you in your studies, or put it on your wall until you remember it. You can also look up infographics online for topics you are finding particularly tricky to grasp, or even create your own.

8 Learn from your errors

▶ Making errors is part of any learning process, so do not get so worried about making mistakes that you become unable to say anything unless you are sure it is correct. This leads to a vicious circle – the less you say, the less practice you get and the more mistakes you make.

▶ Note the seriousness of errors. Many errors are not serious as they do not affect the meaning.

9 Learn to cope with uncertainty

▶ Do not over-use your dictionary.

▶ Resist the temptation to look up every word you do not know. Read the same passage several times, concentrating on trying to get the gist of it. If after the third time some words still prevent you from making sense of the passage, look them up in the dictionary.

1 Piacere mio!

My pleasure!

In this unit you will learn how to:

- ✓ use adjectival endings
- ✓ provide personal information

CEFR: Can use **essere** and **avere** to provide personal information (A1/A2); Can ask direct questions and express negative sentences (A1); Can recognise idiomatic expressions with **avere** (A1); Can describe nationalities (A1/A2)

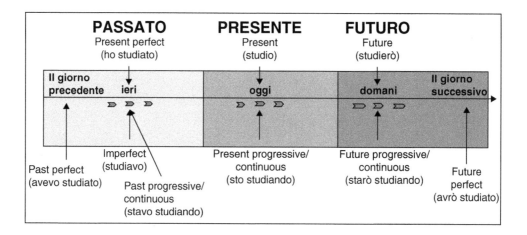

PASSATO	PRESENTE	FUTURO
Present perfect (ho studiato)	Present (studio)	Future (studierò)

Il giorno precedente — ieri — oggi — domani — Il giorno successivo

Past perfect (avevo studiato)
Imperfect (studiavo)
Past progressive/continuous (stavo studiando)
Present progressive/continuous (sto studiando)
Future progressive/continuous (starò studiando)
Future perfect (avrò studiato)

Meaning and usage

Essere (to be) and **avere** (to have) are amongst the most common verbs in any language. Italian is no different.

Essere is normally used to describe and express a state of being:

> <u>Sono</u> una ragazza italiana. *(I'm an Italian girl.)*

> Luigi <u>è</u> un ragazzo simpatico? *(Is Luigi a nice guy?)*

> No, non <u>siamo</u> italiani, <u>siamo</u> svizzeri, di Ginevra. *(No, we aren't Italian, we're Swiss, from Geneva.)*

 *In Italian, asking a direct question which requires a yes or no answer is very simple. As you can see from the example to the left, the word order in the question is the same as when you make a statement. In written Italian you can recognise the question by the question mark at the end. In spoken Italian you'll be able to recognise the question by the interrogative intonation (the voice will go up and then down). Negative sentences are formed by adding the negation **non** just before the verb.*

Avere is used to indicate possession, or to express age:

Maria ha una laurea in Legge. *(Maria has a degree in law.)*

Gli studenti hanno 21 anni. *(The students are 21 years old.)*

You may have noticed that in this last example the Italian sentence has a different structure from the English, the idea being that we 'possess' our age, rather than 'being' of that age.

How to form the present tense of *essere* and *avere*

Both **essere** and **avere** are irregular in Italian, so they do not follow a pattern shared with other regular verbs. The following table shows the forms of **essere** and **avere** in the present tense. They are very common verbs and so occur very frequently. You'll quickly be able to learn them by heart.

	Essere (*to be*)	Avere (*to have*)
io (*I*)	sono	ho
tu (*you, singular*)	sei	hai
lui/lei/Lei (*he/she/formal you, singular*)	è	ha
noi (*we*)	siamo	abbiamo
voi (*you, plural*)	siete	avete
loro (*they*)	sono	hanno

In Italian, verbs have a different form for each different subject (io, tu, lui, etc). It's very unusual to say the subject before the verb unless there is ambiguity or a need to emphasise who's doing the action.

A **Complete the sentences by adding the correct form of the verb** *essere.*

1 Anna _____ una ragazza di Milano.

2 Loro _____ due studenti dell'Università di Padova?

3 Di dove _____ (tu)? _____ di Manchester, e tu?

4 Io e mia mamma non _____ inglesi, ma mio padre, sì, lui _____ di Bristol.

5 Voi _____ molto simpatici, davvero!

B **Complete the sentences by adding the correct form of the verb** *avere.*

1 Voi _____ molto da studiare oggi?

2 Io _____ una bella casa al mare, in Sardegna.

3 Luca _____ 37 anni, credo.

4 Tu _____ molti amici stranieri?

5 Maria e Chiara non _____ paura del buio.

C   Complete the sentences with the correct form of *essere* **or** *avere*.

1 Oggi _____ proprio una bella giornata!

2 Francesca _____ molto stressata in questo periodo, forse
_____ dei problemi al lavoro.

3 Noi _____ originari del sud Italia, ma abitiamo a Bergamo da molti anni.

4 Mariella, _____ tempo di controllare la posta elettronica prima di uscire?

5 Nel mio corso di italiano ci _____ molti studenti che arrivano dagli Stati
Uniti.

6 Mio fratello _____ un ottimo lavoro, ma non _____ felice.

7 Quanti anni _____ voi?

8 Ciao Luigi, ti presento Katarina e Anya, _____ due mie amiche polacche.
Molto piacere, _____ felice di conoscervi.

9 Le due ragazze _____ alcuni amici in comune, ma non si conoscono.

10 Ma voi _____ inglesi?

D   Change the following text to the negative form. Use the example to help you.

Salve. Sono un ragazzo italiano alla ricerca di amici. – *Salve.* **Non sono** *un ragazzo italiano alla
ricerca di amici.*

Sono siciliano, ma abito a Torino perché qui lavoro. Sono impiegato presso una società assicurativa
multinazionale, il lavoro mi piace e guadagno bene. Ma ho difficoltà a trovare amici con cui uscire
dopo il lavoro. Perciò vado spesso in palestra, ma anche in palestra sono spesso da solo ed ora
comincio a sentirmi un po' depresso. Se avete dei suggerimenti da darmi, potete rispondermi qui
nel mio blog. Ciao, a presto!

Adjectives

In Italian, nouns are either masculine or feminine and either singular or plural. Adjectives have
to agree with the nouns they describe in gender and number. This means that Italian adjectives
change their endings to follow the gender and number of the noun they refer to.

Italian adjectives are divided into two groups, according to their endings. The following tables
show how adjectives change their endings to agree with the noun:

Adjectives ending in -o (italiano)

	Singular	Plural
Masculine	italian-**o**	italian-**i**
Feminine	italian-**a**	italian-**e**

Adjectives ending in -e (inglese)

	Singular	Plural
Masculine and feminine	ingles-**e**	ingles-**i**

E Complete the boxes with the right form of the nationality adjective. Use the example to help you.

Un ragazzo …	Tre ragazzi …	Una ragazza …	Quattro ragazze …
spagnolo	spagnoli	spagnola	spagnole
francese			
			irlandesi
		americana	
			indiane
cinese			
		brasiliana	

F Complete the sentences using one adjective from the list. Remember to change its ending to agree with the noun – use the example to help you.

> adatto, amante, divertente, interessante,
> noioso, preciso, simpatico, tedesco

1 Queste ragazze sono molto _____. – *Queste ragazze sono molto **noiose**.*

2 Antonio ha postato un video molto _____, ha fatto ridere tutti in ufficio.

3 Giulia lavora per il reparto forense della Polizia, è un lavoro molto _____ a lei, perché è una persona _____ e puntigliosa.

4 Raffaella e Chiara sono due studentesse _____ della storia dell'arte.

5 Stefano ha conosciuto Emilia durante uno stage di lavoro presso una ditta _____.

6 Il mio corso di laurea è meno _____ del previsto, ma gli studenti di questa università sono davvero _____.

Vocabulary

Nationalities

G **Match the Italian with its English equivalent.**

americano	Welsh
austriaco	Swiss
brasiliano	Spanish
canadese	Russian
cinese	Portuguese
francese	Italian
gallese	Icelandic
greco	Irish
inglese	Greek
irlandese	German
islandese	French
italiano	English
portoghese	Chinese
russo	Canadian
tedesco	Brazilian
spagnolo	Austrian
svizzero	American

H **Complete the sentences using the appropriate nationality from the list above. Remember to change the adjective ending so that it agrees with the noun it refers to.**

1 Luca e Mario sono studenti _____, di Ginevra.

2 Ivan è un mio amico di San Pietroburgo, è _____.

3 Questi bambini hanno i nonni _____, abitano a Berlino.

4 Ho due amici di Madrid, e come tutte le persone _____ sono molto socievoli.

5 Milano è una città _____ famosa per la moda.

6 A Parigi parlano la lingua _____.

7 Cambridge ed Oxford sono due università _____ molto prestigiose.

8 Luis è uno studente _____, appena arrivato da Rio de Janeiro.

Vocabulary

Expressions with **avere**

I Reorder the letters in bold to create expressions with *avere*.

avere ... **nani**   to be ... years old

avere   **mafe**   to be hungry

avere   **tese**   to be thirsty

avere   **drofed**   to be cold

avere   **dalco**   to be warm/hot

avere   **nosno**   to be sleepy

avere   **arapu**   to be afraid

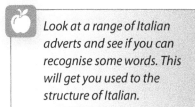

Look at a range of Italian adverts and see if you can recognise some words. This will get you used to the structure of Italian.

J Complete the sentences using the correct expression from the list above.

1 Alcuni bambini _____ dei mostri di Halloween.

2 Sono 35°C, e noi _____.

3 No, lei non prende la pizza, non _____.

4 Oggi la lezione è stata proprio noiosa e stancante, ed ora io _____

_____.

5 Nonna, sei incredibile: _____ 102 _____ e vivi ancora sola!

 Reading

K Read the following profile found on a professional network, then answer this question in Italian: **What and where does Alessandro study?**

*Ciao, **sono** Alessandro, **sono** uno studente italiano all'università di Milano. **Ho** 23 anni e studio medicina. Cerco altri studenti di medicina per creare un gruppo di studio.*

L   Now read some other profiles and answer the questions that follow in Italian.

Salve, mi presento: mi chiamo Filippo, ho 30 anni e lavoro in una azienda vinicola, sono responsabile del settore import-export, esportiamo vino italiano in Europa ed America. Vogliamo espandere il nostro mercato anche in Asia e cerco colleghi cinesi per creare i primi contatti. Se siete interessati, aggiungetemi ai vostri contatti.

Buongiorno, sono Miriam, sono austriaca, ma abito a Düsseldorf, e insegno italiano a ragazzi tedeschi di una scuola superiore. Siamo interessati a creare uno scambio con una scuola italiana. Se siete insegnanti di lingue straniere e vi piace l'idea di uno scambio, allora contattatemi!

Buongiorno, sono Ana, sono spagnola e ho un laurea in lingue, con specializzazione in traduzione. Le lingue che conosco bene sono italiano, inglese, e portoghese. Ho molta esperienza di traduzioni commerciali e legali. Sono alla ricerca di agenzie italiane per aumentare la mia esperienza professionale.

Ciao, sono Francois, sono giornalista per il settimanale francese Paris. Ho 40 anni, non sono sposato e non ho figli, ma ho un grande desiderio: scrivere un libro di viaggi in Italia. Per questo cerco persone italiane che hanno la possibilità di ospitarmi a casa, persone che sono interessate ad avere uno scambio di opinioni con me. Scrivetemi!

cerco altri studenti	*I am looking for other students*
uno scambio	*an exchange*
contattatemi	*contact me*
non sono sposato e non ho figli	*I am not married and I do not have children*
ospitarmi	*to host me*
scrivetemi	*write to me*

1 Quanti anni ha Filippo?

_____

2 Che cosa fa Filippo?

_____

3 Di dove è Miriam?

_____

4 Che lavoro fa Miriam?

_____

5 In quale settore ha molta esperienza Ana?

_____

6 Descrivi Francois. (provide at least three details)

_____

M **For some extra practice, why not try the following? Find all the forms of the verbs _essere_ and _avere_ in the reading passage (in the first profile we have done it for you – they are in bold) and change them as if you are describing this person to somebody else. Remember to change 'io' to the 'lui' or 'lei' form of the verb.**

Vocabulary

N **For each nationality listed below, provide the country. Use the example to help you.**

    1 italiano   _Italia_

    2 cinese   _____

    3 austriaco   _____

    4 tedesco   _____

    5 spagnolo   _____

    6 inglese   _____

    7 portoghese   _____

    8 francese   _____

O **Look at the following statements and give the name of the country they refer to, from the list in Activity N.**

   1 Si può ammirare la Torre Eiffel ed il museo degli Impressionisti.

   2 Una bevanda tipica di questo paese è la sangria.

   3 È un paese asiatico molto importante economicamente.

   4 È la patria del rugby.

   5 Le isole di Madeira, Capo Verde e le Azzorre appartengono a questo paese.

   6 È una nazione alpina tra l'Italia e la Germania.

   7 La sua capitale è famosa per un muro che la divideva in est e ovest.

   8 È conosciuto anche con il nome di Belpaese.

 Why not test your memory of nationalities in Italian? Every time you read or hear the name of a country, try to think of the adjective for that country. If you cannot remember it, look it up. You'll soon know them by heart!

P **Choose the expression that means the same as the phrase in italics.**

   1 Cerco colleghi cinesi *per creare* i primi contatti.

      a per iniziare

      b per terminare

      c per scrivere

   2 *Buongiorno*, sono Miriam.

      a arrivederci

      b salve

      c grazie

   3 *Vi piace l'idea di* uno scambio.

      a siete favorevoli ad

      b non avete la possibilità di fare

      c siete contrari ad

   4 Sono alla ricerca di agenzie italiane per aumentare la mia esperienza *professionale*.

      a di professore

      b di studio

      c di lavoro

 # Writing

Q Write a personal profile for a social network. Include your nationality, age and what you do. Write between 40 and 60 words.

Self-check

Tick the box which matches your level of confidence.

1 = very confident   2 = needs more practice   3 = not confident

Barra la casella che corrisponde al tuo livello di conoscenza e sicurezza.

1 = molto sicuro   2 = ho bisogno di più pratica   3 = non affatto sicuro

	1	2	3
Can use **essere** and **avere** to provide personal information (CEFR A1/A2)			
Can ask direct questions and express negative sentences (CEFR A1)			
Can recognise idiomatic expressions with **avere** (CEFR A1)			
Can describe nationalities (CEFR A1/A2)			

*For more information on the present tense of essere and avere, refer to *Complete Italian*, Units 1 and 3, or *Get Started in Italian*, Unit 5.

2 Due spaghetti e via!

Some spaghetti, and off we go!

In this unit we will learn how to:

- ✓ use articles correctly
- ✓ talk about food and drinks

CEFR: Can recognise and use nouns and articles in the correct form (A1); Can recognise countable and uncountable nouns (A1/A2); Can use numbers 1 to 100 and tell the time (A1/A2); Can describe places for eating and drinking (A2)

pizzetta farcita
due cornetti
cornetti alla marmellata
tè al limone cappuccino un'aranciata
caffè corretto
pizzetta biscotti **spaghetti**
un caffè **caffè espresso**
cornetti alla crema
cornetto succhi di frutta
delle paste
quattro caffè

Meaning and usage

1 A noun is normally used to identify people, animals, things or abstract ideas and feelings.

Il ragazzo ordina un caffè al bar. *(The boy orders a coffee at the bar.)*

Ho una gran voglia di gelato! *(I have a great wish for an ice-cream!)*

2 Nouns are often (although not always) accompanied by an article.

Il ristorante più costoso è senza dubbio 'Il pescatore'. *(The most expensive restaurant is undoubtedly 'The fisherman'.)*

Forms

Every noun in Italian has a gender – either masculine or feminine. Italian nouns can be either singular (one item) or plural (more than one). Normally, it is possible to recognise a noun's gender and whether it is singular or plural by looking at its last letter (the ending). The general rule is that:

1 Nouns ending in -o are masculine. They form the plural by changing the ending -o to -i.

Alfredo ordina un cappuccino. *(Alfredo orders a cappuccino.)*

Alfredo ordina due cappuccini. *(Alfredo orders two cappuccinos.)*

2 Nouns ending in -**a** are feminine. They form the plural by changing the ending -**a** to -**e**.

Marinella compra una pizzett<u>a</u>. *(Marinella is buying a small pizza.)*

Marinella compra due pizzett<u>e</u>. *(Marinella is buying two small pizzas.)*

3 There is, however, a significant number of nouns with a singular ending in -**e**. They can be either masculine or feminine, but they form the plural in the same way for both genders, by changing the -**e** ending into an -**i** ending:

Vorrei un calzon<u>e</u> (masc. sing.), per favore. *(I'd like a calzone, please.)*

Vorrei tre calzon<u>i</u> (masc. plur.), per favore. *(I'd like three calzone, please.)*

Non trovo la chiav<u>e</u> (fem. sing.) di casa! *(I can't find the house key!)*

È tuo questo mazzo di chiav<u>i</u> (fem. plur.)? *(Is this bunch of keys yours?)*

*You may worry about how to recognise if a noun ending in -**e** is masculine or feminine. There isn't a rule that applies to all nouns, so the best way is to learn these nouns together with the article.*

The following table shows all the changes from singular nouns to plural:

	Masculine ending in -o	Feminine ending in -a	Masculine and feminine ending in -e
Singular	cappuccin-**o** panin-**o**	pizzett-**a** past-**a**	calzon-**e** (masc.) capres-**e** (fem.)
Plural	cappuccin-**i** panin-**i**	pizzett-**e** past-**e**	calzon-**i** capres-**i**

A small group of nouns never change their ending when used in the plural. The most common are:

1 Nouns ending with an accented vowel (for example caffè, città or società)

Allora, ragazzi, ordino un caff<u>è</u> o tre caff<u>è</u>? *(Well guys, shall I order one coffee or three?)*

2 Nouns ending in a consonant, as they are often of foreign origin (for example bar, computer)

Andiamo al ba<u>r</u>? *(Shall we go to the bar?)*

I due ba<u>r</u> più alla moda di Ancona sono Bar Porto e Bar Rosetta. *(The two most fashionable bars in Ancona are Bar Porto and Bar Rosetta.)*

A Change the following dialogue between a waiter (cameriere) and a customer (cliente) by putting the nouns in bold into the plural form. Use the example to help you.

1 Cliente: Buongiorno, vorrei **un caffè**, per favore. – *Buongiorno, vorrei **due caffè**, per favore.*

2 Cameriere: Certo, signore. Desidera anche **una pasta**?

3 Cliente: Mmh, avete **un cornetto** alla marmellata?

4 Cameriere: No, mi dispiace, con la marmellata abbiamo soltanto **una crostatina**. Il cornetto è alla crema.

5 Cliente: No, non mi piace la crema. Allora prendo **un caffè** e **un panino** al formaggio, e **un bicchiere** di acqua, per favore.

B Complete the following blog using the nouns in the list below. Remember, the noun is provided in the singular form, so you may need to change it to the plural form.

> pizza, città, persona, amico, giro,
> bar, cornetto, monumento, caffè

Daily Blog

Ciao, ragazzi, per continuare il mio ₁_____ d'Italia, oggi sono a Pavia, una ₂_____ bellissima. Adesso sono in un ₃_____ del centro e faccio colazione con un ₄_____ espresso fortissimo e due ₅_____ alla cioccolata enormi. In questo locale, ci sono tante ₆_____, ho l'impressione che sia un locale molto alla moda! Più tardi incontro Giorgio e Andrea, due miei ₇_____, andiamo insieme a visitare Pavia ed i suoi ₈_____. Poi tutti al ristorante, mangiamo due ₉_____ e via, di nuovo a visitare la città. Ora vi saluto, ci sentiamo domani per un aggiornamento sul mio viaggio.

Did you notice that in the exercise above there are a few examples of adjectives accompanying nouns, such as **bellissima, fortissimo, enormi?** *You may remember that adjectives must change their endings to agree with the nouns they refer to, so by looking at their form, you can easily guess if the missing noun is feminine or masculine and if it is singular or plural.*

Articles with countable and uncountable nouns

Articles: Definite and indefinite

All articles in Italian, like adjectives, must change their form to agree in gender and number with the noun they accompany. However, they also change depending on the spelling of the word after it. See the following tables for the forms of indefinite and definite articles.

The indefinite article (**a, an**)

	Singular	
Masculine	Before words starting with: s + consonant z gn ps y	**UNO** uno **st**udente, uno **sp**aghetto uno **z**aino uno **gn**occo uno **ps**icologo uno **y**ogurt
	Before words starting with: a single consonant (except z, y) any vowel	**UN** un **c**ornetto, un **s**ucco di arancia un **e**spresso, un **a**maro
Feminine	Before words starting with: any consonant	**UNA** una **p**izza, una **c**rostata, una **st**upenda torta
	Before words starting with: any vowel	**UN'** un'**a**ranciata, un'**i**nsalata

The definite article (**the**)

		Singular	Plural
Masculine	Before words starting with: single consonants (except z, y)	**IL** il **p**anino, il **c**alzone	**I** i **p**anini, i **c**alzoni
	Before words starting with: s + consonant z gn ps y	**LO** lo **sp**aghetto lo **z**aino lo **gn**occo lo **ps**icologo lo **y**ogurt	**GLI** gli **sp**aghetti gli **z**aini gli **gn**occhi gli **ps**icologi gli **y**ogurt
	Before words starting with: any vowel	**L'** l'**e**spresso	**GLI** gli **e**spressi
Feminine	Before words starting with: any consonant	**LA** la **p**izza, la **s**alsa, la **c**aprese	**LE** le **p**izze, le **s**alse, le **c**apresi
	Before words starting with: any vowel	**L'** l'**a**ranciata, l'**i**nsalata	**LE** le **a**ranciate, le **i**nsalate

C Choose the correct article to complete the text.

Mi piace mangiare al ristorante, ₁ *i / gli* miei piatti preferiti sono ₂ *li / gli* spaghetti allo scoglio o alle vongole, e ₃ *le / la* grigliata di carne, sono davvero squisiti. ₄ *Gli / I* ingredienti di questi piatti, però, devono essere molto freschi, altrimenti ₅ *lo / il* sapore cambia. ₆ *Un / un'* tipo di ristorante in cui si mangia bene e si spende poco è ₇ *la / le* trattoria. Normalmente ₈ *la / le* trattoria offrono ₉ *un / una* cucina casalinga e ₁₀ *un' / un* ospitalità molto calorosa.

D Add the correct definite article, then change the phrases to the plural form. Use the example to help you.

__la__ marmellata   –   __le___ marmellate_____

1 _____ espresso   –   _____ _____

2 _____ studente   –   _____ _____

3 _____ stazione   –   _____ _____

4 _____ università   –   _____ _____

5 _____ amica   –   _____ _____

6 _____ pasta   –   _____ _____

7 _____ tè   –   _____ _____

8 _____ prosecco   –   _____ _____

9 _____ bistecca   –   _____ _____

10 _____ spezzatino   –   _____ _____

Nouns: Countable and uncountable

Nouns usually come in a single or plural quantity, and they can be counted: *a coffee, two sandwiches, three pizzas*. These are countable nouns. In some cases, however, it isn't possible to count them as individual items. These are called uncountable nouns. Many types of food and drink are uncountable. For example, we can't count *one or two milks*, but we need to express the quantity using either a measuring unit (litre, glass, cup) or a so-called **partitive article** (**some**, **any** milk). Uncountable nouns are normally used in the singular and don't have a plural form, but the partitive article can be used with countable nouns in the plural, when we don't want to express an exact quantity.

The Italian partitive article follows the pattern of the definite article, which is added to the preposition **di**. See the table below for the forms of these articles.

The partitive article (*some, any*)

	Singular	Plural
Masculine	DI + IL = **DEL** *del latte* DI + LO = **DELLO** *dello zucchero* DI + L' = **DELL'** *dell'orzo*	DI + I = **DEI** *dei bar* DI + GLI = **DEGLI** *degli amici*
Feminine	DI + LA = **DELLA** *della farina* DI + L' = **DELL'** *dell'acqua*	DI + LE = **DELLE** *delle bottiglie*

E **Five of the sentences below contain a mistake in the use of the article or the partitive. Decide which ones are incorrect and change them accordingly.**

1 Vorrei ordinare da mangiare, per favore: mi porta del menu?

2 Per primo prendo uno risotto ai funghi, e tu?

3 In questo ristorante si mangia benissimo, in particolare sono buonissimi i saltimbocca alla romana.

4 Le cultura del caffè in Italia è molto forte.

5 Per dolce abbiamo del tiramisù, oppure preferisce il gelato?

6 Scusi, mi può aggiungere dei latte nel caffè?

7 La cultura del cibo in Italia è molto sentita.

8 I gnocchi tradizionalmente si mangiano il giovedì.

9 Mi scusi, vorrei un cappuccino decaffeinato.

10 Quando vado al ristorante, prendo sempre l'acqua gassata.

Vocabulary

Numbers (1 to 100)

uno	one
due	two
tre	three
quattro	four
cinque	five
sei	six
sette	seven
otto	eight
nove	nine
dieci	ten
undici	eleven
dodici	twelve
tredici	thirteen
quattordici	fourteen
quindici	fifteen
sedici	sixteen
diciassette	seventeen

diciotto	eighteen
diciannove	nineteen
venti	twenty
ventuno	twenty-one
ventidue	twenty-two
ventitré	twenty-three
trenta	thirty
quaranta	forty
cinquanta	fifty
sessanta	sixty
settanta	seventy
ottanta	eighty
novanta	ninety
cento	one hundred

F   Find the following numbers in the wordsearch.

> diciassette,   sette,   due,   quattro,   ventidue,   cento,
> novantuno,   sessanta,   trentaquattro,   nove,   sedici,   dieci

O	S	T	A	C	D	Q	E	O	U	S	S	T	D	T
R	E	C	N	O	V	E	Q	C	Q	E	E	R	M	I
O	T	O	S	E	S	S	A	N	T	A	V	E	F	I
R	T	I	C	C	D	E	Q	R	I	I	U	N	F	N
C	E	R	N	I	I	N	D	U	E	C	N	T	G	A
V	E	N	T	I	D	U	E	S	A	I	N	A	U	R
A	D	I	C	I	A	S	S	E	T	T	E	Q	A	M
D	S	E	Q	D	O	A	D	A	E	C	I	U	R	A
E	E	C	U	Q	D	T	N	A	A	N	O	A	N	I
D	D	O	A	I	I	E	T	T	N	N	T	T	E	N
I	I	N	T	O	E	D	N	A	V	E	T	T	R	A
R	C	E	T	S	C	I	C	E	N	T	O	R	I	R
T	I	A	R	I	I	C	I	T	I	T	U	O	I	U
R	N	O	O	O	I	I	A	Q	A	T	A	I	T	T
Q	N	O	V	A	N	T	U	N	O	V	D	E	A	S

G **The waiter in this restaurant isn't very good at adding up, and all the bills are wrong! Check and correct the amount the customer has to pay. Spell out the totals.**

1 Due pizze, €16; una bottiglia di acqua, €4; una bottiglia di birra, €8. Totale: ventisei euro.

2 Tre caffè, €3; due cornetti alla crema, €3. Totale: sette euro.

3 Un panino al prosciutto, €3.80; una Coca Cola, €2. Totale: quattro euro e ottanta (centesimi).

4 Due bicchieri di prosecco, €12; un cocktail analcolico, €5. Totale: diciannove euro.

5 Un succo di pesca, €2.50; due pizzette, € 5. Totale: sette euro e quaranta (centesimi).

6 Una bottiglia di acqua minerale, €0.80; una barretta di cioccolato, €1.80. Totale: tre euro e settanta (centesimi).

7 Un risotto ai funghi, €8.90; una grigliata mista, €16.50. Totale: ventisette euro e cinquanta (centesimi).

Vocabulary

Expressing the time

H **Match the Italian time expression with its English equivalent.**

Sono le sette	At eight o'clock
Sono le sette e cinque (minuti)	It is midday
Sono le sette e quindici	At seven o'clock
Sono le sette e un quarto	It is twenty to eight
Sono le sette e mezza	It is seven forty-five
Sono le sette e trenta	It is seven forty
Sono le sette e quaranta	It is eight o'clock
Sono le otto meno venti	It is a quarter past seven
Sono le sette e tre quarti	It is one o'clock
Sono le otto meno un quarto	It is seven thirty
Sono le otto	It is midnight
È l'una	It is a quarter to eight
È mezzogiorno	It is half past seven
È mezzanotte	It is seven o'clock
Alle sette	It is fifteen past seven
Alle otto	It is five (minutes) past seven

You may have noticed that to express the time in Italian, we always express the hour first and then the minutes past the hour (although, like in English, the word minuti is very rarely said). We can also continue to look at how many minutes have passed from the start of the hour, rather than look at how many minutes it is until the next hour. We can express the time in such a way, until it is the beginning of the next hour.

I Look at the following restaurant reservations and give the party's arrival time. Use the example to help you.

Signori Desentis, tavolo per 4: h. 19.30.

I signori Desentis arrivano alle sette e trenta.

1 Paolo Loreti, tavolo per 2: h. 21.00.

2 Signori Alfrodi, tavolo per 10: h. 19.20.

3 Maria Scumma, tavolo per 4: h. 14.00.

4 Signori Pannoli, tavolo per 15: h. 13.15.

5 Signori Nelli, tavolo per 8: h. 12.45.

6 Antonio Gentili, tavolo per 6: h. 20.40.

📖 Reading

J Read the beginning of the following article, then answer this question in Italian: **What do bars, restaurants and trattorie (inns) have in common?**

	Bar, ristorante, trattoria, pizzeria, paninoteca, enoteca: i nomi dei locali dove poter andare a bere e mangiare qualcosa sono tanti. Ogni locale però ha anche delle caratteristiche diverse dagli altri e ognuno di essi è adatto a situazioni ed occasioni diverse.

K Now read the rest of the article and decide if the statements that follow refer to the bar (B), the trattoria (T), or the pizzeria/paninoteca (P).

	Che cosa li distingue? Iniziamo con i bar, che in Italia sono numerosissimi. Spesso sono locali semplici, anche piccoli, perché al bar gli italiani vanno soprattutto per bere un espresso veloce, in piedi davanti al banco, mentre fanno due chiacchiere con un conoscente, e se ne vanno appena finito di bere il caffè. Andare al bar significa fare una breve pausa dal lavoro. I bar più grandi hanno a volte delle stanze interne con tavolini, per chi ha tempo di rimanere più a lungo. Spesso in estate i tavolini sono fuori, e nel tardo pomeriggio molti italiani si fermano per bere un aperitivo. Il cibo al bar è principalmente da asporto: panini, pizzette, toast. Per chi vuole invece sedersi a mangiare qualche cosa di caldo, ed ha più tempo, ci sono le trattorie, i ristoranti, le paninoteche, le pizzerie. I ristoranti hanno una maggiore varietà di piatti rispetto a pizzerie e paninoteche, e i piatti che offrono sono più ricercati. Le trattorie tradizionali, invece, sono ristoranti meno cari, spesso a conduzione familiare e offrono un menu fisso, legato alla cucina regionale.
	Pizzerie e paninoteche sono i locali che i giovani italiani frequentano di più, perché sono più economici e sono in genere meno eleganti, ma più pratici. Come suggerisce il loro nome, si specializzano soprattutto in pizze e panini di tutti i tipi e tutte le varietà.
	Infine l'enoteca, un locale dove si va soprattutto per degustare i vini italiani. Sono diventati molto numerosi negli ultimi anni, da quando si è diffusa la moda di accoppiare la degustazione dei vini ai sapori dei cibi più tradizionali e regionali.

il locale	*the venue*
la chiacchiera (fare due chiacchiere)	*the chat (to have a chat)*
cibo da asporto	*take away food*
il toast	*toasted sandwich/toastie*
la portata (la portata di carne o di pesce)	*course (the meat or fish course)*
degustare	*to taste*

1 Hanno una clientela giovane.	B	T	P
2 Sono spesso di proprietà di una sola famiglia.	B	T	P
3 I frequentatori rimangono solo per pochi minuti e spesso non si siedono.	B	T	P
4 Il cibo che offre può essere facilmente portato via.	B	T	P
5 Offre cibo caldo a prezzi economici.	B	T	P
6 Non sono locali molto ricercati.	B	T	P
7 Il menu spesso offre cibi legati alla tradizione della regione.	B	T	P

 L **For some extra practice, why not try the following? Find the nouns in the article, decide if they are masculine, feminine, singular or plural and then match them with the correct form of the definite and indefinite article (you may find that the noun is already matched with one of these two forms). The first noun has been done for you: bar (masc. sing.)** – *IL/ UN bar*.

Vocabulary

M Match the noun with the correct definition.

Aperitivo	lista dei piatti in un ristorante
Barista	bevanda fatta con caffè e latte
Cappuccino	persona che lavora in un bar
Menu	persona che lavora in un ristorante
Cameriere	bevanda prevalentemente alcolica accompagnata da patatine e olive, da bere prima di pranzo o cena

N Choose the expression that means the opposite of the one taken from the article.

1 Che cosa li distingue?

    a Che cosa li differenzia?

    b Che cosa li unisce?

    c Che cosa li rappresenta?

2 Per chi ha tempo di rimanere più a lungo.

    a Per le persone che possono fermarsi.

    b Per le persone che devono andare via subito.

    c Per le persone che stanno bene lontano da casa.

3 Offrono un menu fisso.

  a Offrono una varietà di piatti diversi ogni giorno.

  b Offrono sempre gli stessi piatti tutti i giorni.

  c Non offrono nessuna scelta.

4 Sono diventati molto numerosi.

  a Non ci sono.

  b Ce ne sono molti.

  c Ce ne sono meno di qualche anno fa.

Why not search for Italian bars or restaurants online? You'll find that many of them post their menus, so you can familiarise yourself with the type of food and drink each eatery offers.

✏ Writing

O **Write a short blog, in which you describe a pub/diner/wine bar to an Italian audience. Use the structures and the vocabulary you have learned in this unit. Write between 40 and 65 words.**

> ## Daily Blog
>
>

*Italian aperitivo is becoming more and more similar to the tapas you find in Spain. Type **aperitivo in Italia** into your search engine to find blogs which discuss this topic and see how much you can understand.*

Self-check

Tick the box which matches your level of confidence.

1 = very confident   2 = needs more practice   3 = not confident

Barra la casella che corrisponde al tuo livello di conoscenza e sicurezza.

1 = molto sicuro   2 = ho bisogno di più pratica   3 = non affatto sicuro

	1	2	3
Can recognise and use nouns and articles in the correct form (CEFR A1)			
Can recognise countable and uncountable nouns (CEFR A1/A2)			
Can use numbers 1 to 100 and tell the time (CEFR A1/A2)			
Can describe places for eating and drinking (CEFR A2)			

* For more information on the singular and plural of nouns and the forms of the articles, refer to *Complete Italian*, Units 1 and 2, or *Get Started in Italian*, Units 2 and 3.

3 Tutti i santi giorni!

Every single day!

In this unit we will learn how to:

- ✓ use verbs in the present tense
- ✓ describe daily activities
- ✓ discuss university subjects

CEFR: Can form the present tense (A1); Can describe somebody's daily routine (A2); Can say what you study and where you study (A2); Can describe degree courses and professions (A2)

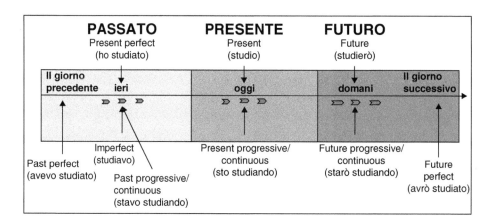

Meaning and usage

The present tense is mostly used

1 to describe and state facts:

Sono una ragazza italiana. *(I'm an Italian girl.)*

Luigi abita a Venezia. *(Luigi lives in Venice.)*

2 to narrate events which happen on a regular basis (habitual actions):

Maria mangia spesso alla mensa. *(Maria often eats in the cafeteria.)*

3 to narrate what occurs at the time of speaking:

I ragazzi guardano la televisione. *(The boys are watching television.)*

You may have noticed that in this last example, the Italian simple present tense is translated using the English progressive tense (the -ing form). You can use the progressive tense in Italian to narrate an action that is taking place at the time of speaking. However, the progressive form is not as widely used as in English and in the majority of cases it can be substituted with the simple present.

Form

Verbs in Italian are classified in three groups, based on the last three letters of the infinitive (the dictionary form of the verb).

Group 1 Verbs ending in -are	Group 2 Verbs ending in -ere	Group 3 Verbs ending in -ire
mangi-**are** (to eat), parl-**are** (to speak)	scriv-**ere** (to write), legg-**ere** (to read)	dorm-**ire** (to sleep), cap-**ire** (to understand)

To form the present tense, remove the endings from the infinitive (see the table above) and replace with the appropriate endings from the table below.

Verbs from the third group are divided into two sub-groups. One group of these verbs follows the pattern described above. The verbs from the other group insert the letters -**isc** between the two parts of the verb except when the subject is *noi* and *voi* (see the table below).

	parl-are *(to talk)*	**legg**-ere *(to read)*	**dorm**-ire *(to sleep)*	**fin**-ire *(to finish)*
io (*I*)	parl-**o**	legg-**o**	dorm-**o**	fin-**isc**-**o**
tu (*you, singular*)	parl-**i**	legg-**i**	dorm-**i**	fin-**isc**-**i**
lui/lei/Lei (*he / she / it / formal you, singular*)	parl-**a**	legg-**e**	dorm-**e**	fin-**isc**-**e**
noi (*we*)	parl-**iamo**	legg-**iamo**	dorm-**iamo**	fin-**iamo**
voi (*you, plural*)	parl-**ate**	legg-**ete**	dorm-**ite**	fin-**ite**
loro (*they*)	parl-**ano**	legg-**ono**	dorm-**ono**	fin-**isc**-**ono**

 Other verbs in the third group which behave like **finire** *are:* **capire** *(to understand),* **preferire** *(to prefer),* **unire** *(to join),* **spedire** *(to send).*

A **Complete the sentences by adding the correct ending to the root of the verbs. The infinitive form of the verb is given in brackets at the end of the sentence.**

   1 Io abit _____ a Birmingham da molti anni, ma la mia famiglia viv _____ ancora in Italia. (abitare, vivere)

   2 Anna lavor _____ in un centro commerciale vicino Roma. (lavorare)

3 Loro conosc _____ Marisa e Fulvia da molti anni. (conoscere).

4 Come ti chiam _____? (chiamare)

5 Io e mia mamma non ci ved _____ spesso, abit _____ troppo lontano! (vedere, abitare)

6 Voi cap _____ molto bene lo spagnolo? (capire)

7 Alfredo è un tipo molto metodico, tutte le mattine prend _____ l'autobus alla stessa ora, scend _____ alla stessa fermata ed entr _____ nello stesso bar, per fare colazione sempre con un cappuccino e una brioche alla marmellata. (prendere, scendere, entrare)

8 Ssh! Non fare rumore, di sopra ci sono i miei nipoti che dorm _____. (dormire)

9 Queste ragazze impar _____ l'italiano perché trascorr _____ tutte le estati in Italia. (imparare, trascorrere)

10 Io sono molto veloce in matematica, fin _____ sempre i compiti prima di tutti. (finire)

11 (tu) Ador _____ davvero il giardinaggio, pass _____ tutto il tuo tempo libero a curare il nostro giardino. (adorare, passare)

B Complete the email below by filling in the gaps with the appropriate verb from the list below, in the correct form of the present tense.

> avere, affermare, essere, finire, incontrare, andare, preferire, seguire, studiare, unire

From:	
To:	
Subject:	

Ciao Patrizia,

Finalmente 1_____ tempo di risponderti! 2_____ di nuovo a Urbino da due settimane e le mie giornate sono tutte uguali: tutti i santi giorni 3_____ con Sofia le lezioni in Facoltà, poi io 4_____ alcuni amici e insieme 5_____ alla mensa. Di solito Sofia non si 6_____ a noi per pranzo, perché 7_____ andare in biblioteca con Anna: 8_____ che all'ora di pranzo la biblioteca è quasi vuota, e per questo è il momento migliore per studiare.

Ah, non ti ho detto che ho cambiato corso di laurea, ora 9_____ Architettura, mi piace molto di più!

Tu invece quando 10_____ il tuo corso di inglese a Cambridge? Ti piace? Come sono strutturate le tue giornate?

Mi raccomando, telefonami subito quando torni a Urbino.

Letizia

C In her reply email, Patrizia describes her typical day in Cambridge to Letizia. However, a computer virus has changed the forms of four verbs. Find the four mistakes and correct them.

From:	
To:	
Subject:	

Ciao Letizia,

Grazie della tua mail. Sono ancora qui a Cambridge, il corso fine questa settimana. Mi dispiace perché è stato molto istruttivo ed ora mi sembra di parlare inglese discretamente.

Anche le mie giornate a Cambridge sono uguali: tutte le mattine io e i miei compagni frequentiamo il corso di lingua generale, che termina all'ora di pranzo. Per pranzo di solito mangiate un panino e nel pomeriggio torniamo spesso a scuola. Alcuni studenti studiano l'inglese commerciale, gli altri seguo un corso di letteratura inglese.

I corsi nel pomeriggio durano due ore, poi gli studenti sono liberi. Io normalmente gira per i negozi della città con alcune amiche spagnole.

Ci sentiamo presto! Ciao

Patrizia

When Patrizia and Letizia describe their daily routine, they use adverbs of frequency, such as **di solito** *usually,* **normalmente** *normally,* **spesso** *often. These adverbs do not have one fixed position in the sentence, but can be placed at the beginning of a sentence, immediately after the verb or at the end of the sentence. Their position normally depends on emphasis, context or style.*

Vocabulary

Corsi di laurea *University degree subjects*

D **Match the university subject with its English equivalent.**

Archeologia	Medicine
Architettura	Biology
Biologia	Economics and Business
Chimica	Philosophy
Economia e commercio	Law
Filosofia	Engineering
Fisica	Physics
Giurisprudenza	Archeology
Ingegneria	Italian Language and Literature
Lingua e letteratura italiana (Lettere)	History
Lingue e letterature straniere	Mathematics
Matematica	Architecture
Medicina	Chemistry
Scienze agrarie	Veterinary Sciences
Scienze bancarie	Agricultural Studies
Scienze veterinarie	Banking
Scienza dell'educazione	Foreign Languages and Literature
Storia	Education

E **Read why each student chose their degree course. Based on this information, choose the subject that they are studying from the list above.**

1 Questo corso mi aiuta a conoscere culture di altri paesi, e mi offre l'opportunità di studiare all'estero.

2 Il mio è un corso di laurea molto impegnativo, occorre fare una specializzazione e dei periodi di praticantato in ospedale, ma con questo lavoro aiuti molte persone sofferenti.

3 Faccio questo corso di laurea perché voglio diventare un avvocato che possa difendere li diritti dei bambini.

4 Adoro la storia antica e analizzare i monumenti per scoprire informazioni sui nostri antenati. Questo corso mi offre anche la possibilità di lavorare in un museo.

5 Sono appassionata di animali, non sopporto vederli soffrire e questo corso mi offre un lavoro con cui posso aiutarli a guarire.

F **Look at the following professions. Can you guess which degree you need to have? Use the example to help you.**

1 Sono architetto: ho una laurea in <u>architettura</u>.

2 Sono insegnante di italiano: ho una laurea in _____.

3 Sono dottore: ho una laurea in _____.

4 Sono ingegnere meccanico: ho una laurea in _____.

5 Sono commercialista: ho una laurea in _____.

6 Sono maestra: ho una laurea in _____.

7 Insegno algebra al liceo : ho una laurea in _____.

8 Sono magistrato: ho una laurea in _____.

9 Sono biologo: ho una laurea in _____.

10 Sono ispettore di banca: ho una laurea in _____.

📖 Reading

G **Read the following article, then decide if this statement is** _true_ **vero or** _false_ **falso: Young Italian people prefer university degree courses with more favourable job opportunities.   V   F**

La percentuale di giovani italiani che **decidono** di frequentare l'università è molto alta: circa il 50% degli studenti che **finiscono** la scuola superiore si **iscrivono** ad un corso di laurea. Tra tutti i corsi di laurea offerti dalle università italiane, gli studenti **preferiscono** Ingegneria, Economia e Giurisprudenza, probabilmente perché questi corsi **offrono** maggiori opportunità lavorative.

H **Now read the rest of the text and decide if the statements that follow are** _true_ **vero or** _false_ **falso.**

Ma come è la giornata tipica di uno studente universitario italiano? Molto simile alla giornata di altri studenti universitari nel resto del mondo. Di solito le lezioni all' università iniziano alle nove e nella maggior parte dei casi durano quarantacinque minuti. In Italia esiste una tradizione, chiamata `il quarto d'ora accademico': si riferisce ai 15 minuti di ritardo con cui il professore inizia la lezione. Uno studente ha in media tre o quattro lezioni al giorno, distribuite dalle nove alle sette di sera.

Spesso, quindi, trascorre tutto il giorno all'università. Durante i momenti liberi prende un caffè con gli amici, oppure studia in biblioteca, o pranza alla mensa con altri studenti.

Molti studenti italiani frequentano un' università vicino a dove abita la propria famiglia, così continuano a vivere con i genitori e a vedere gli stessi amici delle scuole superiori. Quando finiscono le lezioni all'università, di frequente gli studenti tornano a casa, mangiano con la famiglia e poi escono di nuovo con gli amici di sempre. Per i giovani italiani, quindi, l'esperienza universitaria non sempre si trasforma in una opportunità di crescita personale e di indipendenza dalla famiglia, come invece accade in altri paesi europei.

Le lezioni all'università non hanno l'obbligo di frequenza, e per questo gli studenti non frequentano tutti i corsi. Quando non sono a lezione, per tenersi aggiornati con quello che è stato spiegato dal professore, chiedono ai loro amici una copia degli appunti delle lezioni e li studiano per gli esami.

V

iscriversi	*to enrol*
si riferisce a	*[it] refers to*
l'obbligo di frequenza	*compulsory attendance*
gli appunti	*notes*

1 La giornata degli studenti italiani differisce molto da quella degli studenti di altri paesi.　　V　　F

2 Una lezione universitaria italiana dura 50 minuti.　　V　　F

3 Il 'quarto d'ora accademico' permette ai professori di arrivare in ritardo a lezione.　　V　　F

4 È raro per uno studente italiano rimanere tutto il giorno all'università.　　V　　F

5 Molti studenti italiani continuano a vivere con i genitori anche durante l'università.　　V　　F

6 In Italia l'esperienza universitaria non aiuta a sviluppare l'indipendenza dalla famiglia.　　V　　F

7 In Italia è impossibile non frequentare le lezioni all'università.   V   F

8 Gli studenti italiani si scambiano gli appunti delle lezioni.   V   F

I **For some extra practice, why not try the following? Change the article so that it is like a diary page describing your daily routine. Highlight all the verbs in the long text above (as done in bold in the paragraph in Activity G) and change them to the first person form (io).**

Vocabulary

J **Use the previous text to find the opposites of the following verbs and adjectives.**

1 vecchio _____

2 iniziare _____

3 minori _____

4 inusuale _____

5 anticipo _____

6 concentrato _____

7 smettere _____

8 entrare _____

9 rispondere _____

K **Complete the sentences with the words you found in Activity J.**

1 Non sappiamo a che ora inizia il concerto, Riccardo si è dimenticato di _____ quando ha comprato i biglietti.

2 Mia madre è sempre puntualissima e non sopporta le persone che arrivano in _____.

3 Uno dei vantaggi _____ di abitare in centro è che non si ha bisogno di avere una macchina.

4 Quando mio nonno era _____, l'istruzione era obbligatoria solo fino a 10 anni.

5 Con questo tempo, se vogliamo _____ dobbiamo coprirci proprio bene.

6 Ieri siamo andati a cena in un locale a Trastevere, era piccolo, ma molto _____.

7 Le fotocopie _____ dal professore erano molto chiare.

8 Se vuoi uscire anche stasera, prima devi _____ i compiti.

9 Maria si è appena laureata, ma ha intenzione di _____ a studiare per prendere un dottorato.

L Reorder the sentences.

1 studenti / Gli / rimangono / italiani / con / vivere / a / genitori / i

2 Normalmente / 7.00 / tipica / mia / alle / la / inizia / giornata

3 mensa / sempre / alla / mangiano / Roberta e Marta

4 superare / diventare / di / Prima / specializzazione / dovuto / medico / di / l' / ho / esame

5 giurisprudenza / laurea / Il / italiani / preferiti / in / tra / dagli / corso / quelli / è / di

> *Do an online search of Italian universities and the degree courses they offer, and see if you can understand what their English equivalent is. Try typing 'Università degli Studi di Bologna' (the oldest university in Europe) into your search engine along with a subject you're interested in, for instance* **lingue straniere.** *What modules would you like to follow?*

Writing

M Imagine you work for an Italian university newspaper. Write an article describing a typical day in the life of a university student from your country. Write between 40 and 60 words.

Self-check

Tick the box which matches your level of confidence.

1 = very confident   2 = needs more practice   3 = not confident

Barra la casella che corrisponde al tuo livello di conoscenza e sicurezza.

1 = molto sicuro   2 = ho bisogno di più pratica   3 = non affatto sicuro

	1	2	3
Can form the present tense (CEFR A1)			
Can describe somebody's daily routine (CEFR A2)			
Can say what you study and where you study (CEFR A2)			
Can describe degree courses and professions (CEFR A2)			

*For more information on the Present indicative, refer to *Complete Italian*, Units 3 and 4, or *Get Started in Italian*, Units 3, 4 and 5.

Tutti i santi giorni! II

Every single day! II

In this unit we will learn how to:

✔ use reflexive and irregular verbs in the present tense

✔ describe sports

CEFR: Can form the present tense of irregular verbs (A1); Can use reflexive verbs in daily routine (A2); Can say what sport you practice and why (A2/B1); Can describe sporting habits (B1)

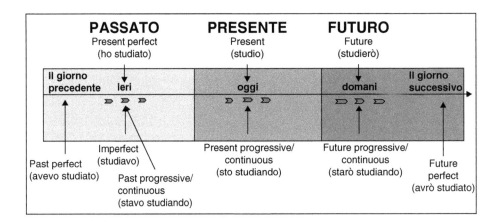

Meaning and usage

Many verbs in Italian have an irregular present form. The table below gives you the present tense of the most common irregular verbs.

	Essere *(to be)*	Avere *(to have)*	Fare *(to do/make)*	Andare *(to go)*	Venire *(to come)*	Dire *(to say)*	Bere *(to drink)*	Dare *(to give)*	Stare *(to be/to stay)*
io *(I)*	sono	ho	faccio	vado	vengo	dico	bevo	do	sto
tu *(you, singular)*	sei	hai	fai	vai	vieni	dici	bevi	dai	stai
lui/lei/Lei *(he/she/it/formal you, singular)*	è	ha	fa	va	viene	dice	beve	da	sta
noi *(we)*	siamo	abbiamo	facciamo	andiamo	veniamo	diciamo	beviamo	diamo	stiamo
voi *(you, plural)*	siete	avete	fate	andate	venite	dite	bevete	date	state
loro *(they)*	sono	hanno	fanno	vanno	vengono	dicono	bevono	danno	stanno

*A peculiarity of irregular verbs in Italian is that they may be irregular in only one tense, e.g., the present tense, but not necessarily in all the others. **Andare**, for example, is irregular in the present and future tense, but not in the past. Unfortunately there are no simple ways to see if a verb is regular or not, but good (online) dictionaries will provide examples of any irregular forms.*

A **Clara has just started writing a new blog. She explains why here. Put the verb in brackets in the correct form of the present tense, paying attention to the irregular verbs.**

Daily Blog

Ciao a tutti. Benvenuti nel mio nuovo blog.

1 _____ (essere) Clara, 2 _____ (essere) una studentessa di geografia. Io ed i miei amici dell'università 3 _____ (avere) un grande interesse in comune: la scoperta di nuovi paesi e nuove culture. Per questo noi 4 _____ (fare) molti viaggi. 5 _____ (visitare) in particolare paesi extraeuropei, dove la cultura 6 _____ (essere) diversa dalla nostra. Le mie amiche Franca e Paola 7 _____ (amare) la cultura indiana e con loro domani 8 _____ (io-partire) per un viaggio di sei mesi alla scoperta dell'India.

Voi 9 _____ (conoscere) questo paese? Se 10 _____ (avere) foto o notizie, ricordi di viaggi in India, allora 11 _____ (venire) virtualmente con me, Franca e Paola in questo viaggio, 12 _____ (scrivere) i vostri commenti e 13 _____ (leggere) il nostro diario di bordo.

A presto.

Reflexive verbs in the present tense.

A reflexive verb is a verb where the action of the verb is reflected back to the subject, or in other words, the action of the verb is done and received by the same person, animal or object:

> **Paola si guarda allo specchio prima di uscire di casa.** *(Paola looks at herself in the mirror before going out.)*

> **Mi alzo alle 6.30 anche di domenica.** *(I get up at 6.30 even on Sundays.)*

*Reflexive verbs can be a bit confusing in a foreign language, as they don't translate directly into English. Look at the second example on the left. In English you would simply say 'I get up', leaving the reflexive element out. When we talk about parts of our body in English, we use the adjectives 'my, your, his, her, etc.', to say that you do something to one part of your body, i.e., to wash (one's hands), to comb (one's hair), to break (one's leg). The Italian language, instead, uses reflexive verbs but no adjectives: **mi lavo le mani** (I wash my hair), **si pettina i capelli** (she combs her hair), **ti rompi la gamba** (you break your leg).*

Form

Reflexive verbs are recognisable by the addition of -*si* to the infinitive form of the verb (which drops the final -*e*), as shown in the table below. Most reflexive verbs in Italian belong to the first group.

Group 1 verbs ending in -are	Group 2 verbs ending in -ere	Group 3 verbs ending in -ire
lav-**arsi** (to wash oneself)	iscriv-**ersi** (to enrol)	vest-**irsi** (to get dressed)

The reflexive element is separated from the verb before this is put in the present tense, using the regular pattern, which is shown in the table below. The reflexive element changes its form according to who does the action and it is moved just before the verb. The table below shows an example of reflexive verbs in the present from all three groups.

	Reflexive element	Lav-ar-si (*to wash oneself*)	Iscriv-er-si (*to enrol*)	Vest-ir-si (*to get dressed*)
io (*I*)	**mi** (*myself*)	lav-**o**	iscriv-**o**	vest-**o**
tu (*you, singular*)	**ti** (*yourself*)	lav-**i**	iscriv-**i**	vest-**i**
lui/lei/Lei (*he / she / it / formal you, singular*)	**si** (*himself / herself / formal yourself*)	lav-**a**	iscriv-**e**	vest-**e**
noi (*we*)	**ci** (*ourselves*)	lav-**iamo**	iscriv-**iamo**	vest-**iamo**
voi (*you, plural*)	**vi** (*yourselves*)	lav-**ate**	iscriv-**ete**	vest-**ite**
loro (*they*)	**si** (*themselves*)	lav-**ano**	iscriv-**ono**	vest-**ono**

Although most reflexive verbs are regular, and therefore they follow the pattern given in the table above, you'll also find some irregular ones. Check in a dictionary if you're not sure.

B **Complete the sentences by putting the verb in brackets into the correct form.**

1 A che ora _____ (svegliarsi – tu)?

2 Normalmente i miei genitori _____ (alzarsi) molto presto, ma io no, sono piuttosto pigro e rimango a letto fino a tardi.

3 Io e la mia ragazza _____ (incontrarsi) dopo il lavoro, per andare insieme in palestra.

4 Laura gioca a tennis benissimo, _____ (allenarsi) tutti i giorni senza eccezioni.

5 Voi di solito come _____ (rilassarsi)?

6 Questo gioco mi sembra un po' pericoloso, se continui così secondo me prima o poi _____ (rompersi) il braccio.

7 Quando vado al cinema, normalmente _____ (sedersi) nelle poltrone al centro, anche se devo pagare un po' di più.

8 Paolo _____ (innervosirsi) molto quando la sua squadra perde.

9 Marianna e Patrizia oggi sono a Roma: _____ (iscriversi) all'università di Tor Vergata, per studiare Economia.

C **Identify all of the reflexive verbs in the following paragraph. For each one, decide if they have been formed correctly. Correct them if necessary.**

Quando sono in ritiro con la squadra nazionale, i giocatori di calcio seguono una routine abbastanza rigida. Si svegliano piuttosto presto, si alzano e fanno una colazione molto nutriente. Il primo allenamento ha luogo la mattina: i giocatori si riscaldano con una lunga corsa, seguita da esercizi di tecnica. Dopo il pranzo, qualcuno si rilassa giocando a carte o con videogiochi, altri si riposano in camera, qualcuno telefona a casa. Una regola molto importante infatti stabilisce che durante il ritiro i giocatori non possono vedere le mogli o le fidanzate.

Nel pomeriggio ci sono altri allenamenti, che in genere finiscono con una partita amichevole. Prima di cena, i giocatori e il team di allenatori si riunisce per parlare di tattiche ed eventuali problemi. Dopo una breve pausa, cenano e guardano insieme un film o la televisione. Si ritirano nelle loro camere e si addormentano solitamente prima di mezzanotte.

D **Make complete sentences from the words provided. Use the example to help you.**

1 Antonio e suo fratello / andare / scuola / bicicletta. -> *Antonio e suo fratello vanno a scuola in bicicletta.*

2 La mia famiglia / incontrarsi / domenica / pranzo.

3 Giulia / perdersi / sempre / quando / passeggiare (lei) / bosco.

4 Alzarsi (voi) / 7.30 / tutti i giorni?

5 Io ed i miei amici / non bere / vino / preferire / birra.

6 Iscriversi (io) / corso / italiano / perché / interessarsi / di arte rinascimentale.

7 Ragazzi, / rimanere (voi) / cena / noi?

8 Luisa e Lara / fare / sempre / spesa / supermercato / vicino / casa.

9 I miei zii / venire / vacanza / noi / questa estate.

Vocabulary

Sports

E   Match the sport with its definition.

atletica	Gioco con due squadre di 5 giocatori, che ottengono punti per mandare la palla dentro un canestro.
calcio	Attività sportiva, può essere artistica o ritmica.
ciclismo	Sport che si pratica con una barca senza motore.
ginnastica	Disciplina sportiva che include la corsa, il lancio ed il salto.
golf	Gioco praticato da 2 o 4 giocatori, che si rimandano la palla con una racchetta.
nuoto	Lo sport più popolare in Italia, con due squadre di 11 giocatori ed una palla.
nuoto sincronizzato	Gioco all'aperto molto popolare nel Regno Unito e negli Stati Uniti, i giocatori devono mandare una palla in buca.
pallacanestro	Gioco con due squadre di 6 giocatori, che devono lanciarsi la palla senza farla cadere in terra.
pallanuoto	Sport artistico che si pratica in piscina, accompagnato da musica.
pallavolo	Sport che si pratica in bicicletta.
rugby	Sport che si pratica in piscina, con gare di velocità.
tennis	Gioco con due squadre di 15 giocatori ed una palla ovale.
vela	Gioco che si pratica in piscina, con due squadre di sette giocatori, che si lanciano la palla con le mani.

F   Which sport do they do? Read each statement and write the name of the sport.

1 Ho deciso di praticare questo sport perché sono molto alto, ma anche preciso nel tiro.

2 Ho sempre amato l'acqua, ma non mi piace allenarmi da solo. Con questo sport posso stare in acqua e giocare insieme ai miei amici.

3 Il mio sogno è di poter giocare a Wimbledon!

4 Non è solo uno sport, per me è anche uno stile di vita, uso questo mezzo di trasporto ogni volta che mi muovo in città e anche in vacanza.

5 Sembra uno sport molto violento, perché i giocatori delle due squadre hanno molto contatto fisico e normalmente sono giocatori molto robusti.

Reading

G   Read the following text, then answer this question in Italian: How many Italians (%) practise a sport regularly?

> Gli italiani sono pigri o sportivi? Naturalmente se facciamo questa domanda ad un italiano, quasi certamente la risposta sarà: sportivi. In realtà, però, sono quasi il 40% gli italiani che non praticano nessuno sport e non si allenano con regolarità.

H   Now read the rest of the article and match each paragraph to the appropriate title.

> A   Gli italiani offrono molte giustificazioni per la loro mancata attività sportiva, tra le più comuni ci sono la mancanza di tempo libero e la salute. Quest'ultima, però sembra anche una tra le ragioni più citate dagli italiani che decidono di riavvicinarsi allo sport, e vedono la pratica sportiva come un buon metodo per migliorare la propria salute.
>
> B   Anche se non tutti gli italiani praticano uno sport, la maggioranza segue sempre con molto entusiasmo le manifestazioni sportive di ogni tipo. In particolare, tra gli sport più seguiti, troviamo il calcio, la pallacanestro e la pallavolo, l'atletica, il nuoto e il ciclismo.
>
> C   Sono in prevalenza i ragazzi ed i giovani che si iscrivono alle associazioni sportive di qualsiasi tipo. Ma pochi di loro rimangono in queste associazioni quando cominciano a

frequentare l'università o a lavorare e per questo il numero di praticanti si riduce in modo significativo per gli adulti. Il numero di adulti che fanno uno sport infatti è esiguo.

D Il calcio, naturalmente, si posiziona al primo posto nella classifica degli sport preferiti dagli italiani, ma la pallacanestro e la pallavolo sono ugualmente diffusi. Quest'ultimo in particolare attrae un gran numero di ragazze, perché è uno sport dove non ci sono contatti diretti tra avversari. Allo stesso tempo è uno sport in cui il gioco di squadra è particolarmente importante e in genere gli atleti che scelgono questo sport dicono di aver imparato soprattutto ad aiutarsi a vicenda.

E Il recente successo internazionale dei nuotatori italiani ha aumentato la popolarità del nuoto, un altro sport che piace molto agli italiani. Ci sono tanti altri sport che seguono questo trend, ma purtroppo, nel confronto con altri paesi europei, l'Italia continua a rimanere indietro, a causa soprattutto di carenze di infrastrutture e di investimenti sia a livello locale che nazionale.

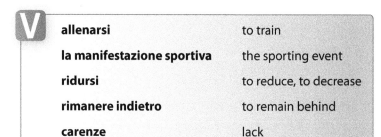

allenarsi	to train
la manifestazione sportiva	the sporting event
ridursi	to reduce, to decrease
rimanere indietro	to remain behind
carenze	lack

1 L'Italia e l'Europa

_____

2 Il fascino della pallavolo

_____

3 Le ragioni per praticare o meno lo sport

_____

4 Eventi e sport più popolari

_____

5 Gli adulti e lo sport

_____

I For some extra practice, why not try the following? Identify all the verbs in the text that are in the present tense. Decide if they are regular, irregular or reflexive, then give the infinitive form for each one.

Vocabulary

J Identify the odd one out in the following groups of words.

1 la matematica, la pallacanestro, il nuoto, il golf

2 gli atleti, i giocatori, i praticanti, i giovani

3 praticare, guardare, fare, giocare

4 la manifestazione sportiva, la gara, la struttura sportiva, il torneo

5 il concorrente, l'avversario, la squadra avversaria, il vincitore

K Complete the sentences using a suitable word from the box.

> attrarre, esiguo, confronto,
> classifica, praticare, significativo

1 La squadra di pallacanestro della mia città ha vinto il campionato regionale, è rimasta in testa alla _____ fin dalla prima giornata.

2 Certamente lo sport ha un ruolo _____ per lo sviluppo fisico e sociale dei bambini.

3 Le prestazioni dei grandi campioni di atletica sono di altissimo livello e per questo spesso le manifestazioni internazionali di atletica riescono ad _____ un pubblico numeroso.

4 Gli italiani che conoscono il cricket sono pochi; in _____ al calcio, alla pallacanestro o alla pallavolo, il cricket infatti viene ritenuto troppo lento per i loro gusti.

5 Gli italiani preferiscono guardare piuttosto che _____ uno sport.

6 Il numero di inglesi che guardano una partita di pallacanestro dal vivo è _____ .

L Reorder the words to make sentences.

1 numero / è / praticanti / di / adulti / esiguo / Il

2 ragazze / La / di / gran / attrae / un / pallavolo / numero

3 dopo / allenano / si / giocatori / non / cena / I

4 un / italiani / di / Gli / ritengono / sportivi / popolo / si

 Look up a sport you are interested in online. Use Italian search engines and find out about teams and celebrities related to this sport.

Writing

M Imagine you are chatting online with an Italian sportsperson, who is interested in knowing about the importance of sport in your country. Send them a message describing the most common sports and sporting habits in your country. Write between 50 and 80 words.

From:	
To:	
Subject:	

Self-check

Tick the box which matches your level of confidence.

1 = very confident 2 = needs more practice 3 = not confident

Barra la casella che corrisponde al tuo livello di conoscenza e sicurezza.

1 = molto sicuro 2 = ho bisogno di più pratica 3 = non affatto sicuro

	1	2	3
Can form the present tense of irregular verbs (CEFR A1)			
Can use reflexive verbs in daily routine (CEFR A2)			
Can say what sport you practice and why (CEFR A2/B1)			
Can describe sporting habits (CEFR B1)			

*For more information on the Reflexive verbs, refer to *Complete Italian*, Unit 13, or *Get Started in Italian*, Unit 10.

5 Sale quanto basta

Salt to taste

In this unit we will learn how to:

✓ use the impersonal form

✓ understand and explain recipes

CEFR: Can understand and give sets of instructions (A2); Can understand and use cooking expressions and vocabulary (A2/B1); Can talk about food and eating habits (B1)

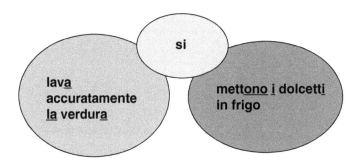

si

lava accuratamente la verdura

mettono i dolcetti in frigo

Meaning and usage

To give <u>personal</u> instructions in Italian you use the imperative form:

Per ottenere una torta perfetta, <u>segui</u> la ricetta, Anna! *(To make a perfect cake, follow the recipe, Anna!)*

To give <u>general</u> instructions in Italian, you can use:

1 the verb you need in the infinitive

<u>Aggiungere</u> sale quanto basta. *(You add/Add salt to taste.)*

2 the verb you need in the negative infinitive

<u>Non lavorare</u> la pasta troppo a lungo. *(Don't knead the dough for too long.)*

3 the impersonal form *si + verb* in the 3rd person singular

<u>Si scioglie</u> il burro a parte. *(You melt/Melt the butter separately.)*

4 the impersonal form *si + verb* in the 3rd person plural

Per cominciare, <u>si pesano</u> tutti gli ingredienti. *(To start with, you weigh/weigh all the ingredients.)*

 *The impersonal form **si** + verb is very useful as it is regularly used in Italian to make general statements. As can be seen from the examples, it corresponds to the use of a generic you in English:*

In vacanza in Italia si fa spesso colazione al bar. *(In Italy on holiday you often have breakfast at a bar).*

Form

For general instructions, you can use the infinitive of the verb (the form ending in -are, -ere and -ire). If the instruction is negative, this form should be preceded by the negative non.

<u>Lavare</u> accuratamente le verdure. *(Wash the vegetables carefully.)*

<u>Non lasciare</u> l'insalata a bagno troppo a lungo. *(Do not soak lettuce for too long.)*

A Here is the text Anna sent her sister on how to prepare their favourite caprese salad. Highlight all of the imperatives.

1 Dunque, è un'insalata super-veloce. Queste sono le istruzioni:

2 Lava i pomodori.

3 Taglia i pomodori a fettine non troppo sottili e disponi le fettine su un piatto.

4 Taglia la mozzarella a fettine e metti le fettine sopra quelle di pomodoro.

5 Lava il basilico e decora il piatto con molte foglioline.

6 Aggiungi un filo d'olio d'oliva.

7 Non condire con sale né pepe!

 B Now turn the imperatives you highlighted above into infinitives.

Form

To give instructions

The impersonal **si form** can be found in a variety of contexts, starting from relatively simple functions, such as making general statements without a specific subject. It is common to use it to give generic instructions, for example in recipes, where it roughly translates in English to *you do/ one does/do.*

Si + 3rd person singular verb	Singular object (noun)	Si lava l'insalata	Wash the lettuce
Si + 3rd person plural verb	Plural object (noun)	Si cuociono gli spaghetti al dente	Cook the spaghetti al dente
Si + 3rd person singular verb	No object	Si assaggia sempre prima di servire	Always taste before serving up

C Choose the correct si form answer.

1 Compra sempre la pasta più cara che puoi permetterti.

    a si comprano

    b si compra

2 Cuoci le crespelle in forno per 10 minuti.

    a si cuoce

    b si cuociono

3 Non aggiungere il parmigiano al sugo di pesce o di funghi.

    a non si aggiunge

    b non si aggiungono

4 Soffriggi la cipolla, la carota e il sedano a dadini per fare un buon soffritto.

    a si soffriggono

    b si soffrigge

D Complete the recipe with the si forms listed. Careful, they are not in order! Decide which one to use on the basis of their meaning but also by looking at whether they have a singular or plural object, or no object.

> si preparano,   si mescolano,   si butta,
> si fa bollire,   si scola,   si aggiungono

Pasta alla Ale

1 _____ una pentola di abbondante acqua salata. Nel frattempo, 2 _____ gli ingredienti della salsa. Quando l'acqua bolle, 3 _____ la pasta, preferibilmente penne o rigatoni. Mentre la pasta cuoce, in una terrina 4 _____ il tonno spezzettato, molto prezzemolo fresco tritato, molto parmigiano grattuggiato, pepe e olio d'oliva. 5 _____ la pasta al dente e 6 _____ tutti gli ingredienti a crudo. La pasta alla Ale è pronta!

Vocabulary

Recipes: common instructions

E **These are some of the instructions you often find in everyday recipes. Match them with their English translation.**

affettare	to knead
aggiungere	to roast
arrostire	to cook
bollire	to slice
congelare	to drain pasta or vegetables
cuocere	to boil
friggere	to fry
mescolare	to mix
impastare	to weigh
pesare	to add
rosolare	to freeze
scolare	to brown

F **Look carefully at the vocabulary list and then place the following instructions in the correct order. What is the recipe for?**

1 Alla fine aggiungere due cucchiai di panna da cucina.

2 Rosolare il prosciutto.

3 Affettare il prosciutto.

4 Scolare.

5 Mescolare tutti gli ingredienti nella stessa pentola ben calda.

6 Cuocere la pasta in abbondante acqua salata.

# Reading

G Read the beginning of this text about food, then answer this question in Italian: What do you think the text is about?

Almeno 12 milioni di italiani pranzano fuori casa per motivi di lavoro o di studio.
Questo è un cambiamento significativo delle abitudini alimentari e degli stili di vita
tradizionali. Si tratta spesso di pasti leggeri, come un panino, un'insalata o una
pasta veloce. Molti lavoratori e studenti si portano da mangiare da casa, per
risparmiare tempo e denaro, e per poter decidere esattamente che cibo mangiare.

H Now read the rest of the text and answer the questions that follow in Italian.

Ma quali sono i prodotti alimentari più adatti? Ecco alcuni consigli per una pausa
pranzo leggera, economica e soprattutto tipicamente italiana!
Evitare snack come pizzette, patatine e tramezzini. Questi cibi sono veloci e
stuzzicanti, ma sono troppo grassi e contengono troppo sale.
Scegliere sempre la dieta mediterranea. Ecco alcuni esempi:
un piatto di pasta con un sugo al pomodoro fresco è delizioso, fornisce le calorie
necessarie ma non è troppo pesante da digerire;
un' insalata fresca di pollo o di tonno è rinfrescante e gustosa. Portarla da casa o
comprarla al bar o al ristorante è davvero un'alternativa alimentare sana;
una frittata è facile da riscaldare al microonde in ufficio, ma richiede
organizzazione perché si prepara la sera prima;
una minestra di verdura è pratica da portare in ufficio in un contenitore sigillato e da
riscaldare al microonde. Ma ci sono anche molti bar e ristoranti che offrono minestre
buonissime ed energetiche, per esempio il minestrone di verdure tradizionale, oppure
minestre autunnali come la zuppa di carote e zucca con semi di zucca croccanti. Che bontà!
La varietà alimentare è importante anche per la pausa pranzo: si deve evitare di
mangiare sempre le stesse cose, perché è noioso e ripetitivo!
La pausa pranzo si deve fare offline: pc, tablet e smart phone si devono spegnere o
mettere da parte almeno per 15 minuti per rilassarsi e concentrarsi sul cibo e
favorire una sana e corretta digestione.
Con la bella stagione, si può anche abbinare alla pausa pranzo una passeggiata salutare:
uscire dall'ufficio, sedersi sulla panchina di un parco o ai giardini, all'ombra, fa bene
all'umore e ci ricarica di energia. Così, si ritorna al lavoro più concentrati e produttivi.

pasti leggeri	*light meals*
evitare	*avoid*
prodotti alimentari/cibi/alimenti	*foods*
contenitore sigillato	*sealed container*

1 Perché snack e pizzette non sono adatti alla pausa pranzo?

_____

2 Che tipi di insalata sono facili da preparare e da trovare al bar?

_____

3 Quali sono i pro e i contro della frittata da portare in ufficio?

_____

4 Fai un esempio di una minestra per la pausa pranzo suggerita dal testo.

_____

5 Perché è importante variare gli alimenti della pausa pranzo?

_____

6 Perché la pausa pranzo deve essere off-line?

_____

7 Che cosa si può abbinare alla pausa pranzo in primavera o d'estate?

_____

8 Perché?

_____

I **For some extra practice, why not try the following? Highlight the instructions or suggestions in text H (the first one is done in bold for you). Which ones are in the infinitive? Which ones are in the impersonal si + verb form?**

Vocabulary

J **Match the adjectives with the nouns. Take care with masculine/feminine and singular/ plural endings.**

insalata	necessarie
varietà	mediterranea
cibi	energetiche
dieta	gustosa
calorie	grassi
minestre	alimentare

K   What does it mean? Choose the correct explanation.

1 È pesante da digerire.

    a ci vuole molto tempo per la digestione

    b ha troppe calorie

    c è troppo grasso

2 Si deve evitare di mangiare sempre le stesse cose.

    a si deve mangiare poco

    b si deve mangiare lentamente

    c si devono mangiare cose diverse

3 La frittata richiede organizzazione.

    a la frittata è difficile da preparare

    b la frittata si deve preparare prima

    c la frittata è veloce

4 Con la bella stagione, si può anche abbinare alla pausa pranzo una passeggiata salutare.

    a si può uscire invece di mangiare

    b si può mangiare fuori

    c si può finire di lavorare prima e tornare a casa

5 È un'alternativa alimentare.

    a una prescrizione medica

    b un consiglio dietetico

    c un'altra cosa che si può mangiare per la pausa pranzo

6 Per almeno 15 minuti.

    a per un minimo di 15 minuti

    b per un massimo di 15 minuti

    c per 15 minuti esatti

L Reorder the sentences.

1 mediterranea/Scegliere/dieta/sempre/la

2 deve/di/sempre/cose/le/evitare/Si/mangiare/stesse

3 devono/almeno/tablet/Si/15/mettere/smartphone/spegnere/parte/da/pc/minuti/o/per

M What are these kitchen utensils for? Match the word with its use.

*Seeing and learning vocabulary in set phrases (i.e., **la dieta mediterranea, le abitudini alimentari**) can really make sense and help you to memorise and re-use it effectively.*

1 pentola   si usa per friggere

2 padella   si usa per servire in tavola

3 scolapasta   si usa per cuocere la pasta

4 coperchio   si usa per tagliare il pane

5 mestolo   si usa sopra pentole e padelle

6 coltello   si usa per scolare pasta o verdure

N Find the following foods in the wordsearch. You will be surprised how many different ingredients can go into your quick pasta sauce!

> aglio, basilico, capperi, funghi, olive, pepe, peperoncino, uova, zucchini

A	S	P	L	P	E	P	E	A	D	A	G	I	O	P
R	A	C	L	E	T	E	B	A	P	O	T	A	T	O
O	L	I	V	E	D	P	A	G	V	O	I	T	U	R
N	E	U	S	S	K	E	S	L	A	R	T	O	F	F
S	C	H	U	P	F	R	I	I	N	U	D	E	L	N
B	R	A	T	E	N	O	L	O	E	I	S	S	I	E
F	U	N	G	H	I	N	I	C	R	E	M	E	D	E
D	U	L	C	C	E	C	C	B	U	A	T	T	L	E
C	A	P	P	E	R	I	O	R	O	V	E	A	R	L
Z	U	C	C	H	I	N	I	X	V	T	C	T	I	E
Y	P	E	P	E	R	O	N	I	A	A	K	K	A	A
J	K	B	E	E	D	R	A	C	T	S	O	P	P	I
F	A	D	O	M	I	W	O	B	N	A	I	R	C	O
E	L	L	I	P	S	E	J	M	O	D	O	K	T	Y
T	N	E	C	N	I	V	Z	O	C	E	N	T	E	U

 # Writing

O **What's your favourite speedy recipe? Imagine that you are posting it on a cooking website. Use the structures and vocabulary you have learned in this unit and try to write clearly and in an interesting way. Write between 50 and 80 words.**

Daily Blog

 Next time you want to cook an Italian dish, follow a video recipe in Italian. It will be fun and will really consolidate your language skills.

Self-check

Tick the box which matches your level of confidence.

1 = very confident   2 = needs more practice   3 = not confident

Barra la casella che corrisponde al tuo livello di conoscenza e sicurezza.

1 = molto sicuro   2 = ho bisogno di più pratica   3 = non affatto sicuro

	1	2	3
Can understand and give sets of instructions (CEFR A2)			
Can understand and use cooking expressions and vocabulary (CEFR A2/B1)			
Can talk about food and eating habits (CEFR B1)			

*To revise how to talk about food refer to *Complete Italian*, Unit 7, or *Get Started in Italian*, Unit 7 and 15.

6 In città

In town

In this unit we will learn how to:

- ✓ use descriptive and demonstrative adjectives
- ✓ describe towns and landmarks

CEFR: Can understand a detailed description of a a town (A1/A2); Can use the structure **c'è / ci sono** (A1); Can use descriptive and demonstrative adjectives (this / these / that / those) (A1); Can provide a description of a town using vocabulary and structures to make it interesting/attractive (A2/B1)

C'È ⟶ **C'è una fontana moderna nella piazza.**
(There is a modern fountain in the square.)

CI SONO ⟶ **Ci sono molti posti per mangiare.**
(There are many places to eat.)

Meaning and usage

To describe what there is in a town or city, you can use:

1 the verb è (essere) preceded by the pronoun c' (ci)

<u>C'è</u> **una chiesa romanica.** *(There is a Romanesque church.)*

2 the verb sono (essere) preceded by the pronoun ci

<u>Ci sono</u> **pochi parcheggi.** *(There are a few car parks.)*

This form corresponds to the English there is/there are and follows the same rules:

In questa città <u>ci sono</u> **molti ristoranti, ma non** <u>c'è</u> **un ristorante italiano decente.**

(In this town there are many restaurants, but there isn't a decent Italian one!)

Form

To recap:

C'è + singular noun	**C'è una fermata dell'autobus qui vicino.** *(There is a bus stop nearby.)*
Ci sono + plural noun	**Ci sono due cinema indipendenti in questa zona.** *(There are two independent cinemas in this area.)*

To make this phrase negative, it should be preceded by the negative **non.**

Non c'è un supermercato in questa via. *(There isn't a supermarket in this street.)*	
Non ci sono molti negozi aperti la domenica. *(There aren't many open shops on a Sunday.)*	

A **Here is a short description of the town of Ravenna. Complete it with *c'è/ci sono* as appropriate.**

Italia da scoprire: Ravenna

Ravenna si trova nella regione Emilia Romagna ed è davvero una città fantastica. ₁_____ infatti numerosi mosaici bizantini che risalgono al periodo in cui Ravenna è stata capitale dell'Impero Bizantino d'Occidente. ₂_____ ben 8 monumenti che sono stati dichiarati Patrimonio Unesco. Per esempio, in centro ₃_____ la Basilica di San Vitale e accanto alla Basilica ₄_____ il Mausoleo di Galla Placidia. ₅_____ anche musei e gallerie, come il Museo d'Arte della Città di Ravenna (MAR), il Museo Nazionale e il Museo TAMO, dove ₆_____ tanti esempi di mosaici antichi e moderni.

This, these, that & those

The Italian equivalents of the adjectives this/these/that/those (known as demonstrative adjectives) are in the table below. They come before the noun like in English and they can be masculine or feminine, singular or plural.

	Singular	Plural
Masculine	Questo **Questo bar è molto frequentato.** (This bar is very popular.)	Questi **Questi monumenti sono protetti dall'UNESCO.** (These monuments are protected by UNESCO.)
Feminine	Questa **Questa chiesa è famosissima.** (This church is very famous.)	Queste **Queste gallerie d'arte sono chiuse il lunedì.** (These art galleries are closed on Mondays.)

Quello is slightly more complicated, as it follows the same rules as definite articles (il/l'/lo/la + plurals). Therefore, it also changes according to the first letter of the noun (consonant, vowel or groups of consonants). Look at the table:

Masculine	Singular		Plural	
Nouns beginning with consonant	quel	**Quel castello è medievale.** (That castle is medieval.)	quei	**Quei castelli appartengono tutti alla stessa famiglia.** (Those castles all belong to the same family.)
Nouns beginning with s + consonant/ps/gn/z	quello	**Quello stradone si chiama Stradone San Zeno.** (That avenue is called Stradone San Zeno.)	quegli	**Quegli stadi di calcio sono tutti dello stesso architetto.** (Those football stadiums are all by the same architect.)
Nouns beginning with vowel	quell'	**Quell'autobus porta direttamente in centro.** (That bus takes you straight into town.)	quegli	**Quegli autobus non vanno in stazione.** (Those buses don't go to the station.)

Feminine	Singular		Plural	
Nouns beginning with a consonant	quella	**Compriamo il biglietto per visitare quella cattedrale.** *(Let's buy the ticket to visit that cathedral.)*	quelle	**Quelle mura sono romane.** *(Those city walls are Roman.)*
Nouns beginning with a vowel	quell'	**Quell'area pedonale è un'idea fantastica.** *(That pedestrian area is a fantastic idea.)*	quelle	**Quelle aree verdi sulla piantina sono praticamente i parchi e i giardini della città.** *(Those green areas on the map are basically the parks and gardens of the city.)*

B **Choose the correct adjective to complete the sentences.**

1 In _____ città i trasporti pubblici funzionano bene.

   a questo

   b questa

   c quella

   d quel

2 _____ palazzi laggiù risalgono al Medioevo.

   a quelli

   b questi

   c quei

   d quelle

3 _____ ponte in fondo a destra non è originale. È una riproduzione dell'originale, bombardato durante la guerra.

   a questa

   b quello

   c quel

   d questo

4 La stradina che percorriamo adesso è molto caratteristica, con tutte _____ botteghe artigiane e _____ studi di artisti.

   a queste

   b quella

   c quegli

   d questi

5 _____ edificio qui di fronte è il palazzo del comune, o municipio.

   a quell'

   b quel

   c quei

   d questa

6 La piazze principali della città sono vicine a _____ siti archeologici che abbiamo visitato ieri.

   a quelle

   b quegli

   c questi

   d quei

C **Complete the following sentences about eco weekends in Rome with the noun + adjective combinations in the box. Use the context of the sentence, relevant verbs and meaning to help you.**

> quei boschi,   questo fine settimana,   questa prenotazione,
> quel percorso,   questi corsi,   quelle visite

1 Come si fa _____ alla visita guidata?

2 Vorrei fare uno di _____ di fotografia a pagamento offerti nel parco vicino a casa mia.

3 _____ partecipa al giro nei parchi della capitale.

4 _____ guidate sono gratuite.

5 _____ sono un esempio di come era la periferia della città prima degli anni Sessanta.

6 _____ per mountain bike è facile e divertente.

Vocabulary

Describing a town: common adjectives

D **Match the adjectives with their synonyms.**

accogliente	*estesa*
antico/a	*vecchia*
caotico/a	*ristrutturata, rinnovata*
freddo/a	*dinamica*
grande	*ristretta*
industriale	*piena di confusione*
moderno/a	*con molti rifiuti*
piccolo/a	*ospitale*
pulito/a	*frequentata dai turisti*
sporco/a	*non calda*
tranquillo/a	*con molte industrie*
turistico/a	*senza sporcizia*
vivace	*calma*

E   Put the adjectives in brackets into the correct form (-o/-a/-i/-e).

La mia città, Ferrara, ha delle zone (industriale) $_1$ _____ e (moderna) $_2$ _____,
ma anche un centro storico (antico) $_3$ _____. C'è una grande università, quindi durante
l'anno è sempre abbastanza (caotico) $_4$ _____ e il traffico è terribile. D'estate, però,
quando gli studenti vanno via, è (calmo) $_5$ _____ e vivibile, insomma diventa bellissima!

Trieste è una città che mi piace tanto. È così (moderno) $_6$ _____ e (vivace)
$_7$ _____, c'è sempre qualcosa da fare. Anche se il clima è (freddo) $_8$ _____, la città è
davvero (accogliente) $_9$ _____ e aperta.

Vivere a Venezia è interessante. Come tutti sanno, la città è (antico) $_{10}$ _____ e (caotico)
$_{11}$ _____, ma è anche affascinante e (accogliente) $_{12}$ _____. È estremamente
(turistico) $_{13}$ _____, e anche (sporco) $_{14}$ _____ e disordinata. Ma è una città
(grande) $_{15}$ _____, e ci sono sempre degli angoli segreti che i turisti non conoscono,
insomma una città (tranquillo) $_{16}$ _____, solo per noi veneziani.

📖 Reading

F   Read the beginning of this text. What do you think it is about? Write your answer in Italian.

Le città italiane sono spesso antiche e costruite attorno ad un centro storico, caratterizzato da una o più piazze. La piazza storicamente è un luogo pubblico di socializzazione. Per questo, specialmente d'estate, ma non solo, la piazza principale di una città o di un paese è un punto di ritrovo.

G   Now read the rest of the text and answer the questions which follow in Italian.

Gli immigrati si incontrano con i loro connazionali nelle piazze, siedono sulle panchine, parlano e si fanno compagnia. Le famiglie portano i bambini nelle piazze a giocare, senza il pericolo delle macchine e del traffico. Gli anziani si siedono ai tavolini dei bar a prendere un caffè, i giovani si danno appuntamento con il loro gruppo di amici in piazza di sera e poi decidono dove andare e che cosa fare.
Nelle piazze ci sono anche concerti o spettacoli gratuiti. In alcune città, nelle piazze c'è anche il cinema all'aperto.

Attorno alle piazze ci sono palazzi antichi, chiese o anche edifici pubblici importanti.

Se c'è una chiesa, allora davanti alla chiesa a volte si vedono gli invitati di un

matrimonio, di un battesimo o di un funerale.

Ci sono tante piazze pedonali in Italia, in cui cioè non ci sono macchine e autobus, ma ci

sono solo le biciclette e i pedoni. Ci sono a volte anche delle aree verdi e dei giardini

pubblici. Per Natale in alcune grandi piazze ci sono dei mercatini di Natale con prodotti

dell'artigianato e dell'enogastronomia locale, e delle piste di pattinaggio sul ghiaccio.

Queste sono per gli appassionati, ma anche per principianti che proprio qui provano per la

prima volta l'emozione e il divertimento di pattinare in un'atmosfera natalizia cittadina.

Tra le piazze più famose d'Italia, piazza San Marco a Venezia è caratterizzata da

un'atmosfera da sogno: si affacciano sulla piazza la basilica di San Marco e il Palazzo

Ducale, ma anche numerosi caffè e negozi. La affollano i turisti, le guide e i

caratteristici piccioni, immancabili in molte foto ricordo. Questa piazza, sospesa tra

la terra e la laguna, è uno spazio a misura d'uomo, ricco di storia e di cultura, ma

anche di vita, rumore e a volte frenesia.

V		
anche		*also/too*
connazionali		*fellow countrymen*
darsi appuntamento		*to arrange to meet*
pedoni		*pedestrians*
pedonale/pedonali		*pedestrianised*
enogastronomia		*food and wine*

1 Perché le famiglie portano i bambini nelle piazze?

_____

2 Perché i giovani frequentano le piazze?

_____

3 Che programmi di intrattenimento offrono le piazze
cittadine in Italia?

_____

4 Che cosa sono le piazze pedonali?

_____

5 Che prodotti si trovano ai mercatini di Natale nelle piazze delle città?

_____

6 Che cos'altro si può fare a Natale nelle piazze?

_____

Vocabulary

H **Complete the sentences on the basis of the information in the text. Can you use different words?**

1 Le famiglie _____

2 I giovani _____

3 I programmi d'intrattenimento nelle piazze italiane _____

4 Le piazze pedonali _____

5 I mercatini di Natale _____

6 Le piste di pattinaggio sul ghiaccio _____

7 In piazza San Marco a Venezia _____

8 La sua atmosfera da sogno _____

I **For some extra practice, why not try the following? Underline examples of the phrase c'è/ci sono in text G. Notice how useful this phrase is for giving clear and simple descriptions.**

J Which demonstrative adjectives would you choose for the following nouns? Take care with masculine/feminine and singular/plural endings.

QUESTO/A/QUESTI/ QUESTE	QUELLO/QUELL'/QUEL/ QUEGLI/QUEI/QUELLA/ QUELL'/QUELLE
luogo pubblico	luogo pubblico
paese	paese
città	città
immigrati	immigrati
anziani	anziani
giovani	giovani
(il) cinema all'aperto	(il) cinema all'aperto

K Make a full sentence using at least one of the following expressions from the text.

1 Palazzi antichi _____

2 Gli invitati di un matrimonio _____

3 Le piazze pedonali _____

4 Le aree verdi _____

5 I mercatini di Natale _____

6 Le piste di pattinaggio sul ghiaccio _____

7 I caratteristici piccioni _____

8 Le foto ricordo _____

L Complete the text using the words in the box.

> palazzi, strade, infrastrutture, ambiente, traffico, città, aiuole fiorite, piscine all'aperto, mezzi di trasporto pubblici, inquinata, scuole

Secondo molti cittadini nella loro città ideale ci sono ₁_____, veloci, frequenti ed economici. Non ci sono né auto né ₂_____ e ci si muove agevolmente e senza paura di essere investiti sia in bicicletta che a piedi. Un'altra caratteristica importante della città ideale è che l'aria è respirabile e non ₃_____ dalle polveri sottili e dai gas di scarico come adesso. Ci sono ₄_____ ampie e pulite, costeggiate da alberi e ₅_____, e non soffocate dal cemento di ₆_____ e condomini. Ci sono inoltre ₇_____ sportive, facilmente accessibili ai cittadini e ₈_____ in cui nuotare d'estate a prezzi economici. Ospedali e ₉_____ sono funzionali ed ecologici e serviti in modo efficiente ed affidabile dal sistema dei trasporti pubblici. Come si vede dunque, ai cittadini interessa particolarmente il rispetto dell'₁₀_____ anche urbano, ma questa esigenza non viene recepita e presa in considerazione in modo adeguato da chi governa le loro ₁₁_____.

To build up your vocabulary in this area, look for tourist video guides in Italian and watch them carefully, noting down any descriptions and details you can understand.

 # Writing

M Describe your own town/city or a favourite one. Use the structures and vocabulary you have learned in this unit and try to write clearly and in an interesting and convincing manner. Write between 60 and 120 words.

 The next time you plan a visit to Italy, look up relevant information online in Italian. You will be amazed at how much you can actually understand, and it will make your trip preparation more interesting.

Self-check

Tick the box which matches your level of confidence.

1 = very confident   2 = needs more practice   3 = not confident

Barra la casella che corrisponde al tuo livello di conoscenza e sicurezza.

1 = molto sicuro   2 = ho bisogno di più pratica   3 = non affatto sicuro

	1	2	3
Can understand a detailed description of a town (CEFR A1/A2)			
Can use the structure c'è/ci sono (CEFR A1)			
Can use descriptive and demonstrative adjectives (this / these / that / those) (CEFR A1)			
Can provide a description of a town using vocabulary and structures to make it interesting/attractive (CEFR A2/B1)			

*To revise some of the above structures, refer to *Complete Italian*, Unit 16, or *Get Started in Italian*, Unit 13

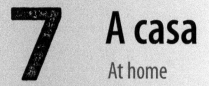

7 A casa
At home

In this unit we will learn how to:

✓ use prepositions and prepositional phrases

✓ describe the home

CEFR: Can recognise and use prepositions, with and without article (A2); Can locate things in a house using prepositional phrases of place (A2); Can describe the house and say where furniture is, making the description sound interesting (B1/B2); Can outline a problem and ask for a solution (B1/B2)

Prepositions: simple and with definite articles

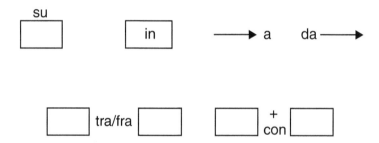

Meaning and usage

Prepositions are small, invariable words which link together different parts of the sentence. The link that they create can be:

1 Temporal, if the preposition introduces information on <u>when</u> or for <u>how long</u>:

Ci incontriamo <u>alle</u> 10.20. *(We are meeting at 10.20.)*

Arrivo <u>tra</u> un paio di ore. *(I will arrive in a couple of hours.)*

Abito qui <u>da</u> sei anni. *(I have lived here for six years.)*

2 Spatial, if the preposition introduces information on <u>where</u>:

Sei mai stato <u>in</u> Brasile? *(Have you ever been to Brazil?)*

Il libro è <u>sulla</u> mia scrivania. *(The book is on my desk.)*

3 Less frequently, an indication of purpose (the aim of something), possession, cause (the reason why something happens) or manner (the way in which something happens):

Roma gli piace, e ci viene spesso _per_ lavoro. *(He likes Rome, and he often comes here for work.)*

La villa _di_ mio cognato è favolosa! *(My brother-in-law's villa is fantastic!)*

Era diventato rosso _dal_ caldo. *(He had become red from the heat.)*

Questa è una ricetta che si prepara _in_ fretta. *(This is a recipe which can be prepared in a hurry.)*

> *Prepositions are often regarded by students as one of the most difficult elements to master in a foreign language. This is because the same preposition may have different meanings, sometimes even opposite meanings, depending on the context and the sentence itself, and it is not always possible to translate them with the same preposition in another language. Don't let this put you off. The more you use Italian, the better you will become at choosing and using the correct preposition. The old adage 'practice makes perfect' really rings true here!*

Form

The table below gives a list of the main simple Italian prepositions and their English equivalent. Remember though that the English translation given here may not always be the right one.

Italian prepositions	English equivalent	Most common meaning
di	of	Normally expresses possession or specification.
a	to at in	Indicates a position, a destination or a specific time. It is normally used with towns, cities and small islands.
da	from by	Expresses the origin or starting point (in time or space) and the agent (in passive constructions). It also indicates the use (una camera **da letto,** a bedroom).
in	in by	Expresses a position inside a place or in time. It is normally used with regions/counties, big islands, nations and continents. Also used to indicate means of transport (by train, by car, by plane, etc.)
con	with	Indicates with whom or what (also with means of transport; except *on foot,* **a piedi**).
su	on	Expresses position.
per	for	Expresses the reason and a duration in time.
tra/fra	between among in	Normally used to express a position. Can also indicate a time in the future. No difference in usage and meaning between the two forms of **tra** or **fra**.

Normally these prepositions are used with nouns, so in the majority of cases they are followed by the definite article that goes with the noun. Most of the prepositions are joined by the article to form a new word, as in the pattern given in the table below. But remember: you cannot use the forms below with the indefinite article (ie., **un, una, uno, un'**) – you must use the simple form of the preposition instead.

	+ Il	+ Lo	+ La	+ L'	+ I	+ Gli	+ Le
di	del	dello	della	dell'	dei	degli	delle
a	al	allo	alla	all'	ai	agli	alle
da	dal	dallo	dalla	dall'	dai	dagli	dalle
in	nel	nello	nella	nell'	nei	negli	nelle
su	sul	sullo	sulla	sull'	sui	sugli	sulle

As you might have already noticed, three prepositions are missing from the table above. This is because **con, per** *and* **tra/ fra** *are never joined to the article – they remain a separate word.*

A   Choose the correct preposition in the following sentences.

1   La cucina si trova *tra / in* il soggiorno e il ripostiglio.

2   La casa *da / di* Giovanna è arredata *in / per* uno stile molto moderno.

3   Il mio ragazzo abita *a / in* un appartamento.

4   –Ma dove hai messo la borsa?   –L 'ho appoggiata li, *in / su* quel tavolino.

5   Mi piace molto discutere di arredamento *a / con* mio fratello, è un architetto ed ha sempre molte idee originali.

6   *A / da* che ora ci vediamo stasera?

7   Ho voluto studiare italiano *per / con* ragioni personali: mia mamma infatti è italiana.

8   Sono arrivata *in / a* Francia cinque anni fa.

9   L'appartamento è diviso *da / in* sei stanze, inclusi il bagno e la cucina.

10   Questa credenza, così posizionata *tra / in* il divano e la lampada, non aiuta a valorizzare l'aspetto moderno del soggiorno.

B **Complete the following advert with the correct prepositions. Combine them with the definite article when necessary.**

L'appartamento è situato ₁_____ il terzo piano ₂_____ un antico palazzo del centro città, ₃_____ il quartiere residenziale Villa Rotonda. La proprietà consiste ₄_____ una cucina abitabile, un soggiorno ampio e luminoso, uno studio, tre camere ₅_____ letto matrimoniali e due bagni. ₆_____ la finestra ₇_____ lo studio c'è una bellissima vista ₈_____ il mare, che dista appena 2 km.

Se volete prendere appuntamento ₉_____ visionare questo appartamento, telefonate ₁₀_____ il seguente numero: 0667910453.

C **Decide whether the underlined prepositions in the following sentences express a relation of time, place, possession, purpose, aim or cause. Then combine the preposition with the article that follows it when appropriate.**

1 Lei è Alessia, la moglie di _____ mio fratello.

2 Il treno arriva a le _____ 19.30.

3 Non torno più in _____ quell'albergo: non ho dormito da il _____ freddo.

4 Mi piacerebbe vivere a _____ Bologna, in _____ un quartiere di il _____ centro.

5 Questo piccolo soggiorno è, secondo me, la stanza più importate di la _____ casa: ci vengo per _____ rilassarmi, perché è sempre pulita e silenziosa.

6 Ci vediamo tra _____ una settimana, allora. Buone vacanze!

7 Ho abitato in _____ quella vecchia casa per _____ circa due anni.

D **Complete the text using the prepositions in the box.**

> a, a, al, al, al, da, dell',
> della, di, in, in, tra, tra

Vi descrivo la mia casa: è un appartamento ₁_____ secondo piano ₂_____ un palazzo barocco ₃_____ centro ₄_____ città. Appena si entra, c'è un ampio ingresso ed un lungo corridoio. ₅_____ fondo ₆_____ corridoio c'è un bagno, che è situato ₇_____ due camere ₈_____ letto, grandi e luminose. La cucina è ₉_____ destra ₁₀_____ ingresso, mentre ₁₁_____ sinistra c'è un soggiorno arieggiato e ammobiliato ₁₂_____ stile moderno. ₁₃_____ il soggiorno ed una camera si trova un piccolo studio.

Vocabulary

Adverbial phrases of place

These are phrases formed by two or more words, which are normally invariable and provide information on the location of objects. The most common are:

a destra di	on the right of
a sinistra di	on the left of
accanto a	next to
davanti a	in front of
di fianco a	beside / on the side of
di fronte a	opposite
dietro a	behind
lontano da	far from
sopra	on /over/ above
sotto	under
vicino a	next to

E   Find the phrases from the list above in the wordsearch.

S	F	R	T	A	S	B	V	P	P	B	T	A	P	U	D
O	D	S	P	C	A	S	I	N	I	S	T	R	A	D	I
P	N	I	I	C	P	A	C	C	A	N	T	O	A	H	F
R	H	N	U	A	R	M	I	R	D	V	F	N	L	V	R
A	O	I	D	A	V	A	N	T	I	A	D	Q	M	T	O
P	G	S	I	N	O	N	O	T	F	C	F	L	O	G	N
L	A	D	E	S	T	R	A	D	I	C	D	H	N	C	T
O	A	G	T	O	T	U	L	Q	A	A	R	I	I	F	E
N	S	O	R	R	A	P	L	O	N	T	A	N	O	D	A
T	Z	R	O	H	F	K	O	L	C	Q	H	S	B	D	H
A	T	B	A	O	S	O	T	T	O	M	E	O	N	N	P
N	H	B	C	C	A	N	F	C	A	A	M	A	Z	O	N
O	R	S	I	N	G	P	L	A	Y	X	H	L	Y	D	Y
D	C	H	A	R	A	S	I	N	A	T	I	O	N	B	I
A	R	T	T	P	L	X	N	T	Y	A	O	O	R	K	I

 # Reading

F Read the following question from an interior design website's tutorial page, then answer this question in Italian: How many rooms are there in the house including the kitchen and toilet?

Siamo una famiglia di cinque persone: genitori e tre figli (un ragazzo e due ragazze), con un grande problema di spazio. La nostra casa è suddivisa in due piani e include una cucina **ampia** e **abitabile**, soggiorno e bagno, situati al piano **inferiore**, e due camere da letto, con un secondo bagno, al piano **superiore**. La suddivisione dello spazio è poco **efficiente** e i nostri figli sono ormai troppo grandi per dormire tutti nella stessa camera.

G Now read the architect's answer and answer the questions which follow in Italian.

Per risolvere il problema di questa famiglia, abbiamo pensato di creare una zona giorno aperta: dall'ingresso si entra direttamente in un soggiorno ampio e luminoso. Le pareti sono bianche e sui muri sono stati appesi una serie di specchi e quadri colorati, che aumentano l'impressione di spazio. L'arredamento è minimalista, con un divano sotto alla finestra e, di fronte, un mobile porta-televisore a scaffali, che divide questa area dalla zona pranzo. Dalla zona pranzo, a sinistra, si entra nella cucina, piccola, ma funzionale. Abbiamo ridotto la spazio per la cucina e ricavato così una nuova camere da letto singola al piano inferiore. Benché le dimensioni della camera siano abbastanza ridotte, si è creato tuttavia uno spazio privato per il ragazzo, da utilizzare secondo i suoi gusti. Lo spazio sotto le scale è ora riempito con scaffali asimmetrici.

Al piano superiore abbiamo lasciato la suddivisione originale, con le due camere da letto e il bagno. Ma nella camera delle due ragazze abbiamo creato due aree private, separate da una serie di scaffali, che possono servire anche come armadi aperti. Ai due lati opposti degli scaffali ci sono i letti e, appoggiate alle pareti di fronte, le due scrivanie. Così ognuna delle due ragazze può ammobiliare e decorare il proprio ambiente, dandogli un tocco personale ed originale. La camera dei genitori si trova a destra di quella delle due ragazze e tra le due camere abbiamo lasciato il bagno. Sia il bagno che la camera dei genitori sono stati lasciati come erano.

V	**una cucina abitabile**	*a dining kitchen*
	mobile porta-televisore	*television stand*
	scaffali	*bookshelves*
	suddivisa	*divided*
	zona giorno / zona pranzo	*living / dining area*

1 Che cosa ha fatto l'architetto per risolvere il problema di spazio?

_____

2 Come è stata creata l'impressione di spazio nel soggiorno?

_____

3 Quali mobili ci sono nel soggiorno?

_____

4 Dove è la cucina?

_____

5 Che cosa c'è in più ora nel piano inferiore?

_____

6 A che cosa servono gli scaffali nella camera delle ragazze?

_____

H **For some extra practice, why not try the following? Underline all the adjectives which describe a house or a room in the text in Activity G (this has been done for you in Activity F – the adjectives are in bold) and use them to describe your house. Remember to change their endings according to the noun they refer to.**

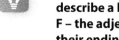

Vocabulary

I **Find the adjectives in text G which mean the opposite of the ones below.**

1 simmetrico   *asimmetrico*

2 ristretto   _____

3 chiuso   _____

4 scuro   _____

5 inefficiente   _____

6 inferiore   _____

7 nuova   _____

8 pubblico   _____

J Complete the sentences with a suitable adjective from the left-hand column in Activity I.

1 Il riscaldamento in questa casa è vecchio ed _____, per questo consuma molto gas.

2 Ti ricordi quel ristorante messicano dove si mangiava benissimo e non costava tanto? È _____, ha fallito circa due mesi fa.

3 Il piano di questo appartamento è davvero _____, con due camere di uguali dimensioni ad ogni lato del corridoio.

4 I padroni della villa hanno deciso di aprire il loro giardino al _____, facendolo diventare parte del parco comunale.

5 Mia madre e mio fratello abitano nella stessa palazzina, mia madre in un appartamento al secondo piano e mio fratello al piano _____.

6 In confronto alla loro nuova casa, l'appartamento dove abitavano prima aveva uno spazio molto _____.

7 A mia sorella piacciono le case stile Liberty, ma io preferisco comprare una casa _____, appena costruita.

8 Il soggiorno è piuttosto _____, c'è una sola finestra e l'arredamento è tutto in legno di mogano.

K Choose the expression that means the same as the phrase in *italics*.

> Every time you read in Italian, underline the prepositions and try to identify their specific usage. This will help you to remember which preposition to use in a specific context!

1 La suddivisione dello spazio è *poco efficiente*.

   a è molto buona

   b è fatta male

   c non serve a niente

2 *L'arredamento è minimalista.*

   a i mobili sono piccoli

   b non ci sono mobili

   c ci sono solo pochi mobili essenziali

3 Al piano superiore abbiamo lasciato la suddivisione *originale*.

   a iniziale

   b usuale

   c insolita

4 Gli scaffali *possono servire* anche come armadi aperti

   a sono usati

   b sono chiamati

   c assomigliano

L Reorder the sentences.

1 è / bagno / tra / situato / Il / due / camere / le

2 ampio / minimalista / soggiorno / con / Il / arredo / è / un

3 ha / spazio / La / camera / poco / mia

4 funzionale / Vorrei / più / una / avere / cucina

There are many Italian websites dedicated to interior design or home improvement. Type the following key words into your search engine: **arredo** *and* **casa***, and see what you find. Have a go at reading some of the short articles; you will be able to understand more than you think!*

Writing

M You have decided to redecorate your home. Write to an interiors website. Describe what you would like to update in your home and ask for advice. Write between 50 and 90 words.

Self-check

Tick the box which matches your level of confidence.

1 = very confident   2 = needs more practice   3 = not confident

Barra la casella che corrisponde al tuo livello di conoscenza e sicurezza.

1 = molto sicuro   2 = ho bisogno di più pratica   **3** = non affatto sicuro

	1	2	3
Can recognise and use prepositions, with and without article (CEFR A2)			
Can locate things in a house using prepositional phrases of place (CEFR A2)			
Can describe the house and say where furniture is, making the description sound interesting (CEFR B1/B2)			
Can outline a problem and ask for a solution (CEFR B1/B2)			

*For more information on the home, refer to *Complete Italian*, Unit 12, or *Get Started in Italian,* Unit 16.

8 Una vacanza indimenticabile

An unforgettable holiday

In this unit we will learn how to:

- ✓ speak about past events
- ✓ describe a recent holiday

CEFR: Can describe a holiday (B1/B2); Can use the past (**passato prossimo**) of regular and irregular verbs (B1); Can talk about travel and tourism (B2); Can talk about the pros and cons of a recent holiday (B2)

io	ho	sono	
tu	hai	sei	
lui/lei/Lei	ha	è	-ato
noi	abbiamo	siamo	-uto
voi	avete	siete	-ito
loro/Loro	hanno	sono	

Meaning and usage

To talk about the past in Italian, use the **passato prossimo**.

This form is used to describe a finished action in the past:

Ieri ho prenotato l'albergo per le vacanze in Spagna. *(Yesterday I booked the hotel for our holiday in Spain.)*

È nata a Roma, ma negli ultimi anni è sempre vissuta all'estero. *(She was born in Rome, but in the last few years she has always lived abroad.)*

Quando sono stato in Messico tre anni fa, usavo spesso mezzi pubblici. Lo avevo già fatto anche quando ero andato negli Stati Uniti. *(When I went to Mexico three years ago, I often used public transport. I had already done the same thing when I had gone to the USA.)*

This form corresponds to the English simple past and present perfect, and is used in past narratives in spoken Italian in combination with the imperfect and plus perfect in most Italian regions.

Form

The **passato prossimo** is made up of two parts, the present of **avere** or **essere** plus a past participle:

> **Ho fatto una vacanza indimenticabile.** *(I had/have had an unforgettable holiday.)*

1 Regular verbs have a past participle ending in: (are) *-ato*; (ere) *-uto*; (ire) *-ito*

> **L'aereo è partito in ritardo.** *(The plane left late.)*

2 A number of common verbs have irregular past participles:

> **Ha letto moltissime guide per prepararsi alla vacanza in Brasile.** *(He has read a lot of guidebooks to get himself ready for his holidays to Brazil.)*

3 Verbs taking **essere**

Some verbs indicating state (**essere, stare**) or motion (**andare, venire**), as well as all reflexive verbs take **essere** in the first part of the verb. In this case, the ending of the past participle changes like an adjective, and ends in *-o/-a/-i/-e* according to the person. Here are some examples:

Mio fratello non è mai stato in aereo.	*(My brother has never been on a plane.)*
Anna è arrivata a Parigi con quattro ore di ritardo.	*(Anna arrived in Paris with a four-hour delay.)*
Sono venuti in Italia per un lungo fine settimana.	*(They came to Italy for a long weekend.)*
Io e Francesca ci siamo veramente riposate durante la settimana salute e benessere in Toscana.	*(Francesca and I really rested during our spa week in Tuscany.)*

A   Here is some information on Italians and holidays. Choose the appropriate verb.

La crisi (1) *ha/è* avuto un forte impatto sulle vacanze degli italiani. L'anno scorso, il 30% infatti (2) *è/ha* fatto vacanze meno lunghe dell'anno precedente. Tra chi effettivamente (3) *ha/è* andato in vacanza, il 40% (4) *è/ha* fatto meno di una settimana, il 27% (5) *ha/è* passato da una a due settimane lontano da casa, e solo il 10% (6) *ha/è* trascorso più di tre settimane in vacanza.

Questi dati indicano che le famiglie (7) *hanno/sono* tagliato il budget delle vacanze estive di circa il 25% e che la spesa media per persona (8) *ha/è stata* pari a 680 euro. Tra le destinazioni turistiche, gli italiani (9) *hanno/sono* continuato a preferire il mare, ma il 18% (10) *hanno/sono* preferito la montagna, percentuali più basse di italiani (11) *hanno/sono* scelto le città d'arte, il lago e la campagna. Meno di un italiano su tre (12) *ha/sono* alloggiato in albergo, mentre la maggior parte degli italiani in vacanza (13) *hanno/sono* stati in abitazioni in affitto, oppure di proprietà di parenti e amici. Inoltre (14) *hanno/sono* aumentate le prenotazioni negli agriturismi e nei bed and breakfast.

B   Match the irregular past participles with their infinitive form.

messo	**accendere** *(to switch on)*
venuto	**aprire** *(to open)*
speso	**bere** *(to drink)*
stato	**chiedere** *(to ask)*
perso	**chiudere** *(to close)*
bevuto	**conoscere** *(to know)*
detto	**dire** *(to say)*
chiesto	**decidere** *(to decide)*
preso	**essere** *(to be)*
vinto	**fare** *(to do)*
vissuto	**leggere** *(to read)*
letto	**mettere** *(to put)*
conosciuto	**morire** *(to die)*
morto	**perdere** *(to lose)*
scritto	**prendere** *(to take)*
scelto	**rimanere** *(to remain)*
spento	**scrivere** *(to write)*
trascorso	**scegliere** *(to choose)*
deciso	**spendere** *(to spend)*
acceso	**spegnere** *(to switch off)*
fatto	**trascorrere** *(to spend)*
chiuso	**vedere** *(to see)*
aperto	**venire** *(to come)*
rimasto	**vincere** *(to win)*
visto	**vivere** *(to live)*

C **Turn the following sentences into the** passato prossimo.

1 Lui vive a Palermo.

2 Vinco un viaggio premio in Sicilia.

3 Vedi un paesaggio meraviglioso.

4 Spendo molto per le vacanze.

5 Trascorri una settimana in un agriturismo.

6 Lei perde la coincidenza all'aereoporto di Francoforte.

7 Decidete dove andare in ferie una volta per tutte.

8 Scriviamo un'email al proprietario dell'appartamento in affitto.

9 Conosco tutta la regione.

10 Mia cugina Vale viene sempre con me in viaggio.

11 Mettono in valigia anche il caricatore del tablet?

12 Spegne il cellulare in aereo.

 D **Complete the sentences with the correct form of the** passato prossimo. **Then match the questions with the answers.**

Questions	Answers
(tu/prenotare) 1_____ in agenzia?	Penso di sì, (lei/organizzarsi) 2_____ molto bene.
(cambiare/voi) 3_____ in euro prima di partire?	Sì, (loro/fare) 4_____ tutto all'ultimo momento e quindi non (loro/potere) 5_____ risparmiare sull'albergo.
Quali sono le cose più belle che (vedere/tu) 6_____?	(rimanere/io) 7_____ solo 4 giorni.
(bere/tu) 8_____ qualche vino tipico?	Certo, (noi/salire) 9_____ fino in cima, sono centinaia di scalini!
(loro/spendere) 10_____ molto per l'alloggio?	(scegliere/io) 11_____ di vedere soprattutto le cattedrali.
Per quanto tempo (rimanere/tu) 12_____ a Madrid?	No, figurati, (io/fare) 13_____ tutto online.
Luisa ti (dire) 14_____ che andava in vacanza da sola?	Lei (preferire) 15_____ non dirlo per non farci preoccupare.
(voi/stare) 16_____ anche sulla cupola del duomo di Firenze?	Sì, (io/mangiare e bere) 17_____ quasi sempre in ristoranti tipici.
Lei (leggere) 18_____ un sacco per prepararsi al viaggio?	Purtroppo, sì, (io/prendere) 19_____ l'Eurostar fino a Marsiglia, circa 7 ore.
(essere) 20_____ un viaggio lungo e stancante?	No, (usare/noi) 21_____ quasi sempre la carta di credito.

Vocabulary

Types of holidays: useful vocabulary

E Find the odd one out.

1 una crociera / una gita in barca / una settimana bianca

2 un viaggio / una gita / un'escursione

3 le vacanze scolastiche / una gita scolastica / un ponte / una vacanza studio

4 una vacanza organizzata / una vacanza tutto compreso / una vacanza alternativa

5 il turismo religioso / un pellegrinaggio / il turismo sostenibile

F Complete the sentences using the words in the box.

> turismo, crociera, pacchetti, gite, settimana,
> turismo religioso, escursioni, alternative, studio, ponte

1 _____, un record tutto italiano.

2 Offerte di viaggi, sconti e _____ in Irlanda.

3 Vacanze _____ tutto l'anno.

4 _____ bianca: la prossima volta all'estero.

5 Vacanze _____: tutto quello che c'è da sapere per imparare e divertirsi.

6 Nuovi itinerari per il _____ scolastico.

7 _____ di San Valentino: ecco dove andare.

8 Primavera in _____: occasioni da non perdere e non solo nel Mediterraneo.

9 Pasquetta e _____ fuori porta per tutte le tasche.

10 _____ guidate sui Monti Lessini: le ultime novità.

 # Reading

G Read the beginning of this text about Olga's holiday, then answer this question in Italian: In what way do you think it has been an unforgettable trip?

	Pensavo di essermi organizzata alla perfezione. Prima di partire, ho letto molto per
	conoscere bene i luoghi che avrei visitato. Ho prenotato quasi tutti gli alloggi in
	anticipo, e mi sono fatta il biglietto interrail. Invece, la vacanza che ho programmato
	con due amici nei minimi particolari non è andata proprio sempre come volevamo.

H Now read the rest of the text and decide if the statements that follow are *true* **vero** or *false* **falso.**

	Sono partita da casa una domenica mattina presto. Sono arrivata in treno da sola
	fino a Roma, dove mi sono incontrata con i miei amici Ale e Francesco, che dopo
	l'università hanno trovato lavoro lì. A Roma abbiamo alloggiato in un albergo
	religioso vicino alla stazione e abbiamo visitato i Musei Vaticani con calma e senza
	code, prenotando i biglietti online. Una sera siamo andati a passeggiare per le
	stradine di Trastevere, piene di gente, di locali, di giovani e di artisti di strada,
	una vera rivelazione!
	Quindi, fin qui, tutto bene. I problemi sono cominciati quando abbiamo intrapreso
	la seconda parte delle vacanze: un giro della Sicilia per visitare Agrigento, Siracusa,
	Taormina e Palermo. Siamo arrivati all'aereoporto di Comiso e abbiamo scoperto che
	non ci sono bus per la stazione, così abbiamo preso un taxi. Arrivati in stazione,
	abbiamo scoperto che il treno non c'era, era stato cancellato, e che il treno
	successivo partiva la mattina dopo, quindi abbiamo dormito in stazione!
	Abbiamo passato una settimana in Sicilia e abbiamo trascorso metà del tempo a
	aspettare treni e coincidenze, è stato un vero disastro da questo punto di vista. I
	paesaggi suggestivi e le opere d'arte che abbiamo visto, dalla Valle dei Templi al
	teatro di Taormina, al mare e alle spiagge bellissime, sono stati sicuramente
	l'aspetto più indimenticabile della vacanza. I trasporti pubblici invece sono stati un
	disastro: meglio affittare una macchina, se avete il budget per farlo.

un albergo religioso	*a hotel run by a religious order*
senza code	*no queues*
locali	*bars and clubs*
intraprendere (abbiamo intrapreso)	*to embark on*
coincidenze	*connections*
trascorrere (abbiamo trascorso)	*to spend (time)*

1 La vacanza è stata organizzata in modo dettagliato.   V   F

2 Olga è andata in vacanza da sola.   V   F

3 Per visitare i Musei Vaticani a Roma hanno dovuto fare ore di coda.   V   F

4 Trastevere ha affascinato Olga per la sua atmosfera.   V   F

5 Olga è arrivata in treno in Sicilia.   V   F

6 Una sera hanno dormito in stazione per risparmiare.   V   F

7 Viaggiare in treno in Sicilia è stato facile e divertente.   V   F

8 L'aspetto indimenticabile della vacanza sono stati
   il cibo e le persone che hanno conosciuto.   V   F

9 Alla fine della vacanza hanno affittato una macchina.   V   F

I **For some extra practice, why not try the following? Underline the past tense forms in the text. Can you identify the -are/-ere/-ire form of the verb? Can you say whether the verb takes avere or essere?**

J **Things that can go wrong on holiday.**

   Make eight sentences in the past using the words and phrases below. Use a dictionary and previous examples to find relevant verbs.

   1 30 minuti di ritardo

   2 il navigatore satellitare

   3 il parcheggio impossibile

   4 il traffico

   5 troppa gente in coda

   6 bruttissima vista su uno squallido cortile

   7 cena tipica

   8 il portafoglio

K **Things that can go right on holiday.**

Make eight sentences in the past using the words and phrases below. Use a dictionary and previous examples to find relevant verbs.

1 un panorama bellissimo

2 nessun problema in albergo

3 mostre affascinanti

4 itinerari turistici personalizzati

5 prezzi modici

6 un'atmosfera da sogno

7 pochi turisti

8 un viaggio breve, ma intenso

To build up your vocabulary in this area, read the travel sections of the main Italian online newspapers and watch travel videos in Italian.

Writing

L **Write an email to an online travel forum. Describe the best and worst bits of a recent holiday. Write between 50 and 80 words.**

From:	
To:	
Subject:	

You can find similar texts by browsing the best known travel review websites in Italian. This will provide you with additional reading materials on this topic and will help you expand your travel vocabulary, and your understanding of the past tense. Key words are: **viaggi, viaggiare, eventi, turismo, turisti.**

Self-check

Tick the box which matches your level of confidence.

1 = very confident   2 = needs more practice   3 = not confident

Barra la casella che corrisponde al tuo livello di conoscenza e sicurezza.

1 = molto sicuro   2 = ho bisogno di più pratica   3 = non affatto sicuro

	1	2	3
Can describe a holiday (CEFR B1/B2)			
Can use the past (passato prossimo) of regular and irregular verbs (CEFR B1)			
Can talk about travel and tourism (CEFR B2)			
Can talk about the pros and cons of a recent holiday (CEFR B2)			

*To revise some of the structures above, refer to *Complete Italian*, Units 15-16, or *Get Started in Italian*, Unit 10.

9 Mi piace l'italiano

I like Italian

In this unit we will learn how to:

- ✓ express what you like and dislike
- ✓ discuss preferences for leisure time

CEFR: Can express likes and dislikes in the present (A2); and in the past tense (B2); Can express likes and dislikes using different expressions (A2/B1); Can identify and use indirect object pronouns (A2/B1); Can say why you study Italian (A2/B1)

piace giocare

piacciono gli sport

piacere gli vi

piace **ci** mi

le ti

piacciono

piacciono le lingue

piace il gelato

Meaning and usage

One of the most useful verbs, **piacere**, meaning 'to like', has a very different construction from its English equivalent. In fact, it is not possible in Italian to directly express the idea that 'somebody likes something'. Instead, the verb expresses the idea that 'something is pleasing to somebody'.

Therefore,

1   the subject of **piacere** is always the person or object which is liked:

La pizza piace molto agli italiani. *(Italians like pizza very much.)*

I film dell'orrore non piacciono affatto a Raffaella. *(Raffaella doesn't like horror films at all.)*

2   the people who like something/someone are the recipient of the action of *piacere*, and they are preceded by the preposition *a*, either in its simple form or combined with the definite article:

Il film non è piaciuto a Miuccia. *(Miuccia didn't like the film.)*

Ai giocatori non piace perdere. *(Players don't like losing.)*

*You will notice that this Italian verb is mostly used in the third person, singular and plural: **piace** and **piacciono**, depending on whether what/ whom we like is singular or plural.*

3 if what we like is an activity, for instance: to run or to swim, then *piacere* is used in the singular form and is always followed by the verb in the infinitive:

Non mi <u>piace alzarmi</u> presto la mattina.
(I don't like to get up early in the morning.)

Ai miei genitori <u>è sempre piaciuto viaggiare</u> in paesi esotici. *(My parents always liked to travel to exotic countries.)*

4 the position of the different parts of the sentence is interchangeable, without any change in meaning:

<u>Alle mie cugine</u> non è mai piaciuto mio marito.
(My cousins never liked my husband.)

Mio marito non è mai piaciuto <u>alle mie cugine</u>.
(My cousins never liked my husband.)

 *Although **piacere** is mostly used in the third person, it is possible to use it with other subjects, but beware: **io piaccio a te** doesn't mean: 'I like you', because **io** is the person who is liked (see 1) rather than the person who likes somebody. Its meaning is therefore quite the opposite: 'You like me'.*

Form

The present tense of **piacere** is irregular:

	Piacere (*to be pleasing*)
io (*I*)	piaccio
tu (*you, singular*)	piaci
lui/lei/Lei (*he/she/formal you, singular*)	piace
noi (*we*)	piacciamo
voi (*you, plural*)	piacete
loro (*they*)	piacciono

In the **passato prossimo** tense, **piacere** takes the auxiliary verb **essere**. The second word in the tense, therefore, changes its ending depending on whether what is liked is feminine or masculine, singular or plural, as indicated in the table below:

	Piacere (*to be pleasing*)	
	masculine	**feminine**
io (*I*)	sono piaciut**o**	sono piaciut**a**
tu (*you, singular*)	sei piaciut**o**	sei piaciut**a**
lui/lei/Lei (*he/she/formal you, singular*)	è piaciut**o**	è piaciut**a**
noi (*we*)	siamo piaciut**i**	siamo piaciut**e**
voi (*you, plural*)	siete piaciut**i**	siete piaciut**e**
loro (*they*)	sono piaciut**i**	sono piaciut**e**

A **Complete the sentences by putting the verb** piacere **into the correct form of the present or** passato prossimo **tense.**

1 Tra tutti i musei che Luigi ha visitato a Roma, gli _____ solo la Cappella Sistina.

2 A mia figlia non _____ molto le verdure cotte, preferisce mangiare insalate.

3 Mia moglie dice sempre che io le _____ dalla prima volta che mi ha visto.

4 A questi studenti _____ studiare la grammatica, sono meno interessati agli esercizi di ascolto.

5 Certo che mi _____ gli spaghetti, sono il mio tipo di pasta preferito!

6 Tu non _____ molto al direttore perché sei troppo onesto.

7 Le vacanze in Sicilia degli scorsi anni ci _____ così tanto, che pensiamo di comprare una casa a Bagheria.

8 I quadri moderni non le _____, non capisce che cosa vogliono rappresentare.

9 Mi _____ la tua casa perché è semplice, ma allo stesso tempo ospitale.

10 Ti _____ i regali che ti ho mandato per il tuo compleanno?

Meaning and usage

When using the verb **piacere**, the person who likes something is always preceded by the preposition 'a'. When a noun is preceded by a preposition, usually 'a' and 'con', it is described as an 'indirect object'. Often the nouns are replaced by small words, called pronouns, to avoid too many repetitions. These can be subject pronouns (if the pronoun replaces the subject in the sentence), or indirect object pronouns (IOPs), if the pronoun replaces an indirect object.

The IOP is normally positioned before the verb, after the negation (if applicable), unless the verb is in the infinitive (e.g., **parlare**) or in the gerund form (e.g., **parlando**), in which case it is attached to the verb at the end:

   La festa non ci è piaciuta. *(We didn't like the party.)*

   È possibile telefonarle solo di mattina. *(It's only possible to call her in the morning.)*

When the sentence has a modal verb (that is: *volere*, *dovere* or *potere*) followed by another verb in the infinitive, then the IOP can either be positioned before the modal verb, or attached to the infinitive verb at the end, without any change in meaning:

   Per Natale, gli vorrei regalare un orologio. *(For Christmas, I would like to buy him a watch.)*

   Per Natale, vorrei regalargli un orologio. *(For Christmas, I would like to buy him a watch.)*

The IOP normally replaces both the noun and the preposition:

Le parliamo abbastanza spesso. *(We speak to her quite often.)*

Ci avete fatto proprio una bella sorpresa. *(You have given us a big surprise.)*

The forms of indirect object pronouns (IOPs)

IOPs can take two different forms in Italian, depending on whether they represent the main piece of information in your sentence or not. In the majority of cases, they do not and therefore are used in what is called an 'unstressed' form. If, on the other hand the stress or emphasis of your sentence is on the information carried by the IOP, then the form to use is 'stressed'. The table below gives you both forms.

Subject pronouns	Unstressed IOP	Stressed IOP
io (*I*)	mi *me*	(a) me (to) *me*
tu (*informal you, sing.*)	ti *you*	(a) te (to) *you*
Lei (*formal you, sing.*)	Le *you*	(a) Lei (to) *you*
lei (*she*)	le *her*	(a) lei (to) *her*
lui (*he*)	gli *him*	(a) lui (to) *him*
noi (*we*)	ci *us*	(a) noi (to) *us*
voi (*informal you, plural*)	vi *you*	(a) voi (to) *you*
loro (*they*)	gli *them*	(a) loro (to) *them*

When an IOP is used in its 'stressed' form, its position can be either at the beginning of the sentence or after the verb. In which case, however, it remains detached from the verb. Its position, as well as its use, is often a stylistic or emphatical choice, rather than a grammatical one. Another difference between the 'stressed' and the 'unstressed' form is that the 'stressed' form never replaces the preposition, which is always expressed.

B Choose the correct form of the IOP.

1 Quante volte *ti /te* devo chiedere di aiutarmi a puiire la casa?

2 Mia mamma è una grande appassionata di tennis e *a lei / gli* piace in particolare guardare tutte le partite del Roland-Garros in televisione.

3 Lo studio dell'italiano a *mi /me* sembra interessante.

4 Gli italiani hanno questo immenso patrimonio culturale, che *gli / le* permette di offrire pacchetti turistici di grande interesse per gli appassionati di arte.

5 Il direttore della scuola ha sottoposto gli studenti ad un esame di valutazione ed ha chiesto *gli /a loro* di rispondere a tutte le domande del test in 30 minuti.

6 Anche se trova questo lavoro molto faticoso, *a lui /a voi* piace molto perché *gli / le* da la possibilità di aiutare gli altri.

7 *Mi / ci* ha offerto di assaggiare il suo vino, ma non abbiamo accettato.

8 *A me / mi* non piace viaggiare, ma *gli / a lui* piacciono molto i paesi asiatici e per questo viaggia spesso.

C In the following blog, replace the underlined words with the correct form of the unstressed IOPs. Remember to put them in the right position in the sentence.

1 Oggi voglio scrivere a voi per parlare a voi delle cose che piacciono a me e dei miei interessi.

2 Già sapete che una delle cose che interessano a me in particolare è la cucina. I miei amici lo sanno bene, infatti anche quando sono invitata da loro, devo cucinare io a loro. Per fortuna piacciono a noi le stesse cose!

3 Imparare le lingue è un'altra cosa che adoro fare; in questo momento sto studiando il portoghese. Ho un'amica che abita a Lisbona e scrivo a lei regolarmente.

4 E voi? Che cosa piace fare a voi nel tempo libero? Mandate a noi i vostri commenti.

D Look at the following sentences and indicate where the IOPs in brackets should be positioned, according to their meaning and usage. Use the example to help you.

1 Scrivo una mail ogni giorno. (gli)   –   *Gli scrivo una mail ogni giorno.*

2 Vorrebbe parlare immediatamente di una cosa piuttosto grave. (le)

3 A mio fratello piace studiare le lingue, invece le lingue non piacciono affatto (a me), interessa di più lo sport (mi).

4 Quante volte devo dire di parlare più sottovoce? (vi)

5 Tua mamma ha telefonato stamattina (ti), ma non ha voluto lasciare nessun messaggio. (ti)

6 Il postino ha lasciato questo pacco accanto al portone (ci), ma non è per noi.

7 Finitela di litigare, non sopporto proprio più! (vi)

8 Non ho più rivisto Paolo e Luisa, forse dovrei scrivere una mail (gli), per sapere come stanno.

9 Veramente non parlavo (a te), ma stavo spiegando questa cosa (a lui).

10 Piace mangiare in quel ristorante (ci), il suo menu di pesce è squisito.

Vocabulary

Expressing likes and dislikes

There are other verbs or expressions in Italian which can be used to express likes and dislikes.

adorare	*to adore*
amare	*to love*
detestare	*to detest/to dislike*
essere antipatico a	*to be unlikeable to*
essere simpatico a	*to be likeable to*
gradire	*to like*
infastidire	*to annoy*
interessarsi di	*to be interested in*
irritare	*to irritate*
odiare	*to hate*
sopportare	*to bear*

E **Replace the verb** piacere **in the following sentences with a more suitable synonym from the list of verbs above. Make sure that the verb agrees, i.e., it is in the correct tense and form.**

1 Mi *piace* tantissimo trascorrere il fine settimana in montagna.

2 Il collega di Rosanna è molto rumoroso e volgare, a Rosanna non *piace* affatto.

3 Non le *piace* sentire l'odore di fumo nei locali chiusi.

4 Antonio è socievole e divertente, *piace* a tutti.

5 Una materia che mi *piace* è l'astronomia, sono affascinato dalle stelle e dai pianeti.

6 Mi è *piaciuta* molto la torta che mi hai regalato.

7 Non mi *piace* affatto andare a vedere le partite di calcio allo stadio, soprattutto quando piove e fa freddo.

8 Luigi non mi *piace* per niente, è egoista e vanitoso.

9 Se c'è una cosa dei suoi amici che proprio non gli *piace* è che bevono troppo.

10 Emilia, mi *piaci* molto: sposiamoci!

 # Reading

F Read the following text, then answer this question in Italian: For what is the study of Italian not essential?

	L'italiano è tra le lingue più studiate all'estero. Sono tanti gli studenti stranieri, in
	Europa, nelle Americhe e in Asia, che scelgono di imparare la lingua del Bel Paese. Ma
	quali sono le ragioni di questa scelta? Certamente non è una lingua indispensabile
	per trovare lavoro, come invece è l'inglese o come potrebbe essere presto il cinese.
	Per questo **vi** chiedo, **a voi** che seguite questo blog di cultura italiana, di scriver**mi** le
	ragioni per cui avete deciso di studiare questa bellissima lingua.

G Now read the comments sent to the blog and decide if the statements that follow refer to Astrid (A), the class from Toronto (T) or Louise (L).

	Ciao, sono Astrid. Ti rispondo subito con un aggettivo che hai usato anche tu:
	bellissima. Penso che la lingua italiana sia bellissima e musicale. Ho studiato storia
	dell' arte e restauro, e vorrei lavorare in Italia perché mi offrirebbe un'esperienza in
	questo settore che qui in Svezia non posso fare. Ma non la studio solo per motivi di
	lavoro: attraverso la lingua sto imparando anche a conoscere la mentalità italiana, a
	capire meglio la cultura e la società che ha prodotto le sue più importanti opere
	d'arte e pertanto ogni volta che torno in Italia per visitare qualche museo, scopro
	qualcosa di nuovo delle opere che sono esposte.
	Ciao. Ti scrivo a nome di tutta la mia classe di italiano qui a Toronto. Non abbiamo
	una sola risposta da darti, ma una lista di ragioni: la musica, la cucina, l'arte, la
	cultura, lo stile di vita, la moda, il design. Benché l'Italia sia un paese abbastanza
	piccolo, la sua influenza in questi settori è indubbiamente internazionale. E la cosa
	che li accomuna tutti è proprio la lingua, che rispecchia il carattere degli italiani.
	Infatti è musicale e passionale, così come accoglienti ma impulsivi sono gli italiani.
	Ciao, sono Louise. Mi sono iscritta a questo corso di italiano perché l'Italia è uno dei paesi
	più industrializzati al mondo e anche se non mi piacerebbe trasferirmi in Italia, per il mio
	lavoro devo collaborare con tante industrie italiane. È importante poter comunicare con
	loro nella loro lingua, e l'impegno che metto nello studio dell'italiano mi viene ripagato
	dalla stima che i colleghi italiani hanno di me e del mio lavoro.

1. Non vuole lavorare e vivere in Italia.   A   T   L

2. Ha visitato l'Italia più di una volta.   A   T   L

3. Conoscere la lingua italiana è importante per lavorare con gli italiani.   A   T   L

4. L'Italia è un paese molto importante in tutto il mondo specialmente in alcuni settori dell'arte e dell'industria   A   T   L

5. È una studentessa svedese.   A   T   L

6. Conoscere la lingua italiana è importante per capire il carattere degli italiani.   A   T   L

7. Conoscere la lingua italiana è importante per capire l'origine di importanti opere d'arte.   A   T   L

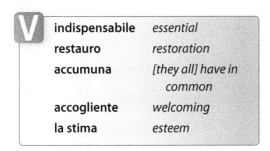

indispensabile	*essential*
restauro	*restoration*
accumuna	*[they all] have in common*
accogliente	*welcoming*
la stima	*esteem*

H   **For some extra practice, identify all the IOPs in Activity G, as we have done for you in the first part. Try to identify what noun they replace.**

Vocabulary

I   **Match the Italian words with their English equivalent.**

attraverso	*choice*
esporre	*reason*
estero	*through*
impegno	*to exhibit*
motivo	*to mirror*
ripagare	*to move*
rispecchiare	*commitment*
scelta	*to pay back*
trasferirsi	*abroad*

J   Choose the expression that means the same as the phrase in italics.

1 Ti rispondo *subito* con un aggettivo: bellissima.

   a immediatamente

   b brevemente

   c senza dubbio

2 *Benché* l'Italia sia un paese piccolo, è molto bello.

   a Fino a che

   b Sebbene

   c Poiché

3 So parlare meglio la lingua e *pertanto* capisco meglio anche la cultura.

   a per meglio dire

   b per contrasto

   c per questa ragione

4 La sua influenza è *indubbiamente* molto vasta.

   a naturalmente

   b certamente

   c lentamente

5 La cosa che li accumuna tutti è *proprio* la lingua.

   a appunto

   b la sua stessa

   c almeno

K   For each verb in the list, write the noun or adjective form. Use the example to help you.

1 insegnare   *insegnante*

2 studiare   _____

3 badare   _____

4 conoscere   _____

5 amare   _____

6 irritare   _____

> *Don't forget to write down new vocabulary so you can revise and memorize it easily.*

 # Writing

L Write your own blog post. Explain why you are studying Italian and why you like it. Write between 50 and 80 words.

Daily Blog

 Why do people study Italian? You may be able to find out if you search online for blogs and websites on Italian culture. Why not add your own comment giving your reasons for learning Italian?

Self-check

Tick the box which matches your level of confidence.

1 = very confident   2 = needs more practice   3 = not confident

Barra la casella che corrisponde al tuo livello di conoscenza e sicurezza.

1 = molto sicuro   2 = ho bisogno di più pratica   3 = non affatto sicuro

	1	2	3
Can express likes and dislikes in the present (CEFR A2) and in the past tense (CEFR B2)			
Can express likes and dislikes using different expressions (CEFR A2/B1)			
Can identify and use indirect object pronouns (CEFR A2/B1)			
Can say why you study Italian (CEFR A2/B1)			

*For more information on the use of *piacere*, refer to *Complete Italian*, Units 11 and 16, or *Get Started in Italian*, Unit 4.

10 Cortesie per gli ospiti
Guest etiquette

In this unit we will learn how to:

✔ use object pronouns

✔ use idiomatic phrases to accept/refuse invitations

CEFR: Can use direct / indirect and combined object pronouns (B1); Can use object pronouns with modal verbs and **passato prossimo** (B1); Can talk about how to welcome guests, friends and family (B2); Can plan something with friends, and can suggest, accept or refuse a suggestion, explaining why (B2)

Meaning and usage

Here is a table to remind you of the Italian unstressed direct/indirect pronouns and of combined object pronouns:

Diretti	Indiretti	Combinati
mi	mi	me lo/la/li/le
ti	ti	te lo/la/li/le
lo/la	gli/le	glielo/gliela/glieli/gliele
ci	ci	ce lo/la/li/le
vi	vi	ve lo/la/li/le
li/le	gli	glielo/gliela/glieli/gliele

Here are some examples to see how these object pronouns work in practice:

1 direct pronouns:

Lo invito ogni anno al mare. *(I invite him to stay at the seaside every year.)*

Li vedo spesso ultimamente perché andiamo nella stessa palestra. *(I often see them because we go to the same gym.)*

2 indirect pronouns:

Gli ho dato il tuo nuovo indirizzo email così può contattarti. *(I gave him your new email address so he can contact you.)*

3 In combined object pronouns the indirect one comes before the direct one, and there are some minor changes to the form (except for **glielo/gliela/glieli/gliele**):

Le foto della festa? Ve le mandiamo su Facebook™. *(The party pictures? We'll send them to you on Facebook™.)*

Glieli avevo chiesti la settimana scorsa, ma mi ha detto che gli inviti al matrimonio di Luca sono pronti a fine mese. *(I asked him for them last week, but he told me that the invites for Luca's wedding will be ready by the end of the month.)*

Gli ho telefonato anche cinque minuti fa, ma non mi risponde. *(I just phoned him 5 minutes ago, but he isn't answering me.)*

Here the pronouns are direct in English but indirect in Italian.

Always remember that verbs which take a direct object or indirect object in English don't necessarily do the same in Italian. Using a dictionary can help with this.

Position of pronouns with modal verbs

Unstressed direct and indirect pronouns and combined pronouns always precede the verb. With modal verbs (dovere/potere/volere) followed by an infinitive, they can be placed either before the modal verb or at the end of the infinitive. Here are some examples:

Gli ho dovuto chiedere di non venire a pranzo a Natale perché ero malata/Ho dovuto chiedergli di non venire a pranzo a Natale perché ero malata. *(I had to ask **him/them** not to come for Christmas lunch as I was ill.)*

Cosa fate sabato? Ve lo volevo domandare ieri ma mi sono dimenticata/Cosa fate sabato? Volevo domandarvelo ieri ma mi sono dimenticata. *(What are you doing on Saturday? I wanted to ask **you** (it) yesterday but I forgot.)*

Non preoccuparti per il biglietto per la mostra. Te lo posso prenotare io online/Non preoccuparti per il biglietto per la mostra. Posso prenotartelo io online. *(Don't worry about your ticket for the exhibition. I can book **it** for you online.)*

A Choose the appropriate object pronoun.

Valentina, una quindicenne di Torino ha deciso che si era stufata delle solite feste di compleanno. Quest'anno, ha voluto *organizzarlo/gliela/la* su Facebook™. Così, ha creato una pagina dell'evento e ha mandato gli inviti. I suoi amici *gli/le/te* hanno risposto con entusiasmo e *le/gli/la* hanno mandato messaggi del tipo: 'Che bella idea, sarà una festa stupenda'.

Un vero successo: *lo/la/li* hanno pensato in molti e *glielo/gliela/glieli* hanno fatto sapere in diecimila!

Valentina *lo/me lo/la* ha capito a sue spese: se organizzi la tua festa di compleanno via Facebook™ devi *renderli/gli/la* privata. Purtroppo Valentina non *lo/gli/la* aveva fatto e anche se ha chiuso velocemente la pagina, millecinquecento invitati volevano *fargli/farglielo/farle* gli auguri! Valentina e la sua famiglia nel frattempo hanno contattato la polizia, che è dovuta intervenire per disperdere la folla e *comunicarlo/la/gli* che la festa era stata cancellata.

B Put the following words in the correct order.

1 promesso/già/avevo/Glielo

2 vedi/Quando/me li/li/saluti

3 l'invito/ha/via Facebook™/Gli/mandato/mi/ma/ho/non/risposto

4 ma/Le/ho/poco/contattarle/per/sentite/vorrei/ultimamente/le feste

5 ma/alle/mai/ sempre /ricambiarle/invitano/posso/cene/non/loro/a casa mia/Mi

6 ci/che/tanto/organizzarlo/È/vorremmo/il tempo/sempre/manca/ma

C Rewrite the following sentences by replacing the nouns with an unstressed object or combined pronoun.

1 Ho domandato <u>a Anna</u> se voleva vedere <u>me e i miei</u> a marzo.

2 Trovo stressante avere ospiti ma non ho potuto dire <u>questo agli ospiti</u>.

3 Quando posso vedere <u>Giorgia</u> <u>vorrei dire</u> <u>a Giorgia</u> queste cose.

4 Non dovete venire a trovare <u>noi</u> senza avvisare <u>noi</u>.

Agreement of direct object pronouns in compound past tenses

The past participle in compound past tenses agrees like an adjective with the *o/a/e/i* ending of the unstressed direct object pronoun.

Chiara? L(a)'ho vista qualche mese fa quando abbiamo fatto la cena di classe. *(Chiara? I saw her a few months ago when we had our class reunion dinner.)*

Li ho conosciuti all'università e siamo sempre rimasti amici. *(I met them at university and we have always stayed friends.)*

Le avevamo avvertite che c'era una festa in piscina, ma non avevano la macchina. *(We had told them that there was a swimming pool party, but they didn't have the car.)*

D **Complete the following sentences by adding direct object pronouns in the correct form.**

1 I biglietti di Natale? _____ ha scritt _____ Lucia.

2 Le amiche di mia mamma? _____ hanno aiutat _____ loro.

3 I dolci per il pranzo dell'anniversario? _____ hanno ordinat _____ i miei amici.

4 Il volo per Parigi? _____ abbiamo prenotat _____ noi.

5 Le valigie per il weekend a Firenze? _____ ho fatt _____ all'ultimo momento.

6 Lorenzo? Katia _____ ha conosciut _____ in vacanza in Croazia.

7 Lo spumante, _____ hai apert _____ tu, vero?

8 Il traghetto? _____ abbiamo pers _____ perché siamo arrivati in ritardo a causa del traffico.

Vocabulary

Arranging to do something with friends.

E **Match the phrases with their English equivalent.**

Suggesting doing something:

Ti va di ...?	*Why don't we organise ...?*
Perché non organizziamo ...?	*Don't you think that it would be nice to ...?*
Sei mai stato a ...?	*Come on, let's go to ...*
Dai, andiamo a ...	*Have you ever been to ...?*
Non pensi che sarebbe bello fare ...?	*Do you fancy ...?*

Accepting an invitation:

Ma sì, che bella idea!	*Well, I need to think about it …*
Che bello!	*How nice!*
Mah, ci devo pensare …	*We will see!*
Vedremo!	*Yes, what a good idea!*
Senz'altro!	*Let me find out about it!*
Mi informo subito!	*Sure!*

Refusing an invitation:

No, purtroppo non posso perché …	*I don't fancy it*
No, devo …	*No, unfortunately I can't because…*
È un problema, perché …	*It's a problem because …*
Magari un'altra volta	*Maybe another time*
Ti faccio sapere	*No, I have to …*
No, non mi va proprio	*Why don't we …?*
Perché non …?	*I'll let you know*

F   Match the questions with the answers.

1 Ti va di andare al cinema?

2 Perché non ceniamo insieme al nuovo ristorante qui vicino?

3 Venite da noi?

4 Ti va di andare in Islanda a Capodanno?

5 Andiamo a Parigi per il ponte del primo maggio?

6 Dai, andiamo insieme da Carla venerdì sera?

7 Perché non organizziamo una serata tra amiche?

8 Non pensi che sarebbe bello andare al concerto?

   a Che bello! Non sono mai stata in Islanda a Capodanno.

   b Mah, ci devo pensare … In questo periodo non abbiamo molti soldi da spendere, specialmente per mangiare fuori.

   c Senz'altro! Penso che sia ora che ci invitiate nella vostra casa nuova!

   d No, purtroppo non posso anche se non ho visto il film, perché ho una scadenza di lavoro.

   e È un problema, perché è quasi impossibile trovare una babysitter il venerdì.

   f Magari un'altra volta, stasera ho un'altro impegno, potete comunque trovarvi tra amiche dopo la palestra.

   g No, non mi va proprio, sai che odio i concerti rock.

   h Perché non andiamo a Parigi per una settimana invece?

G Turn the following into suggestions using either *Perché non* or *Ti va di* plus a verb.

1 Andare a pranzo fuori il giorno di Natale.

2 Andare al cinema quando finite di lavorare.

3 Prenotare i biglietti per il balletto.

4 Andarci anche se è caro.

5 Uscire con me e i miei coinquilini.

6 Organizzare noi quest'anno la festa di Capodanno.

7 Venire a sciare con noi la prima settimana di febbraio.

8 Farle una festa a sorpresa per il suo compleanno?

Reading

H Read the beginning of this text. Who do you think it is meant for? Write your answer in Italian.

	Durante le festività natalizie, è piuttosto frequente ospitare amici e parenti. Ma
	come farli sentire a proprio agio? È senza dubbio importante fargli capire che
	gradiamo la loro visita e cercare di dargli spazio, sia fisico che psicologico.

I Now read the rest of the text and underline the correct options in the statements that follow it.

	Dopotutto gli amici ci servono proprio a questo, cioè a stare in compagnia!
	Cominciamo dalla camera degli ospiti: se gliela prepariamo accogliente e calda, i
	nostri amici si sentiranno subito più rilassati. Il letto, per esempio, dobbiamo cercare
	di renderlo il più confortevole possibile: se i nostri ospiti sono freddolosi possiamo
	lasciargli una coperta in più, per esempio.
	Se arrivano tardi dopo un lungo viaggio, trovarlo già fatto è senz'altro piacevole. Se
	lasciamo degli asciugamani per la doccia puliti sul letto pronti per essere usati, i
	nostri ospiti capiranno che possono farla senza problemi.

È importante inoltre fargli trovare la casa in ordine e pulita, e anche ricavare un po'
di posto nell'armadio e liberare almeno un cassetto, in modo che i nostri amici
possano disfare la valigia, se ne hanno voglia.

Per la colazione e il pranzo di Natale, possiamo chiedergli prima che cosa
preferiscono mangiare, oppure possiamo fargli una sorpresa, dipende se li
conosciamo bene oppure no. Anche loro possono decidere se vogliono contribuire ai
preparativi del pranzo. Magari ci hanno portato qualche dolce speciale, o qualche
altra sorpresa culinaria, soprattutto se vengono dall'estero o da lontano.

Dobbiamo ricordarci che avere ospiti non deve essere un'esperienza stressante, bensì
un'occasione per ritrovarsi, aggiornarsi su quello che è successo negli ultimi mesi e
rilassarsi in compagnia. Se gli amici o i parenti che ospitiamo sono gentili, ci
aiuteranno a apparecchiare la tavola per il pranzo di Natale, o terranno impegnati i
bambini e gli invitati più anziani mentre noi procediamo con i preparativi.

le festività natalizie	Christmas holidays
a proprio agio	relaxed, comfortable
freddoloso/i	someone who feels the cold
una coperta in più	an extra blanket
una sorpresa culinaria	a culinary surprise
bensì	but, on the other hand
apparecchiare la tavola	to lay the table

1 È importante che gli ospiti non si annoino / abbiano un po' di privacy / stiano sempre con noi.

2 Gli ospiti usano poco la doccia / vorrebbero farsi la doccia / preferiscono farsi la doccia a casa loro.

3 È meglio che gli ospiti si facciano il letto da soli / trovino il letto pronto / si portino le loro coperte da casa.

4 È consigliabile che gli ospiti / abbiano spazio nell'armadio / si disfino la valigia / non guardino nei cassetti.

5 Chiediamo ai nostri ospiti di portare un dolce speciale / fare la spesa con noi / aiutare con i preparativi.

6 Avere ospiti è un'occasione per ritrovarsi / un'occasione stressante / una perdita di tempo.

7 Gli ospiti possono apparecchiare la tavola / cucinare qualche sorpresa culinaria / lavare i piatti.

8 Gli invitati più anziani possono giocare con i bambini / chiacchierare con gli ospiti / preparare tutto prima che arrivino gli ospiti.

Following the logical order of sentences in a short text can help you understand how to organise your own ideas with clarity.

J **For some extra practice, why not try the following? Identify which words the pronouns in the text replace.**

You can find similar texts by browsing the best-known accommodation websites in Italian. This will provide you with additional reading materials on this topic and will help you expand your vocabulary.
Key words to type into your search engine are: **appartamenti, case vacanze, ostelli e alberghi per la gioventù.**

K **Put the sentences in the correct order so that you have a meaningful text on 'Couchsurfing'. The first one has been done for you.**

1 *Non ne hai mai sentito parlare?*

2 Nel giro di pochi anni, Couchsurfing ha attratto numeri crescenti di utenti.

3 In questo modo gli si permette di viaggiare riducendo in maniera significativa le spese di alloggio.

4 È un metodo semplice e originale che permette a viaggiatori di tutto il mondo di mettersi in contatto gli uni con gli altri per viaggiare low cost.

5 Semplicemente mettendo a disposizione di altre persone il divano di casa propria.

6 ma anche la possibilità di viaggiare facendo esperienze autentiche, a contatto con la gente del posto

7 L'idea risale al 2003, quando un giovane programmatore ha creato una piattaforma per viaggiatori desiderosi di ridurre i costi dell'alloggio.

8 come conoscere persone provenienti da paesi e culture diverse senza allontanarsi da casa.

9 Ma come funziona?

10 garantendo un'esperienza nuova e esilarante

11 I vantaggi non sono solo economici,

12 Anche per chi ospita, ci sono dei vantaggi interessanti

# Writing

L   Write an email to a friend trying to persuade him/her that having you as a guest during your summer holidays in Italy will have more advantages than disadvantages. Also suggest some interesting activities that you can do together. Write 50-80 words in Italian.

From:	
To:	
Subject:	

Self-check

Tick the box which matches your level of confidence.

1 = very confident   2 = needs more practice   3 = not confident

Barra la casella che corrisponde al tuo livello di conoscenza e sicurezza.

1 = molto sicuro   2 = ho bisogno di più pratica   3 = non affatto sicuro

	1	2	3
Can use direct/indirect and combined object pronouns (CEFR B1)			
Can use object pronouns with modal verbs and passato prossimo (CEFR B1)			
Can talk about how to welcome guests, friends and family (CEFR B2)			
Can plan something with friends, and can suggest, accept or refuse a suggestion, explaining why (CEFR B2)			

*To revise some of the above structures, refer to *Complete Italian*, Units 23-24.

11 Spese pazze
Splashing the cash

In this unit we will learn how to:
- ✓ make comparisons
- ✓ describe clothes and accessories

CEFR: Can make purchases (B1); Can use comparative and superlative adjectives (both regular and irregular) (B1); Can talk about fashion and shopping (B2); Can write an email to explain why an item of clothing is being returned (B2)

un piumino   la felpa   senza maniche
piu   **con i tacchi** rossa
la t-shirt   **classico**   moderno
dolcevita   **bella**   la camicetta
nera **in saldo**   molto   nuovissimo
di pelle   basse   i jeans   **un vestito**
blu   meno
maglioncino
troppo cara   colorato   nuova
il cappotto   una sciarpa
le scarpe da ginnastica

Meaning and usage

To compare two things, we use the following structures:

1 **più** + adjective (*more* + adjective or adjective + *-er*):

   La mia borsa nuova è più grande della borsa che avevo prima. *(My new bag is bigger than the bag I had before.)*

2 **meno** + adjective (*less* + adjective)

   Le scarpe da ginnastica che mi piacciono sono meno care su internet. *(The trainers I like are less expensive on the internet.)*

3 if two comparisons are made, the second one is normally introduced by **di** (+ article if required):

   Vorrei una pochette nera ma più elegante di quella che hai tu. *(I would like a black clutch bag, but a more elegant one than yours.)*

   Meglio cercare un maglioncino più sportivo del tuo. *(Better look for a pullover [that is] more casual than yours.)*

A **Use the three parts of the sentences to create comparative sentences, making all the necessary changes and inserting an appropriate verb. Use the example to help you.**

1 La maglietta di Susi   /   colorato/a   /   della tua.

Example: La maglietta di Susi è **più/meno** colorata della tua.

2 I jeans in vetrina   /   bello   /   di quelli che hai già.

3 Il top a destra   /   simpatico   /   di quello a sinistra.

4 Il cappotto nero   /   caldo   /   del cappotto grigio.

5 La giacca di Gianni   /   elegante   /   della giacca di Andrea.

6 Le scarpe con il tacco   /   comodo   /   degli stivali.

7 Le mie scarpe da ginnastica   /   pratico   /   delle tue.

8 La sciarpa che ho comprato   /   caro   /   online.

9 La camicia bianca   /   adatto con   /   questo completo.

> *There is only a small group of adjectives that change their form in the comparative. We will look at them shortly.*

B **Put the following dialogue between a customer and a shop assistant into the correct order. Then highlight all the comparatives in the dialogue.**

Cliente: Buongiorno! ☐

Commesso: Il prezzo pieno sono 200 euro ma con lo sconto il prezzo è più interessante, sono 150 euro in tutto. ☐

Commesso: Buongiorno! ☐

Cliente: Ma certo, prego. ☐

[dopo cinque minuti…]

Commesso: Desidera? ☐

Cliente: Avete dei maglioni più belli di quelli che ho visto ai saldi degli altri negozi. ☐

Cliente: Per il momento vorrei solo dare un'occhiata. ☐

Commesso: È vero, sono tutti lavorati a mano da artigiani locali della lana. Per questo sono più cari dei maglioni che si trovano nella grande distribuzione. ☐

Cliente: E la lana da dove viene? ☐

Commesso: La lana è 100% cashmere e proviene dall'India. È un cashmere più pregiato di quello che si trova normalmente nei negozi. È più caro, ma anche meno delicato. ☐

Commesso: Questo è un modello più morbido degli altri, ma se è troppo grande, abbiamo anche un modello meno morbido e più aderente. ☐

Cliente: Bene, posso vedere un maglione nero da donna? ☐

Commesso: Ma certo! Che taglia? Una 40? ☐

Cliente: Perfetto, lo prendo, grazie! ☐

Cliente: Forse una 42! ☐

Commesso: Quello più morbido le sta benissimo! Le piace? ☐

Cliente: Mi piace molto! Lo prendo! Quanto costa? ☐

Meaning and usage

The relative superlative (**il superlative relativo**) works in the same way as in English, except that in Italian you use **di** instead of *in*:

> **È la giacca <u>più</u> bella <u>del</u> mio guardaroba!** *(It's the best jacket in my wardrobe!)*

This is how it works: definite article (**il, la, i, le**) + (**noun**) + **più/meno** + **adjective** + **di** + the term in relation to which we are comparing:

> **I prezzi di questo outlet sono <u>i più economici</u> della zona.** *(The prices at this outlet are the cheapest in the area.)*

> **È il cappotto <u>meno costoso del</u> negozio, devi comprarlo!** *(It's the cheapest coat in the shop, you must buy it!)*

Il superlativo assoluto is the equivalent of the English *'very + adjective'* and *'adjective + -est'* or *'most + adjective'*. This can be expressed in two ways:

1 by placing **molto, tanto, parecchio,** *(much, a lot)* in front of the adjective

2 by adding **-issimo/a/i/e** at the end of an adjective

> **Mi sono fatta un regalo e mi sono comprata una borsa <u>carissima</u>.** *(I gave myself a present and bought myself a very expensive bag.)*

> **Questa gonna è <u>molto</u> stretta, non c'è una taglia più grande?** *(This skirt is very tight, isn't there a bigger size?)*

C Complete the following sentences. Use the example to help you.

1 È l'affare <u>più</u> insolito che abbia visto in giro.

2 Mi piace sempre __ capo __ costoso __ negozio!

3 __ paio di jeans __ originale l'ho visto in un grande magazzino degli Stati Uniti.

4 Si mette sempre __ completo __ noioso che ha per andare ai colloqui di lavoro.

5 Purtroppo __ sciarpa __ colorata __ catalogo è esaurita.

6 __ maglione __ morbido è senza dubbio quello di cashmere, ma va lavato a secco.

7 __ taglia __ grande non è abbastanza grande per Nina, dobbiamo cambiare modello o genere.

8 Comprare l'abito da sposa è __ acquisto __ difficile __ vita, secondo le riviste specializzate.

D **Find the molto/tanto/parecchio + adjective superlatives in the text and replace them with -issimo.**

Avete visto cappotti molto carini, ma volete trovare un modello molto giusto per voi? Per la prossima stagione ci sono quelli parecchio colorati, con nuances molto originali e insolite. Per esempio il rosso, con le sue sfumature molto diverse, dal rosso classico a uno stile militare parecchio originale color corallo, decorato con cristalli molto preziosi.

Una alternativa al cappotto rosso sono i cappotti rosa, ce ne sono di tanti tipi a prezzi parecchio diversi. Oltre ai cappotti cammello, che sono sempre molto pratici e di moda, potete scegliere anche un cappotto blu elettrico oppure multicolor: anche in questo caso la scelta è tanto difficile perché ci sono molti prodotti parecchio belli e per tutte le tasche.

Irregular Comparatives and Superlatives: Buono, Cattivo, Grande, Piccolo

Here are the irregular comparative and superlative forms for buono, cattivo, grande, piccolo (good, bad, big, small):

	Comparativo di maggioranza	Superlativo relativo	Superlativo assoluto	
buono	migliore or più buono	il migliore or il più buono	ottimo	**Questo negozio si scarpe è migliore di quello vicino a casa mia.** *(This shoe shop is better than the one near my house.)* **Questo negozio di scarpe è il migliore della città.** *(This shoe shop is the best in town.)* **Questo negozio di scarpe è ottimo.** *(This shoe shop is excellent.)*

cattivo	peggiore or più cattivo	il peggiore or il più cattivo	pessimo	Quest'orario d'apertura è peggiore di quello che c'era prima. *(These opening hours are worse than the ones they had before.)* Quest'orario d'apertura è il peggiore della zona. *(These opening hours are the worst in the area.)* Quest'orario d'apertura è pessimo. *(These opening hours are very bad.)*
grande	maggiore or più grande	Il maggiore or Il più grande	massimo	Il giro d'affari di questo centro commerciale è maggiore di quello dei negozi del centro storico. *(This shopping centre's turnover is bigger than that of the shops in the historic town centre.)* Il giro d'affari di questo centro commerciale è il maggiore della zona. *(This shopping centre's turnover is the biggest in the area.)* Il giro d'affari di questo centro commerciale è massimo. *(This shopping centre's turnover is very big.)*
piccolo	minore or più piccolo	Il minore or Il più piccolo	minimo	Il giro d'affari di questo centro commerciale è minore di quello dei negozi del centro storico. *(This shopping centre's turnover is smaller than that of the shops in the historic town centre.)* Il giro d'affari di questo centro commerciale è il minore della zona. *(This shopping centre's turnover is the smallest in the area.)* Il giro d'affari di questo centro commerciale è minimo. *(This shopping centre's turnover is very small.)*

E Choose one of the irregular forms in the box to complete the sentences.

> *piccolo, peggiore, il maggior, pessimo,*
> *ottimo, minimo, il migliore, più grande*

1 È _____ negozio di scarpe di Verona.

2 La commessa mi ha dato un _____ consiglio: questa camicia mi sta proprio male, domani la cambio.

3 L'outlet in cui siamo stati è _____ di quello che c'è vicino all'aereoporto.

4 È _____ stilista della sua generazione.

5 Il prezzo del cappotto multicolor che mi piace è _____.

6 Il servizio clienti è _____ qui che in Italia, penso.

7 Mah, il tessuto di questa giacca è _____, per questo costa un sacco.

8 Il parcheggio del centro commerciale è _____, ma si trova sempre posto prima delle 5.

Vocabulary

F Group the clothes according to the situation in which you would wear them.

> un abito da sera, un chiodo, un completo,
> una felpa, una felpa con il cappuccio, una giacca di jeans,
> giacca e cravatta, una gonna di ecopelle, i jeans skinny,
> un piumino, uno smoking, un tailleur firmato,
> una t-shirt, una tuta da ginnastica

1 An evening at the theatre:

_____

2 An evening out clubbing:

_____

3 A job interview:

_____

4 A relaxed weekend with friends and family:

_____

G Find six of the words listed in Activity F in the wordsearch.

A	L	L	V	O	R	A	V	F	E	C	F	E	D	Y
N	I	E	E	P	I	M	M	E	N	I	A	G	F	O
D	L	A	A	Z	O	O	R	L	U	T	W	I	U	B
B	A	T	B	L	E	C	O	P	E	L	L	E	R	L
N	O	E	I	M	I	C	I	A	L	Z	N	E	X	R
C	S	O	T	I	T	O	S	U	G	V	R	G	N	I
C	H	I	O	D	O	P	B	A	I	L	Z	U	T	G
X	S	S	D	A	R	O	M	L	R	U	A	N	N	T
F	Z	N	A	N	C	J	R	J	V	B	F	R	B	N
H	P	L	S	A	U	I	E	T	E	G	T	A	O	E
H	O	W	E	C	P	N	T	A	C	Y	N	U	X	C
J	B	F	R	P	E	W	V	Y	N	S	C	A	I	N
U	I	E	A	R	F	U	J	C	U	S	Y	G	N	I
P	I	U	M	I	N	O	T	C	J	V	O	V	G	V
N	A	G	G	E	P	U	B	M	Q	U	A	P	R	O

Reading

H Read the beginning of this text. What type of shopping is it about? Write your answer in Italian.

	Gli italiani non ci rinunciano. Ieri all'apertura dei negozi molte città italiane erano
	decisamente più affollate rispetto al fine settimana prima dei saldi. Alcuni
	consumatori sembrano preferire i negozi cittadini agli outlet, dove ci sono spesso
	code più lunghe e ci vuole troppo tempo.

I   Now read the rest of the text and complete the exercise that follows it.

1   La pensano così molte delle persone intervistate in questi giorni per strada. Molti riferiscono che i saldi in città sono meglio organizzati che nei villaggi dello shopping. Alcuni dicono che magari prima fanno un po' di ricerche mirate online sul capo di abbigliamento che vogliono acquistare, e poi aspettano lo sconto. Ma comunque molti rivelano di avere a disposizione un budget meno generoso rispetto agli anni precedenti. Ciononostante, secondo le associazioni dei commercianti ogni italiano quest'anno spenderà tra i 150 e i 200 euro per gli acquisti scontati.

2   Le vendite sono finora state di poco inferiori al passato, ma le previsioni sono più ottimistiche: le vendite dovrebbero crescere tra il 5 e il 10%, e i turisti italiani e stranieri dovrebbero spendere qualche euro in più.

3   Ma quali sono gli articoli più gettonati delle svendite invernali? In primo luogo i capi d'abbigliamento, specialmente cappotti, piumini e capi spalla, ma anche maglioni pesanti e sciarpe. Insomma tipici acquisti invernali. A seguire, le calzature, e gli accessori, ma anche articoli sportivi, pelletteria e biancheria per la casa.

4   Che cosa consigliano gli esperti del settore per non fare acquisti inutili, facendosi tentare da prezzi scontati fino al 50%?

5   'È importante valutare con attenzione il capo che si vuole acquistare, e se si tratta di un acquisto importante, preferire un taglio e un colore classico e intramontabile, rispetto agli ultimi trend e ai colori della stagione appena trascorsa. Insomma, meglio un piumino blu, nero o grigio che uno fluo o in un colore decisamente troppo trendy per portarlo l'anno prossimo'.

affollato	*busy/crowded*
i saldi	*sales*
le associazioni dei commercianti	*retailers' associations*
i consumatori	*shoppers/consumers*
un capo/un articolo	*an item (normally of clothing)*
gettonato	*very popular/in demand*
calzature	*shoes/footwear*
pelletteria	*leather accessories, for example bags and belts*

Underline the sentences in the text which mean the following and write the paragraph number in which you found them.

1 Gli articoli maggiormente richiesti sono importanti e invernali. ____

2 Si prevede un aumento delle spese degli italiani rispetto agli anni precedenti. ____

3 Anche i turisti amano le svendite. ____

4 Le scarpe vendono meno dell'abbigliamento, ma sono comunque uno dei prodotti più venduti. ____

5 È consigliabile non farsi tentare da mode passeggere. ____

6 Molti combinano lo shopping tradizionale con la ricerca online, per trovare i prezzi migliori.

____

7 I consumatori non hanno molti soldi da spendere ai saldi. ____

8 Alcuni trovano più convenienti i negozi cittadini rispetto agli outlet. ____

J **For some extra practice, why not try the following? Look at the comparatives in the text and see if you can replace them with similar adjectives. Use a dictionary to help you.**

K **Complete the consumer rights information with the words and phrases from the box.**

> inequivoco, esclusivamente, si può cambiare, ripararlo, relativo,
> di fine stagione, i negozianti, scontrino, avete cambiato idea,
> difettoso, ribasso, fisicamente, pagamenti elettronici

Nelle vendite ₁ _____ deve essere esposto obbligatoriamente il prezzo normale di vendita iniziale, lo sconto in percentuale, il prezzo di vendita praticato a seguito dello sconto o ₂ _____; Le merci oggetto delle vendite di fine stagione devono essere ₃ _____ separate in modo chiaro e ₄ _____ da quelle non in saldo; Se il prodotto risulta ₅ _____ il commerciante ha l'obbligo di sostituirlo (o ₆ _____, se possibile) entro un termine ragionevole e senza costi aggiuntivi (in questo caso è sempre necessario conservare lo ₇ _____); Nel periodo dei saldi ₈ _____ che normalmente accettano pagamenti con bancomat o carte di credito ed espongono il ₉ _____ logo sono obbligati ad accettare i ₁₀ _____; In caso di regali, attenzione, perché ₁₁ _____ solo ed ₁₂ _____ la merce difettosa che deve essere restituita entro 2 mesi (non si può sostituire la merce se ₁₃ _____ sul colore o sul modello, o non vi piace più).

L Complete the email below asking to return some items that you purchased in an online sale. Use adjectives and comparatives/superlatives of your choice.

Gentili signori,

Restituisco i jeans _1_____ e il maglione _2_____ che ho comprato online, per i seguenti motivi: I jeans sono _3_____ della taglia che avevo richiesto. Sono una 44 invece di una 42 e per questo sono _4_____ e _5_____, insomma, non mi vanno proprio bene. Inoltre, quando ho aperto il pacchetto, ho notato che sono anche

_6_____ e so per certo di avere diritto ad un rimborso o ad un cambio di merce in questo caso.

Per quanto riguarda il maglione, è _7_____ e _8_____ di quanto sembrava dalla descrizione e dalle foto sul sito. Io cercavo un maglione _9_____ e

_10_____, quindi anche in questo caso ho deciso di procedere alla resa del capo.

Insomma, anche qui il prodotto non corrispondeva alla descrizione, e ritengo di aver diritto ad un cambio o ad un rimborso sulla mia carta di credito.

Grazie, e cordiali saluti

Eva

> To build up your vocabulary in this area look at videos and pictures in online fashion magazines. Captions can be a very useful tool for learning new words in a fun way.

⟶ Writing

M Write an email to a known clothing retailer in which you explain the reasons why you are returning an item of clothing. Write between 50 and 80 words.

From:	
To:	
Subject:	

The internet provides a wealth of materials in all formats to follow the most recent fashion trends in Italian. Why not trying exploring Italian fashion blogs? They can be a lot of fun, as videos and pictures can help you understand a lot! Try typing the following key words into your search engine: **abbigliamento/moda/ tendenze/sfilate***.*

Self-check

Tick the box which matches your level of confidence.

    1 = very confident   2 = needs more practice   3 = not confident

Barra la casella che corrisponde al tuo livello di conoscenza e sicurezza.

    1 = molto sicuro   2 = ho bisogno di più pratica   3 = non affatto sicuro

	1	2	3
Can make purchases (CEFR B1)			
Can use comparative and superlative adjectives (both regular and irregular) (CEFR B1)			
Can talk about fashion and shopping (CEFR B2)			
Can write an email to explain why an item of clothing is being returned (CEFR B2)			

*To revise some of the above structures, refer to *Get Started in Italian,* Unit 7.

12 C'era una volta
Once upon a time

In this unit we will learn how to:

- ✓ make descriptions in the past
- ✓ describe one's childhood

> **CEFR:** Can talk about what I used to do in the past (B1); Can describe what something was like (B1); Can say when events occurred, using a variety of expressions of time (B1)

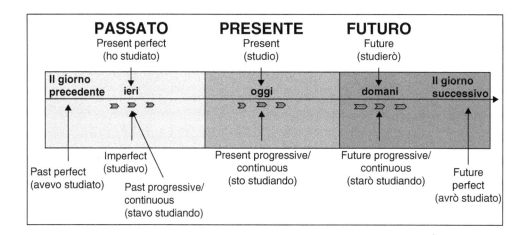

PASSATO	PRESENTE	FUTURO
Present perfect (ho studiato)	Present (studio)	Future (studierò)

Meaning and usage

The imperfect tense is a past tense which in Italian is used as follows:

1 to express actions which were repeated regularly in the past (past habits):

   Giocavo a tennis tutti i lunedì. *(I used to play tennis every Monday.)*

2 to describe continuous states in the past (age, weather, time of the day, physical and psychological characteristics, mental states):

   Era un bel pomeriggio di aprile, nel parco molte persone passeggiavano con i loro bambini. *(It was a beautiful April afternoon, many people were walking in the park with their children.)*

 *You have probably noticed that the location '**nel parco**' – 'in the park'– has a different position in the Italian sentence. Sentence order in Italian is quite flexible and often the position of the various elements in the sentence depends on the emphasis/importance that they carry. Here, '**nel parco**' is placed at the start of the sentence, denoting a certain emphasis.*

3 to express two or more actions which were occurring at the same time in the past (parallel actions):

Ieri Mariagrazia <u>ascoltava</u> mentre Sara <u>parlava</u> con Lara. *(Yesterday Mariagrazia was listening/listened while Sara talked with Lara.)*

4 to express an ongoing action, which is interrupted by a shorter action:

Ieri, mentre Luca <u>giocava</u>, è arrivato Paolo. *(Yesterday, while Luca was playing, Paolo arrived.)*

 The imperfect does not correspond to one single tense in English, but according to the context and the situation, it can be translated with a simple past (I went), a progressive tense (I was going) or used to go.

Form

Most verbs are regular when forming this tense. All three groups of verbs (ending in **-are**, **-ere** and **-ire**) use the same form.

To form the imperfect, remove the final **-re** from the infinitive and replace with the endings in the table:

	Parla-re (*to talk*)	Legge-re (*to read*)	Usci-re (*to go out*)
io (*I*)	parla-**vo**	legge-**vo**	usci-**vo**
tu (*you, singular*)	parla-**vi**	legge-**vi**	usci-**vi**
lui/lei/Lei (*he/she/ formal you, singular*)	parla-**va**	legge-**va**	usci-**va**
noi (*we*)	parla-**vamo**	legge-**vamo**	usci-**vamo**
voi (*you, plural*)	parla-**vate**	legge-**vate**	usci-**vate**
loro (*they*)	parla-**vano**	legge-**vano**	usci-**vano**

A Complete the sentences by choosing the correct form of the verb.

1 A Viareggio _____ spesso turisti tedeschi.

  a veniva

  b venivono

  c venivano

2 Durante le vacanze estive, io e mia sorella _____ tutti i pomeriggi, dopo pranzo.

  a riposavate

  b riposava

  c riposavamo

3 Quando ho conosciuto mia moglie, lei _____ all'università.

   a studiava

   b studiavo

   c studia

4 Il film di domenica mi _____ davvero noioso!

   a sembra

   b sembrava

   c sembrato

5 Lina è entrata nel negozio mentre tu e Toni _____ la vetrina.

   a guardavate

   b guardarevate

   c guardevate

6 Ad Alfredo _____ molto fare viaggi in luoghi esotici.

   a piacevi

   b piacevano

   c piaceva

7 Una volta in questa strada _____ i signori più ricchi della città.

   a abitavamo

   b abitavate

   c abitavano

8 Dal mio corso universitario, mi _____ di imparare molta teoria e poca pratica.

   a aspettavo

   b aspetto

   c aspettava

9 Luigi si è sentito male mentre _____ in autostrada.

   a guidava

   b guidavi

   c guidavano

Irregular verbs in the imperfect tense

There are very few verbs with an irregular imperfect form. The most common are **essere**, **fare**, **dire** and **bere**. They are four of the most frequently used verbs in Italian, so it is very important to learn them:

	Essere (to be)	Fare (to do/make)	Dire (to say)	Bere (to drink)
io (I)	ero	facevo	dicevo	bevevo
tu (you, singular)	eri	facevi	dicevi	bevevi
lui/lei/Lei (he/she/formal you, singular)	era	faceva	diceva	beveva
noi (we)	eravamo	facevamo	dicevamo	bevevamo
voi (you, plural)	eravate	facevate	dicevate	bevevate
loro (they)	erano	facevano	dicevano	bevevano

B **Put the verb in brackets into the correct form of the imperfect tense. Use the example to help you.**

1 Quando io ___ero___ (essere) bambino, ___vivevo___ (vivere) in un appartamento nel centro città.

2 Mentre John e Chris _____ (aspettare) al tavolo, Antonio _____ (ordinare) tre caffè al banco.

3 Le giornate _____ (essere) fredde e buie, nessuno _____ (volere) uscire.

4 Giuliana _____ (avere) sei o sette anni quando la famiglia _____ (trasferirsi) in Germania.

5 Tu _____ (trascorrere) sempre le vacanze in campeggio al mare?

6 Noi _____ (bere) una birra, quando siete arrivati voi.

7 Durante gli anni dell'università, _____ (noi-uscire) spesso la sera. I nostri genitori non _____ (essere) molto contenti, e _____ (lamentarsi) spesso, _____ (dire) che non _____ (noi-studiare) abbastanza.

8 Il treno è partito mentre io _____ (comprare) il biglietto.

9 Io e mio marito abbiamo deciso di arredare la nostra casa con l'aiuto di un architetto, che in quel periodo _____ (lavorare) in uno studio molto prestigioso.

Vocabulary

Expressions of time used with the imperfect

The imperfect is used with time expressions which indicate prolonged or repeated periods. Normally these expressions are positioned at the beginning of the sentence (particularly those expressions with more than one word), or after the verb, before the object. However, as is often the case in Italian, there is a certain level of flexibility in the word order.

C   Match the Italian expression with the English equivalent.

a volte/qualche volta/certe volte	when
di solito	while
(quasi) mai	at times / sometimes / certain times
mentre	always
ogni (giorno / settimana / mese / anno)	(almost) never
quando	usually
sempre	every (week)
spesso	often
tutte (le settimane)	each (day / week / month / year)
tutti (i giorni / i mesi / gli anni)	every (day / month / year)

D   Fill in the gaps using a suitable expression from Activity C.

1   Non mi piace l'ambiente dei centri commerciali, per questo non ci vado _____.

2   _____ tu finisci di scrivere questa relazione, io vado in banca.

3   Ho iniziato ad interessarmi di filosofia _____ avevo 20 anni.

4   È una galleria d'arte piuttosto piccola, ma molto interessante anche per i bambini: _____ domenica organizzano attività ludiche ispirate dai lavori esposti nelle sale.

5   In famiglia eravamo molto abitudinari e facevamo pranzo e cena _____ alla stessa ora.

6   Ti vedi _____ con i tuoi vecchi amici di scuola? – Si, ci incontriamo _____ le settimane per mangiare una pizza insieme.

E **Use the verbs and time expressions to complete each sentence about Giulia's holiday. Use the example to help you.**

1 In vacanza, Giulia prendeva tutti i giorni il sole.

2 In vacanza, Giulia _____ (fare windsurf/spesso).

3 In vacanza, Giulia _____ (non nuotare/tutti i giorni).

4 In vacanza, Giulia _____ (cenare in pizzeria/a volte).

5 In vacanza, Giulia _____ (non ballare/ogni sera).

6 In vacanza, Giulia _____ (leggere/sempre).

7 In vacanza, Giulia _____ (non dormire/ogni pomeriggio).

8 In vacanza, Giulia _____ (non bere cocktail/mai).

📖 Reading

F **Read the beginning of this short story describing Susanna's childhood, then answer this question in Italian. Why did Susanna's family move to Santa Monica?**

	Quando **era** bambina....
	Susanna è nata a Pavia, in Italia, ma quando **aveva** tre anni suo padre **ha trovato**
	lavoro negli Stati Uniti e così tutta la famiglia **si è trasferita** a Santa Monica. Il
	padre di Susanna **era** medico e **lavorava** nell'ospedale della città; **era** un lavoro
	molto impegnativo e spesso il fine settimana lo **chiamavano** dall'ospedale per le
	emergenze.

G Now read the rest of the text and answer the questions that follow in Italian.

Perciò la mamma di Susanna non lavorava, così poteva dedicare il tempo ai figli, cioè Susanna e suo fratello Gabriele. Gabriele era più grande di Susanna: quando la famiglia si è trasferita a Santa Monica, lui aveva cinque anni. I due fratelli erano molto legati: giocavano sempre insieme e anche se litigavano spesso, facevano pace quasi subito.

La loro casa era sempre piena di persone: amici di Susanna e Gabriele con le loro mamme. Anche la mamma di Susanna era molto socievole, a lei piaceva avere tanta gente in casa e non si stancava. Ma quando il padre tornava dal lavoro, era stanco e voleva riposarsi, e se trovava molte persone in casa, si irritava perché non poteva rilassarsi. D'estate, quando finiva la scuola, i due bambini tornavano in Italia con la mamma e trascorrevano tutte le vacanze estive con i nonni, gli zii e i cugini. La casa della nonna era un appartamentino al centro della città, ma aveva camere da letto sufficienti per ospitare tutta la famiglia di Susanna.

Normalmente il papà li raggiungeva nelle ultime due settimane, allora andavano tutti insieme con gli altri parenti nella casa al mare, che distava circa due ore in macchina da Pavia. Susanna e Gabriele stavano sempre in acqua: si tuffavano, nuotavano e giocavano con i loro cugini sulla spiaggia. Ma per Susanna il momento più bello della giornata era la passeggiata del pomeriggio. Aspettava con ansia questo momento, perché la nonna le comprava sempre un gelato enorme, con i suoi gusti preferiti: limone e amarena.

dedicare il tempo ai	*to dedicate his/her time to*
era sempre piena	*[it] was always full of*
d'estate	*in summer*
i suoi gusti preferiti	*her favourite flavours*

1 Quanti anni aveva Gabriele quando la famiglia si è trasferita a Santa Monica?

_____

2 Quale era il rapporto tra Susanna e il fratello?

_____

3 Come era la mamma di Susanna di carattere?

_____

4 Perché il papà di Susanna si irritava quando tornava a casa?

_____

5 Per quanto tempo Susanna, Gabriele e la loro mamma tornavano in Italia ogni anno?

_____

6 Dove dormivano quando erano in Italia?

_____

7 Quale era il momento più bello della giornata per Susanna?

_____

8 Perché?

_____

H **For some extra practice, why not try the following? Highlight all the verbs in the text above (as done in bold in the paragraph in Activity F). Identify which verbs describe single events and which describe repeated actions in the past. Look at all the verbs in the imperfect and identify which of its four meanings they correspond to.**

Vocabulary

I **Find the opposites of the following verbs and adjectives in texts F and G. Use the example to help you.**

1 perdere (lavoro)   _trovare (lavoro)_

2 (il lavoro) facile   _____

3 piccolo   _____

4 vuota   _____

5 timida   _____

6 riposato   _____

7 iniziava   _____

8 a piedi   _____

9 brutto   _____

10 minuscolo   _____

J **Choose the expression that means the same as the phrase in italics.**

1 Tutta la famiglia *si è trasferita* a Santa Monica.

   a Ha visitato

   b È andata a vivere

   c Ha lasciato

2 *Perciò* la mamma di Susanna non lavorava.

   a Per questa ragione

   b Nonostante questo

   c Perché

3 I due bambini *erano* molto *legati*.

   a Non si sopportavano

   b Erano allacciati

   c Andavano d'accordo

4 L'appartamentino della nonna aveva camere da letto *sufficienti* per ospitare tutta la famiglia.

   a Che bastavano

   b Molto grandi

   c Troppo piccole

5 *Normalmente* il papà li raggiungeva nelle ultime due settimane.

   a Poche volte

   b Di solito

   c Quasi mai

6 Susanna aspettava *con ansia* il momento della passeggiata.

   a Con paura

   b Con orrore

   c Con grande desiderio

K **Choose the odd one out in each group of words.**

1 padre, mamma, fratello, bambina

2 Italia, Pavia, Roma, Santa Monica

3 socievole, impegnativo, stanco, vivace

4 Infermiere, medico, ospedale, paziente

5 giocare, nuotare, riposarsi, studiare

6 gelato, aranciata, panna cotta, tiramisù.

Write new vocabulary items on cards, with the English equivalent on the other side. Alternatively, make cards online at www.quizlet.com. Then place the Italian side face down to test your memory. Repeat with the other side.

Writing

L **Imagine you are Susanna. You find a friend request on your online profile from an old school friend in Santa Monica. Write them an email outlining a childhood memory from your time in the States: you could describe a mutual friend, something you did together, your favourite subject(s), etc. Write between 50 and 90 words.**

From:	
To:	
Subject:	

Try changing your online social media profile to Italian, or change the language setting on your smartphone or tablet to Italian. Also, why not use your smartphone or tablet to record yourself, so you can listen, check and improve your Italian pronunciation and intonation?

Self-check

Tick the box which matches your level of confidence.

1 = very confident   2 = needs more practice   3 = not confident

Barra la casella che corrisponde al tuo livello di conoscenza e sicurezza.

1 = molto sicuro   2 = ho bisogno di più pratica   3 = non affatto sicuro

	1	2	3
Can talk about what I used to do in the past (CEFR B1)			
Can describe what something was like (CEFR B1)			
Can say when events occurred, using a variety of expressions of time (CEFR B1)			

*For more information on the imperfect, refer to *Complete Italian*, Unit 22.

13 Andava di moda
That was the fashion

In this unit we will learn how to:

✓ use the imperfect in conjunction with the present perfect

✓ describe past trends

CEFR: Can narrate events in the past, using the imperfect tense and the present perfect (B1); Can compare past and present events (B1); Can describe past trends (B1/B2)

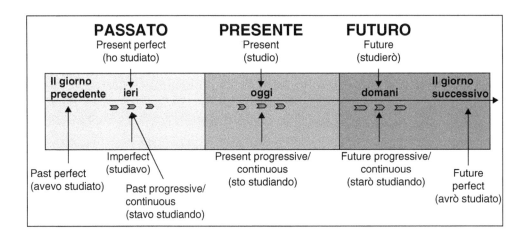

Meaning and usage

The imperfect and the present perfect are the two main past tenses in Italian.

They are:

1 often used in conjunction in the same sentence or paragraph:

   Era una giornata di sole e per questo <u>ho deciso</u> di andare al lavoro a piedi. *(It was a sunny day and so I decided to walk to work.)*

2 not interchangeable – the imperfect provides descriptions, while the present perfect normally narrates events:

   L'albergo non <u>aveva</u> stanze libere, ma il direttore ci <u>ha trovato</u> posto in un Bed & Breakfast adiacente. *(The hotel had no vacancies, but the manager found us a room in a B&B nearby.)*

The two tenses cannot be replaced by each other because they look at the past event from a different perspective:

1   the present perfect expresses an action which is completed and finished. The sentence often indicates when the action started or finished, or its length:

Sono arrivata a casa dieci minuti fa.
(I arrived home ten minutes ago.)

2   the imperfect, on the other hand, describes an action which is still in process. It indicates an interest in the ongoing element of the action rather than its duration:

Al ristorante c'erano solo quattro persone, che mangiavano silenziosamente. *(In the restaurant there were only four people, who were eating in silence.)*

> *Most of the time, the context will clearly indicate which past tense to use, but sometimes, deciding between the two tenses may just be down to a personal choice. If you say **La festa di ieri era bella** you offer a simple description. If, on the other hand, you say **La festa di ieri è stata bella**, you are looking back at the end of an event. As for many other aspects of language learning, the more you are exposed to Italian, the more confident you will feel about using these two tenses.*

The table below shows usage of the two tenses to help you choose the correct one in different contexts.

Present perfect	Imperfect
Expresses a completed action in the past:	Expresses an ongoing or repeated action in the past:
Ieri sera ho guardato la TV per due ore.	**Guardavo sempre la TV da ragazzo.**
(Yesterday I watched TV for two hours.)	*(I always watched TV as a boy.)*
Expresses actions that happened at a given time or for a specific length:	Expresses actions relating to an unspecified time or length of time:
Mi sono alzato alle 7.30.	**In vacanza nuotavo spesso.**
(I woke up at 7.30.)	*(On holiday I often went swimming.)*
Expresses two completed actions which happened one after each other:	Expresses two ongoing actions which happened at the same time:
Ho fatto colazione e poi sono andata al lavoro.	**Mentre preparavo la cena, Luisa leggeva il giornale.**
(I had breakfast and then I went to work.)	*(While I prepared dinner, Luisa read the newspaper.)*
Expresses a punctual action, which interrupts a longer action that is still ongoing:	Expresses a long, ongoing action which is interrupted by a shorter, punctual one:
La polizia è arrivata mentre gli studenti protestavano.	**La polizia è arrivata mentre gli studenti protestavano.**
(The police arrived while the students protested/ were protesting.)	*(The police arrived while the students protested/ were protesting.)*

A **Complete the sentences by choosing the correct form of the verb in italics.**

1 Ieri mattina *mi sono svegliato / mi svegliavo* tardi e *ho perso / perdevo* il treno.

2 Un tempo *ci sono stati / c'erano* molti parchi giochi nella città.

3 Mentre *è stata / era* al lavoro, Sonia *si è sentita male / si sentiva* male.

4 Mentre abbiamo *bevuto / bevevamo* il caffé, abbiamo *ascoltato / ascoltavamo* la radio.

5 Dove siete *andati / andavate* il mese scorso?

> *You may have noticed from the last example that the imperfect tense can translate both to the English past simple and the past continuous. It is true to say that normally, referring to English will not be useful when you have to choose the past tense, as each Italian tense can be translated into more than one English tense. For example,* **ho fatto** *(passato prossimo) can be translated as either* I have done *or* I did; **facevo** *(imperfetto) can either be* I did, I was doing, *or* I used to do. *Refer to the table on the previous page if you are unsure.*

6 Poiché *è stata / era* una mattina fredda e nebbiosa, Tonia *è rimasta / rimaneva* a casa tutto il giorno.

7 Quando *sono stato / ero* all'università, *ho avuto / avevo* lezioni ogni giorno.

8 Fino a qualche anno fa, tutti i miei amici *hanno abitato / abitavano* ancora nel mio stesso quartiere.

9 Hai il cellulare spento? Ti *ho chiamata / chiamavo* almeno tre volte, ma non mi *hai* mai *risposto / rispondevi* mai.

10 Che cosa *hai fatto / facevi* per il tuo compleanno?

Imperfect and present perfect with modal verbs, conoscere and sapere

Dovere *(must, to have to),* **volere** *(to want)* and **potere** *(can, to be able to)* are called modal verbs. They cannot be used on their own – they are always followed by another verb in the infinitive.

When modal verbs are used in the past, there is a difference in their meaning depending on whether they are in the present perfect or in the imperfect.

> **Volere** *is the exception to this rule, as it may also be followed by a noun. You may want to do something, but you may also want a book, a dress, etc.*

1 When we use **the present perfect tense,** we are certain that the action we had to/could/wanted to do, did happen.

> **È dovuto tornare** a casa. *(He had to – and did – return home.)*
>
> **Ha potuto comprare** il vestito perché aveva con sé la carta di credito. *(She could – and did – buy the dress because she had a credit card.)*
>
> **Ho voluto provare** quella salsa piccante, ma non mi è piaciuta. *(I wanted – and did – try that hot sauce, but I didn't like it.)*

2 When we use the **imperfect tense**, we are uncertain as to whether the action we had to/could/wanted to do actually happened:

> **Doveva tornare per cena, ma ancora non si è visto.** *(He had/was supposed to come home for dinner, but he hasn't been seen yet.)*

> **Poteva comprare il vestito, ma poi ha deciso di no.** *(She could buy the dress, but in the end she decided not to.)*

> **Volevo provare quella salsa piccante, ma la avevano finita.** *(I wanted to try that hot sauce but they had finished it.)*

The verbs conoscere and sapere, both translate as *to know*, **and change their meaning according to the past tense.**

In the **present perfect**:

1 Conoscere **means** *to meet for the first time.*

> **Ho conosciuto mio marito all'università.** *(I met my husband at university.)*

2 **Sapere** means *to discover* or *get to know something from somebody else.*

> **Ho appena saputo che ti sei sposata.** *(I have just learned that you got married.)*

In the **imperfect**:

1 **Conoscere** means *to know somebody or something.*

> **Conoscevo Marianna prima che tu me la presentassi.** *(I knew Marianna before you introduced her to me.)*

2 **Sapere** means *to know something* or *how to do something.*

> **Mia madre sapeva che tornavo in Italia a dicembre.** *(My mother knew that I was going to Italy in December.)*

> **A 4 anni già sapeva leggere.** *(He could read already at 4 years of age.)*

B Put the verb in brackets into the correct tense.

1 Antonio _____ (volere) andare al cinema, ma tutti i suoi amici hanno preferito andare a casa di Noemi.

2 Scusaci, non _____ (potere) venire alla tua festa, perché eravamo malati.

3 Ciao, Annabella, come stai? _____ (sapere) che tua mamma non sta bene, spero che si rimetta presto.

4 Paolo e Francesco si _____ (conoscere) da pochi anni, ma erano già grandi amici.

5 Loro non _____ (volere) accettare il passaggio che gli offrivamo, forse sono arrabbiati con noi?

6 Scusami per il ritardo, _____ (dovere) rimanere in ufficio per un appuntamento all'ultimo minuto.

7 Non _____ (tu, sapere) che mi ero trasferita in Germania?

8 Voi dove vi _____ (conoscere)?

9 Tu e Annalisa _____ (dovere) fermarvi a fare spesa, vi siete dimenticate?

10 Maurizio _____ (potere) uscire prima dal lavoro ieri, ma si è fermato a sistemare alcune carte.

C **Put the verbs in brackets into the correct past tense.**

I ricordi della mia città.

Venti anni fa, quando ₁ _____ (partire) dalla mia città per trasferirmi qui, ₂ _____ (lasciare) una piccola città di provincia, tranquilla e prosperosa. ₃ _____ (essere) piena di negozi artigianali, la vita ₄_____ (trascorrere) monotona, ma senza grandi problemi. Mi ricordo che mio padre una sera ₅_____ (dimenticare) di chiudere la macchina nuova. La mattina dopo la ₆ _____ (ritrovare) parcheggiata nello stesso posto, nessuno aveva pensato di rubarla. Io e le mie amiche ₇ _____ (uscire) spesso la sera e ₈ _____ (andare) in qualche locale, dove ₉ _____ (incontrare) altri amici. ₁₀ _____ (tornare) sempre molto tardi, con buona pace dei nostri genitori.

Vocabulary

Fashion and trends

atteggiamento	attitude
comportamento	behaviour
condizionamento	conditioning
gergo	jargon
gusto	taste
influenza	influence
linguaggio	language
moda	fashion
originalità	originality
stile di vita	lifestyle
tendenza	trend
uniformità	uniformity

D Fill in the crossword with words from the vocabulary list.

Horizontal

1 Gli adolescenti hanno un _____ irritante verso gli adulti.

2 Dicono che i delfini abbiano un _____ molto sofisticato.

3 Mio nipote ha solo tre anni, ma dimostra già una spiccata _____ verso la musica.

4 Mia mamma ha una forte _____ sulle decisioni che prende mio padre.

Vertical

1 Nelle scuole italiane gli insegnanti danno un voto anche per il _____ degli studenti in classe.

2 Milano è la capitale indiscussa della _____ italiana.

3 Secondo il medico devo cambiare il mio _____, è troppo sedentario!

4 È impossibile capire il _____ professionale degli informatici!

5 La cucina indiana ha un _____ molto diverso rispetto a quella italiana.

E **Complete the sentences with the correct word from the list in the Vocabulary section. Remember to change the ending (masculine, feminine, singular or plural) when appropriate.**

1 La musica da sempre è una delle maggiori _____ nel mondo giovanile, ha spesso condizionato il modo di parlare, aiutando a creare veri e propri _____. Si sono cosi formati diversi gruppi ispirati a generi musicali diversi: ci sono gli emo, i rapper, i metallari. È possibile distinguerli sia dal _____, cioè dal modo come parlano, ma anche dal loro _____ nel vestire. Nell'abbigliamento infatti non seguono la _____ del momento, ma quella specifica al loro gruppo.

2 Emo, Punk, Rapper, Dark o Discotecari esprimono le _____ giovanili più attuali.

3 I giovani dicono di amare l'_____ e l'aspetto individuale, ma in realtà nei gruppi si esalta soprattutto l'_____ nel _____: tutti sono uguali tra loro.

4 Gli adulti spesso criticano l'_____ dei giovani nei loro confronti.

5 Certamente lo _____ dei miei genitori è stato molto importante durante la mia infanzia.

6 È facile per i giovani subire il _____ dei loro pari.

Reading

F **Read the following opening to a blog discussing new and past trends, then find the phrase which means the same as: per quanto riguarda il modo di vestire ed il mobilio di una casa.**

Daily Blog

In questi ultimi anni sembra che la tendenza della moda, sia nell'abbigliamento che negli arredi e nel design da interni, sia di guardare indietro e ritornare al gusto degli anni passati. Nel campo dell'arredo e del design da interni, per esempio, sono gli anni '60 ad avere oggi una forte influenza.

G Now read the rest of the blog and find the Italian equivalent for the English phrases that follow.

Che cosa andava di moda negli anni '60? In quegli anni, l'Italia attraversava un periodo di grande rinascita economica, conosciuto come 'il boom economico': l'industria italiana si sviluppava e cresceva, le città si espandevano. Si respirava un'aria di grande ottimismo e cambiamento. Nell'arredamento, questo ottimismo ha portato alla creazione di mobili nuovi, colorati ed allegri. In questi nuovi mobili, costruiti con materiali innovativi, come la plastica, molti critici hanno notato l'influenza della Pop Art, il movimento artistico più rappresentativo di quegli anni. La stessa influenza si può notare nelle piastrelle e nei tessuti, che avevano colori sgargianti e forme geometriche.

Nella musica, erano gli anni dei Beatles, 'Love me do', 'Ticket to ride', 'Help', erano le canzoni che facevano sognare le ragazze di tutto il mondo. Insieme alla musica, i Beatles hanno aperto le porte in Italia anche alla moda inglese, irriverente e hippie come la minigonna di Mary Quant. I giovani che volevano distinguersi dal gruppo, ancora tendenzialmente conservatore, sceglievano di vestirsi con tessuti a stampa geometrica o floreale, le ragazze indossavano minigonne e stivali, maglioncini a collo alto o camicie, abiti corti a forma di trapezio. È proprio negli anni '60 che è nato il concetto di stile casual, da sempre sinonimo di stile giovane.

Oggi, il ritorno agli anni '60 è testimoniato dalla popolarità dei prodotti vintage, cioè vestiti e accessori tipici di mode passate che si combinano con vestiti contemporanei per creare degli stili nuovi ed originali, moderni eppure legati al passato. La popolarità del vintage dimostra anche l'originalità dei giovani di oggi, che vogliono allontanarsi dall'uniformità che trovano nei negozi per creare un look individuale.

arredo	*furniture*
attraversare	*to go across*
espandersi	*to grow/expand*
stampa geometrica o floreale	*geometric or flower print*

1 Italian factories were developing and growing.

_____

2 People breathed optimism and change.

_____

3 Tiles and textiles had vivid colours and geometric patterns.

_____

4 In Italy, the Beatles opened the doors to English fashion too.

_____

5 Girls wore miniskirts and boots, polonecks or shirts.

_____

6 Young people of today want to break away from the uniformity they find in shops.

_____

 H **For some extra practice, why not try the following? Highlight all the verbs used in the past tense in the text in Activity G. Identify which verbs are in the imperfect tense and which are in the present perfect and try to explain why they are used in that particular tense.**

Vocabulary

I **Match the words in column 1 with the appropriate synonym in column 2.**

1	abbigliamento	**a**	ripresa
2	allegro	**b**	indumenti
3	conservatore	**c**	produzione
4	contemporaneo	**d**	felice
5	creazione	**e**	entrata
6	irriverente	**f**	impertinente
7	porta	**g**	attuale
8	rinascita	**h**	tradizionalista

J **Reorder the sentences.**

1 colorata / moda / anni / La / quegli / era / di

2 mobili / era / per / materiale / costruire / La / che / plastica / usava / un / si

3 Beatles / ragazze / sognare / Le / tutto / dei / facevano / di / canzoni / mondo / le / il

4 stivali / e / ragazze / indossavano / gli / minigonne / Le / le

5 i / vintage / popolari / giovani / I / sono / oggi / prodotti / di / molto / tra

K For each verb, find the associated noun or adjective in the text in Activities F and G above.

1 tendere

2 passare

3 rinascere

4 creare

5 influenzare

6 conservare

7 ritornare

Search online for Italian blogs, magazines or web pages which discuss fashion trends in clothes, accessories or interior design. Write down any unknown words and look them up – it will help you to memorize them.

Writing

*To help you with the writing task, find information online. You can use terms like **moda tendenza, anni '70** to search for Italian websites. You can learn a lot more vocabulary this way.*

L Write a similar blog to the one you have just read but choose a different period, e.g., the seventies. Describe what life was like at that time and what people used to wear. Write between 50 and 80 words.

Daily Blog

Self-check

Tick the box which matches your level of confidence.

1 = very confident   2 = needs more practice   3 = not confident

Barra la casella che corrisponde al tuo livello di conoscenza e sicurezza.

1 = molto sicuro   2 = ho bisogno di più pratica   3 = non affatto sicuro

	1	2	3
Can narrate events in the past, using the imperfect tense and the present perfect (CEFR B1)			
Can compare past and present events (CEFR B1)			
Can describe past trends (CEFR B1/B2)			

*For more information on the present perfect, refer to *Complete Italian*, Unit 15; for more information on the imperfect, refer to *Complete Italian*, Unit 22.

14 Storia dell'arte
History of art

In this unit we will learn how to:

- ✓ use the historical past
- ✓ talk about art history and culture

CEFR: Can narrate historical events and biographies (B2); Can use the **passato remoto** and the **trapassato prossimo** (B1/B2); Can talk about art and cultural products (B2); Can recommend an art exhibition (B2)

nel Rinascimento

gli parlarono

morì **ebbi** nacque

vinse **collaborai**

tanti anni fa **scorso**

parlò **dipinse** si sposò

fondarono

il secolo

vissero felici e contenti

Meaning and usage

The **passato remoto** (preterite) is used for events that happened in the distant past.

> **Leonardo Da Vinci dipinse L'Ultima Cena alla fine del Quattrocento.** (*Leonardo painted the Last Supper at the end of the 15th century.*)

It can be translated into the English simple past:

> **Leonardo fu una delle personalità più eclettiche del Rinascimento.** (*Leonardo was one of the most eclectic personalities of the Renaissance.*)

It is used in spoken Italian only in some regions of Central and Southern Italy:

> **Ci sposammo subito dopo le Olimpiadi di Roma del 1960.** (*We got married straight after the 1960 Rome Olympics.*)

It is most commonly found in written Italian, in historical narratives, biographies, fiction and children's fairy tales:

> **Il termine 'Risorgimento' indica il movimento politico ed intellettuale dal quale nacque, nel corso dell'Ottocento lo stato nazionale italiano.** (*The term 'Risorgimento' indicates the political and intellectual movement from which, in the 19th century, the Italian nation was born.*)

La pittrice barocca Artemisia Gentileschi visse e lavorò a Firenze, Genova, Venezia e Napoli. *(The Baroque painter Artemisia Gentileschi lived and worked in Florence, Genoa, Venice and Naples.)*

Insomma, Cenerentola e il principe si sposarono, e vissero felici e contenti.
(Well, Cinderella and the prince got married and lived happily ever after.)

Form

1 This tense indicates a completed action in the distant past. Here are the endings for regular verbs:

	Parl-are	Cred-ere	Fin-ire
io (*I*)	-ai	-ei/-etti	-ii
tu (*you, singular*)	-asti	-esti	-isti
lui/lei/Lei (*he/she/ formal you, singular*)	-ò	-è/-ette	-ì
noi (*we*)	-ammo	-emmo	-immo
voi (*you, plural*)	-aste	-este	-iste
loro/Loro (*they*)	-arono	-erono	-irono

2 **Avere** and **essere** are irregular:

	Essere	Avere
io (*I*)	fui	ebbi
tu (*you, singular*)	fosti	avesti
lui/lei/Lei (*he/she/formal you, singular*)	fu	ebbe
noi (*we*)	fummo	avemmo
voi (*you, plural*)	foste	aveste
loro/Loro (*they*)	furono	ebbero

3 Here is an example of the irregular **passato remoto**:

	Bere
io (*I*)	bevv-i
tu (*you, singular*)	bev-esti
lui/lei/Lei (*he/she/ formal you, singular*)	bevv-e/-ette
noi (*we*)	bev-emmo
voi (*you, plural*)	bev-este
loro/Loro (*they*)	bevv-ero

4 A number of verbs are irregular in this tense. Here are some examples of the third person singular and plural:

chiedere → chiese-chiesero *to ask*

conoscere → conobbe-conobbero *to know*

dare → diede/dette-diedero *to give*

decidere → decise/decidette-decisero *to decide*

fare → fece-fecero *to make, to do*

mettere → mise-misero *to put*

nascere → nacque-nacquero *to be born*

perdere → perse-persero *to lose*

prendere → prese-presero *to take*

rispondere → rispose-risposero *to answer*

rompere → ruppe-ruppero *to break*

sapere → seppe-seppero *to know*

scrivere → scrisse-scrissero *to write*

stare → stette-stettero *to be, to stay*

tenere → tenne-tennero *to hold*

vedere → vide-videro *to see*

venire → venne-vennero *to come*

vivere → visse-vissero *to live*

volere → volle-vollero *to want*

 *The **passato remoto** is characteristic of historical narratives and fiction. Therefore the third person singular and plural of this tense are the most important ones for you to be able to recognise.*

A   Complete the artist Caravaggio's biography using the verbs in the box.

> *dovette,   cominciò,   morì,   entrò,   nacque,   imparò,   uccise,   divenne,*
> *si trasferì,   vennero,   frequentò,   nacque,   segnò,   ebbe,   rappresentarono*

Michelangelo Merisi detto Caravaggio ₁ _____ nel 1571. Non si sa molto della sua infanzia, neanche se ₂ _____ effettivamente a Caravaggio, oppure a Milano. Nel 1584 ₃ _____ nella bottega di Simone Peterzano un pittore di successo che lavorava a Milano. Nel 1592 ₄ _____ a Roma, dove ₅ _____ almeno due botteghe e dove ₆ _____ a dipingere in particolare fiori e frutti, che ₇ _____ l'inizio di quel genere pittorico che verrà definito 'Natura morta'. L'incontro con il cardinal Francesco Del Monte nel 1595 circa ₈ _____ l'inizio della sua carriera pittorica: ₉ _____ a ricevere commissioni e farsi conoscere, anche se alcune sue opere ₁₀ _____ rifiutate perché ritenute *indecorose*.

Il pittore ₁₁ _____ famoso anche per il suo carattere anticonformista e ribelle. ₁₂ _____ spesso problemi con la legge tanto che nel 1606 ₁₃ _____ un uomo e ₁₄ _____ scappare da Roma per trascorrere gli ultimi anni costantemente in fuga. ₁₅ _____ a Porto Ercole, in Toscana, il 18 luglio 1610.

B Fill in the missing verb forms in the table.

	Cominci-are	Dov-ere	Diven-ire
io (*I*)	cominciai		divenni
tu (*you, singular*)	cominciasti		
lui/lei/Lei (*he/she/formal you, singular*)		dovè/dovette	
noi (*we*)	cominciammo		divenimmo
voi (*you, plural*)		doveste	
loro/Loro (*they*)		doverono	divenirono /divennero

C Choose the correct option.

L'Arena di Verona ₁ *è / fu / fui* un magnifico anfiteatro romano, il terzo per grandezza di quelli giunti fino alla nostra epoca. ₂ *Foste / furono / fu* costruito probabilmente nel I secolo d.C. Sebbene si sappia che l'Arena ₃ *fu / fummo / foste* edificata durante il I secolo d. C. la data precisa della sua costruzione è tuttora incerta.

Per costruire l'Arena, i Romani ₄ *scavarono / scavaste / scavò* una depressione profonda circa due metri rispetto al livello della strada, e ₅ *stesero / stesi / stese* delle fondamenta di cemento per formare la base.

Per garantire un adeguato drenaggio ₆ *progettai / progettarono / progettaste* un complesso sistema di fognature di grandi dimensioni, circa due metri d'altezza e di varia larghezza, costruite con ciottoli che ₇ *ricopriste / ricoprì / ricoprirono* con lastroni di pietra.

Il materiale che ₈ *utilizzò / utilizzammo / utilizzarono* nella costruzione dell'Arena ₉ *fui / foste / fu* la cosiddetta 'pietra veronese': questo tipo particolare di pietra proveniva da S. Ambrogio di Valpolicella nei pressi di Verona e fu anche utilizzata per erigere le porte della città e altri monumenti risalenti alla stessa epoca. Nell'antichità l'Arena ₁₀ *ospitarono / ospitò / ospitai*, come il Colosseo di Roma, combattimenti tra gladiatori e spettacoli con animali feroci. Dal 1913 l'anfiteatro accoglie una rinomata stagione estiva di opera lirica; e recentemente anche spettacoli teatrali, concerti e balletti. Nel Cinquecento l'ampia piazza su cui si affaccia l'anfiteatro, piazza Brà (dal tedesco Breit, che significa 'slargo') ₁₁ *diventaste / divenni / diventò* il luogo di ritrovo dei veronesi: allora, infatti, si ₁₂ *realizzammo / realizzarono / interventi* per il restauro dell'Arena e sul lato nord-ovest si ₁₃ *edificò / edificaste / edificarono* vari palazzi nobiliari, tra cui lo spendido palazzo Honorij, opera del Sanmicheli.

D Replace the passato prossimo in the following sentences with the passato remoto.

Ricordi personali

1 Sono vissuto tre anni a Parigi da studente.

2 Si sono trasferiti a Palermo quando erano ragazzi.

3 È nata quando i genitori sono ritornati dall'Australia.

4 Il marito è morto in guerra.

5 È stato amore a prima vista.

6 Ci siamo visti per la prima volta al matrimonio di un amico.

7 Hai scritto tutto quello che ti è successo in un diario.

8 L'esperienza più difficile che ho avuto è stata quella dell'emigrazione.

E   Put the story in the correct order.

La bella addormentata nel bosco

1 Durante il pranzo in onore della principessina, la porta del salone si aprì. ☐

2 Alla fine anche la vecchia fata si avvicinò e disse: 'Quando avrà compiuto sedici anni, la ragazza si pungerà con un fuso e morirà'. ☐

3 Il re dispose che ogni fata ricevesse in regalo delle bellissime posate d'oro, tempestate di diamanti. ☐

4 Per festeggiare la sua nascita, organizzarono la più grande festa che si fosse mai vista nel paese, ☐

5 e sulla soglia apparve la vecchia fata. ☐

6 Ma sentite cosa accadde: ☐

7 Quando venne il momento dei regali, a una a una le fate si avvicinarono alla bambina e offrirono i loro doni: chi la bellezza, chi la grazia, chi l'intelligenza. ☐

8 Dopo molti anni di matrimonio, il re e la regina di un paese lontano ebbero una bellissima bambina, ☐

9 ai confini del regno, in una vecchia torre, viveva una vecchia fata che da molti anni nessuno vedeva più. Il re e la regina si dimenticarono di invitarla. ☐

10 che chiamarono Aurora. ☐

11 alla quale invitarono le sette fate che abitavano nel loro regno. ☐

Il trapassato prossimo: the pluperfect

The pluperfect can often be seen in conjunction with the **passato prossimo/passato remoto** and the imperfect as it expresses an action that takes place at a previous moment in the past. It translates in English as *had + past participle*.

Quando iniziò a lavorare a Parigi, Leonardo da Vinci aveva già avuto una carriera interessante in Italia. *(When he started working in Paris, Leonardo Da Vinci had already had a successful career in Italy.)*

Quando Tiziano arrivò a Venezia alla fine del Quattrocento, la città era già diventata una delle più popolose e potenti d'Europa. *(When Titian the artist arrived in Venice, the city had already become one of the most populated and powerful cities in Europe.)*

This tense is formed using the imperfect form of **avere** *or* **essere** plus the past participle (*-ato/-uto/-ito*) of the verb: Most verbs take the auxiliary **avere**. However a few verbs such as those of motion or state *(e.g., **andare, arrivare**)* take **essere**.

		Cominciare		Andare
io (*I*)	avevo	cominciato	ero	andato/a
tu (*you, singular*)	avevi		eri	
lui/lei/Lei (*he/she/ formal you, singular*)	aveva		era	
noi (*we*)	avevamo		eravamo	andati/e
voi (*you, plural*)	avevate		eravate	
loro/loro (*they*)	avevano		erano	

F Match the verbs in the pluperfect with their meaning.

Quando realizzò il David, Michelangelo era ancora giovane, ma (a) <u>aveva già eseguito</u> opere di grandissimo valore come il Tondo Doni, che oggi è conservato agli Uffizi. E il successo del David fu tale che egli fu richiamato a Roma addirittura dal Papa, Giulio II, per il quale avrebbe in seguito eseguito la famosissima Cappella Sistina.

La Firenze di Michelangelo (b) <u>era già diventata</u> una città molto dinamica e (c) <u>si era affermata</u> come centro propulsore di quel movimento di rinascita culturale che (d) <u>era stato battezzato</u> Rinascimento. (e) <u>Aveva conosciuto</u> artisti come Giotto, Masaccio, Donatello. Ma soprattutto Michelangelo e con lui Leonardo, con le loro personalità artistiche geniali ed innovatrici straordinarie (f) <u>avevano cominciato</u> a rappresentare il primato culturale della città.

1 si era fatta conoscere

2 aveva realizzato

3 aveva visto lavorare

4 avevano iniziato

5 si era trasformata in

6 era stato chiamato

Vocabulary

G   Match the Italian words to do with art with their English equivalent.

un affresco	a work of art
un'opera d'arte	an art (picture) gallery
un capolavoro	perspective
un movimento	an art critic
una collezione	a movement
una commissione	a collection
una mostra permanente	an artistic commission
una natura morta	an art review
la prospettiva	a permanent exhibition
un ritratto	a still life
una pala d'altare	a fresco / mural
un critico d'arte	a masterpiece
una recensione	a portrait
una pinacoteca	an altarpiece

H   Complete the crossword using the clues that follow and the vocabulary above.

Vertical

1 galleria d'arte

2 opera eccezionale

3 esperto d'arte

4 invenzione della pittura rinascimentale

Horizontal

5 dipinto di cose o oggetti

6 dipinto murale

7 una tendenza artistica

8 dipinto di una persona

9 quadro vicino all'altare di una chiesa

10 una raccolta di opere d'arte

Reading

I Read the beginning of this text. Do you think the writer is an art critic or an artist? Write your answer in Italian.

A dire la verità, non mi ricordo l'ultima volta che ho visitato una mostra a Milano. Di solito vengo per motivi di lavoro, e mi fermo solo il tempo necessario. Vivo giornate intense e frenetiche, e se a volte mi resta un po' di tempo per mangiare in un bel posto, o fare quattro passi in centro, è rarissimo che trovi il tempo di dedicarmi al turismo o alle visite alle numerose gallerie d'arte, e mostre.

J Read the rest of the text and answer the questions that follow.

Ma la mostra di Van Gogh che ho visto a Palazzo Reale è stata una rivelazione. L'ultima mostra di questo artista a Milano era stata alcuni decenni fa: venne infatti inaugurata nel febbraio del 1952 e riscosse un successo straordinario. Allora Milano collaborò con il Museo Kroller Muller. In questa occasione, la collaborazione si è estesa anche ad altre istituzioni, prima fra tutte, il Museo Van Gogh di Amsterdam.

La mostra si è dedicata a una delle tematiche su cui il pittore olandese si concentrò maggiormente, cioè la relazione tra l'uomo e la natura che lo circonda.

Il percorso tematico segue la cronologia biografica ed artistica del pittore. Si inizia con le prime opere che Van Gogh realizzò in Olanda, per proseguire con il momento in cui incontrò l'Impressionismo quando si trasferì a Parigi, fino alla fase in cui lavorò a Arles e a Saint Rémy. Qui come sappiamo, il pittore si suicidò nel 1890.

Perché consiglio la mostra? Perché contiene alcuni dei capolavori di Van Gogh, alcuni dei quali furono eseguiti tra il 1887 e 1889, per esempio, il famoso Autoritratto, che penso non sia mai stato esibito prima a Milano.

Inoltre, il percorso è molto chiaro e stimolante, con note interessanti e concise, mai troppo complesse e specialistiche, come accade spesso. L'allestimento è molto moderno e minimalista, e si apprezzano al meglio le pennellate vibranti e decise che caratterizzarono lo stile e la tecnica pittorica di Van Gogh. Dopo tutto, questo fu uno degli artisti più innovatori della storia dell'arte, e riflettè in modo straordinario sul rapporto tra arte e vita.

A questo si aggiunga che se visitate la mostra di giovedì, è aperta addirittura fino alle 22:30. Io ho prenotato online per saltare la coda e mi sono concesso il lusso di visitarla appunto la sera, dopo una giornata di lavoro.

fare quattro passi	go for a short walk
decenni	decades
inaugurare	open/launch
riscuotere successo	to be a success
cioé	that is
il percorso tematico	the thematic progression (of the exhibition)
l'allestimento	layout
pennellate	brush strokes
saltare la coda	avoid the queue

1 Perché l'autore non ha tempo per le mostre?

_____

2 Come descrive la mostra?

_____

3 Chi ha organizzato la mostra?

_____

4 Perché è un evento così eccezionale?

_____

5 Quali furono le principali tematiche del pittore olandese?

_____

6 A quali fasi artistiche fa riferimento la mostra?

_____

7 Perché consiglia la mostra?

_____

8 Che consigli pratici dà?

_____

 K **For some extra practice, look at the use of the** passato remoto **in the text and compare and contrast it with the use of the** passato prossimo. **Can you see that the first refers to a more distant and historical past, and the second relates to a more recent past, that still has some link to the present?**

Vocabulary

L **Find the odd one out.**

1 biografia / vita / indirizzo / profilo

2 stile / dipinto / tecnica / modo

3 successo / carriera / tema / riuscita

4 percorso / impegno / evoluzione / viaggio

5 tradizione / esperimento / innovazione / prova

6 interruzione / inaugurazione / apertura / debutto

7 installazione / allestimento / mantenimento / montaggio

8 trattino / pennellata / tratto / segno

M **Match the sentence beginnings in the first column with their endings in the second column.**

1 La Gioconda	**a** hanno offerto infinite e contraddittorie teorie sull'identità della donna ritratta.
2 Conservato al Museo del Louvre	**b** era considerato un capolavoro.
3 Numerosi artisti	**c** sempre con sé, fino alla morte.
4 Leonardò non la firmò	**d** è senza dubbio uno dei quadri più famosi del mondo.
5 Nonostante non ci siano documenti attendibili	**e** realizzata con la tecnica pittorica dello sfumato, ideata da Leonardo.
6 Gli storici dell'arte	**f** ne hanno fatto delle copie.
7 Questo dipinto	**g** è una piccola tela su olio delle dimensioni di 77 x 53 cm.
8 La composizione è tipica del Rinascimento	**h** ma la sua attribuzione all'artista rinascimentale è indiscussa.
9 Leonardo lo tenne	**i** la datazione risale ai primi del Cinquecento.
10 Già durante la vita di Leonardo	**j** è conosciuto all'estero come 'Monna Lisa'.

To further expand your vocabulary in this area, look at descriptions of famous works of art in Italian. Some museums have apps to guide you through their main collections.

 Writing

N Write a blog post in which you describe and recommend an exhibition that you have visited. Write between 50 and 80 words.

Daily Blog

Italy offers a wide range of exhibitions and art events every year that can be explored and booked online. Keep up to date and check regularly for new events. Key words to type into your search engine are: mostre / eventi / arte / musei / gallerie / pinacoteche.

Self-check

Tick the box which matches your level of confidence.

1 = very confident   2 = needs more practice   3 = not confident

Barra la casella che corrisponde al tuo livello di conoscenza e sicurezza.

1 = molto sicuro   2 = ho bisogno di più pratica   3 = non affatto sicuro

	1	2	3
Can narrate historical events and biographies (CEFR B2)			
Can use the passato remoto and the trapassato prossimo (CEFR B1/B2)			
Can talk about art and cultural products (CEFR B2)			
Can recommend an art exhibition (CEFR B2)			

15 Farà bello?
Will the weather be good?

In this unit we will learn how to:

- ✔ use the future tense
- ✔ describe weather and climate

CEFR: Can make predictions and formulate plans (B1); Can use the future tense and expressions of time (B1); Can talk about weather and climate-related issues (B2); Can write to explain how individual green measures can have an impact on energy consumption and climate change (B2)

la settimana prossima

il prossimo fine settimana

forse domani

caldo sole

non pioverà bello nevicherà

temporale brutto **quasi mai**

diminuirà

freddo

il tasso di **umidità**

la temperatura

Meaning and usage

The future tense is used to:

1 Talk about future plans

   Ho deciso che mi comprerò un cane. (*I have decided that I'll buy myself a dog.*)

   In this case, the present can also be used:

   Ho deciso che mi compro un cane. (*I have decided that I'll buy myself a dog.*)

2 Make a prediction or a supposition

   Hanno lasciato un messaggio. Sarà Giada. (*Someone's left a message. It must be Giada.*)

3 Talk about a distant future

   Tra dieci o quindici anni, mi comprerò una casa tutta mia. (*I'll buy my own house in ten-fifteen years' time.*)

4 Talk about something that is unsure

Forse si sposeranno, ma non ne sono tanto sicura. *(Maybe they'll get married, I'm not too sure.)*

Form: The future simple tense

1 Here are the endings for regular verbs:

	Lavor-are	Spegn-ere	Avvert-ire
io (*I*)	-erò	-erò	-irò
tu (*you, singular*)	-erai	-erai	-irai
lui/lei/Lei (*he/she/ formal you, singular*)	-erà	-erà	-irà
noi (*we*)	-eremo	-eremo	-iremo
voi (*you, plural*)	-erete	-erete	-irete
loro/Loro (*they*)	-eranno	-eranno	-iranno

2 Here are the endings for **avere** and **essere**:

	Essere	Avere
io (*I*)	sarò	avrò
tu (*you, singular*)	sarai	avrai
lui/lei/Lei (*he/she/formal you, singular*)	sarà	avrà
noi (*we*)	saremo	avremo
voi (*you, plural*)	sarete	avrete
loro/Loro (*they*)	saranno	avranno

A **Put the verb in brackets into the correct form. They follow the same pattern as andare and dovere.**

1 Non so se (*io/potere*) _____ andare in vacanza quest'anno.

> As you can see, irregularities in this tense are quite easy to memorise.

2 Non (*noi/sapere*) _____ mai che tempo farà a distanza di un mese.

3 Se andate in Italia alla conferenza, (*voi/vedere*) _____ i nostri amici di Perugia.

4 Gli italiani (*vivere*) _____ sempre più a lungo.

5 Quando (*tu/sapere*) _____ se hai passato l'esame?

6 Pensi che (*noi/vedersi*) _____ ancora?

B Reorder the words to make sentences.

1 sulla / ci sarà / Sardegna / Domani / bassa / pressione / debole / una

2 Le / aumenteranno / soprattutto / nubi / al Nord

3 Il / per lo più / rimarrà / asciutto / tempo

4 Italia / perturbazione / Una / arriverà / atlantica / in

5 tirrenico / Nordovest / specie / e sul / diffuse / Porterà / al / precipitazioni / versante

6 a bassa / Nevicherà / quota

7 Il / splenderà / aree / sole / sulle / adriatiche

8 tutte / umidi / Venti / della / meridionale / penisola / di / soffieranno / origine / su / le regioni

C Choose the correct form.

1 Insomma, anche la prossima estate *sarò / sarà / sarrà* abbastanza calda.

2 Per effetto del riscaldamento globale, le temperature medie *aumenterò / aumenteranno / aumenterete* gradualmente.

3 Nel mese di maggio *piovrà / proverà / pioverà* normalmente.

4 La piovosità primaverile *tenderà / tendrà / terà* a diminuire.

5 La piovosità primaverile non *avrà / averà / avrei* alcuna influenza sul clima estivo.

6 Gli effetti di El Niño *avvertirete / si avvertiranno / avvretiranno* sull'Italia tra tre o quattro mesi.

7 La sua presenza *poterà / potresti / potrà* rendere particolarmente caldo il mese di agosto.

8 Il tempo *resterete / reterà / resterà* stabile fino a metà settembre.

D Below is a list of Nico's future plans. Imagine you are telling someone else about his plans. Start with *Nico dice che*...

1 Quando finirò la scuola, mi prenderò un anno di pausa.

_____

2 Lavorerò come volontario in Sudamerica.

_____

3 Forse mi trasferirò in Perù.

_____

4 Viaggerò e visiterò molti paesi diversi.

_____

5 Imparerò una nuova lingua.

_____

6 Farò molte nuove amicizie.

_____

7 Nel frattempo farò domanda per iscrivermi all'università all'estero.

_____

8 Vivrò lontano da casa e tornerò solo a Natale.

_____

E **Below is a list of Nico's Mum's plans for him. Imagine you are Nico's Dad, and you are telling Nico what his Mum really has in mind for him.**

Start with _Tua madre pensa che_**...**

1 Quando finirà la scuola andrà subito all'università.

_____

2 Frequenterà la stessa facoltà di suo padre.

_____

3 Vivrà da solo ma telefonerà ogni sera ai suoi genitori.

_____

4 Studierà con impegno e senza problemi.

_____

5 Si laurerà con il massimo dei voti.

_____

6 Tornerà a casa e si metterà subito a lavorare con suo padre.

_____

7 Si troverà una ragazza.

_____

8 Si sposerà e vivrà una vita tranquilla.

_____

Il futuro anteriore – The future perfect

This tense is often used in conjunction with the future simple. It expresses an action that comes before an action in the future simple; in other words a future action that is completed before another future event takes place. English uses the past or present to express this.

Here are some examples:

Quando inizierò l'anno all'estero a Firenze, spero che <u>avremo</u> già <u>trovato</u> un appartamento. (*When I start my year abroad in Florence, I hope that we'll have/we have already found an apartment.*)

Il professore è in ritardo anche oggi! Mah, forse <u>si sarà fermato</u> a parlare con qualche studente. (*The teacher is late again today! Well, maybe he has stopped to talk to a student.*)

Quando <u>sarai diventato</u> grande, <u>capirai</u> perché. (*When you grow up, you'll understand why.*)

This tense is formed with the future of **avere** or **essere** plus the past participle (**-ato** / **-uto** / **-ito**) of the verb, as in the following table:

		Cominciare		**Andare**
io (*I*)	avrò	cominciato	sarò	andato/a
tu (*you, singular*)	avrai		sarai	
lui/lei/Lei (*he/she/formal you, singular*)	avrà		sarà	
noi (*we*)	avremo		saremo	andati/e
voi (*you, plural*)	avrete		sarete	
loro (*they*)	avranno		saranno	

Vocabulary

F   Match the time expressions in Italian with their English equivalents.

domani	next week
dopodomani	in the future
tra/fra un'ora	in a week
tra/fra cinque minuti	tomorrow
tra una settimana	until next time!
il giorno dopo	in an hour
la settimana prossima	the day after
il mese prossimo	next month
l'anno prossimo	the day after tomorrow
il prossimo fine settimana	next year
domenica prossima	in five minutes
in futuro	next Sunday
alla prossima!	next weekend

G Complete the following sentences with one of the words from the vocabulary list above.

1 _____ voglio cambiare lavoro.

2 Perché non andiamo a Parigi _____?

3 Aspettami, sarò pronta_____.

4 Mi ha detto di ripassare non domani ma _____.

5 _____ mi piacerebbe ritornare a trovare i miei amici in Messico.

6 Arrivederci allora, e grazie dell'ospitalità _____!

7 _____ comincia il Carnevale.

8 _____ completerà il periodo di prova e sarà assunto con un contratto permanente.

H Complete the sentences with one of the verbs in the list below.

> potranno, trarrà, diventeranno, avremo capito, ci saremo fermati,
> dovremo, avrà, riusciremo, avremo finito, scriveremo, interverrà,
> avremo saputo sfruttare, avranno deciso

1 Quando _____ il vero futuro della terra, _____ a ridurre le emissioni?

2 Se non _____ che misure adottare per ridurre i cambiamenti climatici, non _____ sensibilizzare i cittadini.

3 _____ un nuovo futuro per il clima.

4 La commissione _____ sui cambiamenti climatici in autunno.

5 La Terra non _____ bisogno di noi.

6 Quando _____ di riflettere, _____ cominciare ad agire sul clima.

7 Se _____ le nuove tecnologie in modo positivo, tutto il mondo ne _____ beneficio.

8 Se non _____ in tempo, le conseguenze delle nostre azioni _____ inarrestabili.

Reading

I Read the beginning of this text, then answer this question in Italian: What country do you think the author is talking about?

	Una volta, il tempo era un po' un mistero. Sapevamo però che d'inverno sarebbe
	piovuto, e anche nevicato, e che avremmo avuto delle gelate e delle nebbie fitte e
	malinconiche nella Pianura Padana. Sapevamo che la primavera arrivava puntuale e
	dolce nel mese di marzo, e che allora sì, cominciava a fare un po' di bel tempo.

J Now read the rest of the text and complete the exercise that follows it.

	1 L'estate era bella e soleggiata, calda, ma non torrida e alle infinite giornate di
	sole di giugno e luglio, seguivano i temporali di agosto e il bel tempo settembrino.
	2 Insomma, si potevano fare delle previsioni, si poteva pianificare. Adesso invece, no.
	3 I recenti cambiamenti del clima, sempre più imprevedibile e talvolta estremo, sono
	uno dei motivi per cui, secondo le statistiche, gli italiani frequentano assiduamente
	le pagine web che contengono informazioni meteo. D'altra parte, prima appunto
	c'era la scansione delle stagioni, mentre adesso si assiste ad una specie di
	tropicalizzazione del clima, e per questo ci sentiamo disorientati e sentiamo il
	bisogno di consultare spesso, anzi, spessissimo, il meteo su app e alla tv.
	4 La scienza ci spiega che molti di questi fenomeni climatici estremi sono causati dal
	riscaldamento globale. Le emissioni legate alle attività umane si immagazzinano
	nell'atmosfera, e producono riscaldamento e mutamenti climatici. Molti degli
	effetti sono già visibili: scioglimento dei ghiacciai, aumento delle temperature,
	innalzamento del livello dei mari, eventi estremi come siccità o allagamenti.
	5 Ma cosa possiamo fare noi a livello personale per aiutare a ridurre le emissioni?
	Le indicazioni della UE perché ci sentiamo tutti coinvolti parlano chiaro: abbassa,
	spegni, ricicla e cammina.

	6 Per esempio, tutti sappiamo che abbassando la temperatura del riscaldamento in
	casa di un grado, possiamo risparmiare e anche ridurre considerevolmente le
	emissioni di CO2 (anidride carbonica). Anche l'isolamento termico delle abitazioni
	è molto importante, e per questo vari governi europei hanno programmi di
	finanziamento per aiutare i cittadini ad isolare le loro case
	7 Per quanto riguarda l'energia elettrica, è molto meglio scegliere l'illuminazione
	LED rispetto alle lampadine elettriche classiche perché permette di risparmiare
	ed è molto meno inquinante.

piovere	to rain
nevicare	to snow
gelata	frost
nebbia	fog
temporale	storm
previsioni meteo	weather forecast
tropicalizzazione	climate becoming more tropical (with very warm spells and very heavy rains)
immagazzinarsi	to store up
scioglimento dei ghiacciai	glacier melting
siccità	drought
allagamenti	floods
riscaldamento in casa	heating

Underline the sentences in the text which mean the following and put the paragraph number in the box.

1 Una volta il tempo era più prevedibile e d'estate faceva bel tempo. ☐

2 Gli italiani amano le previsioni del tempo. ☐

3 Gli eventi climatici estremi disorientano gli italiani. ☐

4 Le conseguenze del fenomeno del riscaldamento globale sono evidenti. ☐

5 La UE chiede che i cittadini si sentano responsabili a livello individuale. ☐

6 Controllare il riscaldamento domestico è molto importante. ☐

7 I governi europei appoggiano iniziative per migliorare l'isolamento termico e ridurre le emissioni. ☐

8 Le lampadine classiche vanno sostituite con lampadine più ecologiche, a bassa emissione. ☐

K For some extra practice, look at the vocabulary in the text that refers to the weather and weather events. How would you describe the seasons in your country in Italian?

Vocabulary

L **Which piece of advice is right? Choose one in each set.**

Come ridurre la tua impronta ecologica

1 Abbassare il riscaldamento anche solo di un grado / spegnere il riscaldamento / tenere sempre acceso il riscaldamento a 20 gradi.

2 Non aprire mai le finestre / non aprire le finestre troppo a lungo d'inverno / tenere sempre almeno una finestra aperta.

3 Lasciare le apparecchiature elettriche in standby / non lasciare televisione e pc in standby / usare televisione e pc il meno possibile.

4 Spegnere le luci delle stanze in cui non c'è nessuno / usare la luce solo di sera / lasciare accesa la luce tutto il giorno.

5 Usare acqua in bottiglia / non sprecare acqua e cibo / usare cibo surgelato.

6 Usare la propria macchina quando possibile / noleggiare una macchina / prendere l'autobus o la bici.

7 Fare la raccolta differenziata dei rifiuti / portare i rifiuti in discarica / non usare la plastica.

8 Sostituire le vecchie lampadine con quelle a LED / non comprare lampadine nuove / usare luci al neon.

M **Match the weather forecast jargon (1–8) with its meaning in plain Italian (a–h).**

1 Il mese di marzo si aprirà con una nuova ondata di maltempo che colpirà nello stesso modo sia le regioni settentrionali che quelle centro-meridionali.

2 Dalla seconda decade è previsto un lieve miglioramento delle condizioni climatiche.

3 Questo fenomeno si accompagnerà ad un graduale rialzo delle temperature minime e massime.

4 I rovesci raggiungeranno tutta l'area nord-occidentale del paese, portando neve sino a zone collinari.

5 Anche le isole vivranno qualche giorno di instabilità.

6 L'inverno darà un deciso colpo di coda e la primavera ritarderà.

7 A metà del mese si verificherà un'ondata di calore della durata di alcuni giorni, determinata dalla presenza di una vasta area anticiclonica di origine nord africana.

8 Torna l'allerta nebbie, che potranno persistere localmente anche nelle ore pomeridiane.

    a Anche in Sicilia e Sardegna ci sarà nuvoloso.

    b Ci sarà molto caldo per vari giorni a causa dell'alta pressione africana.

c Torneranno le nebbie e in alcune zone dureranno anche il pomeriggio.

d Farà un po' più caldo.

e L'inverno ritornerà e la primavera sarà in ritardo.

f In marzo ci sarà brutto tempo dappertutto.

g Pioverà e nevicherà in Piemonte, Valle d'Aosta e Liguria, con neve anche in collina.

h Da metà mese farà un po' più bel tempo.

*To further expand your vocabulary in this area, why not look at the **meteo** information available on the web in Italian before you set off on your next trip?*

Writing

N Write about what you intend to do in your life to reduce your impact on the environment. Write between 80 and 120 words.

*To research the topics of this unit online, type the following key words and phrases into your search engine: **cambiamento climatico; effetto serra; impronta ecologica; consumo critico; ambiente e ecologia.***

Self-check

Tick the box which matches your level of confidence.

1 = very confident   2 = needs more practice   3 = not confident

Barra la casella che corrisponde al tuo livello di conoscenza e sicurezza.

1 = molto sicuro   2 = ho bisogno di più pratica   3 = non affatto sicuro

	1	2	3
Can make predictions and formulate plans (CEFR B1)			
Can use the future tense and expressions of time (CEFR B1)			
Can talk about weather and climate-related issues (CEFR B2)			
Can write to explain how individual green measures can have an impact on energy consumption and climate change (CEFR B2)			

*To revise some of the above structures, refer to *Get Started in Italian,* Unit 17, and *Complete Italian,* Unit 21.

16 È un lavoro che mi piace molto
It is a job that I really like

In this unit we will learn how to:
- ✓ use relative pronouns
- ✓ discuss jobs and professional skills

CEFR: Can use relative pronouns to link sentences (B2); Can identify and use indefinite adjectives and pronouns (B1/B2); Can describe jobs and professional skills (B1/B2)

Lavoro con una **collega americana**. **La collega americana** parla italiano benissimo.

Lavoro con una **collega americana**. ~~La collega americana~~ parla italiano benissimo.

CHE

Lavoro con una **collega americana, CHE** parla italiano benissimo

---

I miei amici sardi sono persone davvero socievoli e allegre. Vado spesso in vacanza dai **miei amici sardi**

I miei amici sardi sono persone davvero socievoli e allegre. Vado spesso in vacanza ~~dai miei amici sardi~~

DA CUI

I miei amici sardi, DA CUI vado spesso in vacanza, sono persone davvero socievoli e allegre.

Meaning and usage

Relative pronouns (in English: which, who, that) are used to link together two sentences which share a common element, usually a noun, by replacing the common element from one of the two sentences.

Hai appena conosciuto la mia migliore amica. La mia migliore amica abita a Londra. -> Hai appena conosciuto la mia migliore amica, che abita a Londra. *(You have just met my best friend. My best friend lives in London. -> You have just met my best friend, who lives in London.)*

To use relative pronouns:

1 First, identify the common element in the two sentences.

Ho conosciuto il dottore. Il dottore ha operato mia sorella agli occhi. *(I met the doctor. The doctor operated on my sister's eyes.)*

La segretaria dell'avvocato è stata molto maleducata. Ho appena parlato con la segretaria dell'avvocato. *(The lawyer's PA was very rude. I have just spoken with the lawyer's PA.)*

2 Then, replace the common element in one sentence with the correct form of the relative pronoun (as explained in the next section) and move this sentence so that it follows the common element.

Ho conosciuto il dottore, che ha operato mia sorella agli occhi. *(I met the doctor, who operated on my sister's eyes.)*

La segretaria dell'avvocato, con cui ho appena parlato, è stata molto maleducata. *(The lawyer's PA, with whom I have just spoken, was very rude.)*

 You may have noticed here, in the first example, that the final version is very similar to the sequence of the two original sentences. Sometimes, however, the 'relative clause' needs to be inserted in the middle of the sentence, to avoid any ambiguity. You can see this in the second example. The relative clause needs to be near the noun. It's similar to English.

Form

In Italian there are two main types of relative pronoun, **che** and **cui**. A third, much less common form, is **quale**.

Che is used to replace a noun which is either the subject or the direct object in a sentence. It is invariable and can refer to people, animals or objects. It is **never** used after a preposition.

Arturo parlava con una studentessa, che sembrava molto divertita. *(Arturo was talking with a student, who looked very amused.)*

Cui is used to replace a noun which is an indirect object in the sentence. It is invariable, and can replace people, animals or objects. It is usually used after a preposition.

La studentessa, con cui parlava Arturo, sembrava molto divertita. *(The student, whom Arturo was talking to, seemed very amused.)*

Remember that unlike in English, in Italian the relative pronoun can never be omitted.

Quale is used to replace any noun and can replace people, animals or objects. It can be used instead of both **che** and **cui**. It is always used with the definite article and changes its form according to the gender (masculine or feminine) and number (singular or plural) of the noun it replaces, as shown in the table below. It is not as common as **che** and **cui**, and is more typical of the written language. Because it agrees in gender and number with the element it replaces, sometimes it is used to avoid misunderstanding and ambiguity in the sentence.

Riccardo ha ricevuto un nuovo libro di cucina, <u>nel quale</u> ci sono molte ricette nord-africane. *(Riccardo was given a new cookery book, in which there are many North African recipes.)*

Pietro giocava a calcio nella squadra del quartiere, <u>la quale</u> aveva vinto diversi campionati. *(Pietro played football in the local team, which had won several championships.)*

 Quale *is always used with a definite article. When it follows a preposition, the preposition is joined to the article, as in the example above, where nel is the combined form of the preposition in and the article il.*

Masculine		Feminine	
singular	**plural**	**singular**	**plural**
il quale	i quali	la quale	le quali

A **Complete the following sentences with the correct form of the relative pronoun (*che* or *cui*).**

1 Gli annunci di lavoro,_____ erano tradizionalmente pubblicati nei giornali quotidiani, sono ora accessibili via Internet.

2 La famiglia di Tito Valenzi, di _____ ti ho parlato molto in passato, si è ora trasferita a Milano.

3 Mi scusi, vorrei delle informazioni sul corso di approfondimento, _____ state organizzando.

4 Ti ricordi quel signore, con _____ ho chiacchierato ieri in palestra? Era un mio professore del liceo!

5 Sicuramente la ragazza, a _____ manderai questo bellissimo mazzo di rose rosse, ne sarà molto contenta.

6 Lavoro da tanti anni in questa azienda, _____ sta ora attraversando un periodo di crisi.

7 Il mare, su _____ la finestra aveva una bella vista, era limpido e trasparente.

8 Non mi ricordo più il messaggio, _____ tua mamma ha lasciato per te al telefono.

9 Sono appena tornata da una settimana di vacanza, _____ ho trascorso in Sardegna.

10 Non so proprio dove sia la città, da _____ provengono tutti questi pacchi.

Indefinite adjectives and pronouns

Indefinite adjectives and pronouns indicate an unspecified or indefinite quantity. They can refer to people, animals or objects.

Here is a list of the main indefinite adjectives and pronouns in Italian:

Pronouns (Never followed by a noun and used in the singular form)

Uno/una *one*

Ognuno/ognuna *everyone*

Qualcuno/qualcuna *someone*

Chiunque *anyone, whoever*

Qualcosa *something*

Niente/nulla *nothing*

Adjectives (Always followed by a noun and used in the singular form)

Ogni *every*

Qualche *some*

Qualsiasi/qualunque *any*

Adjective and pronouns

Ciascuno/ciascuna *each one*

Alcuni/alcune *some, a few*

Nessuno *nobody*

Tanto/tanti/tanta/tante and **molto/molti/molta/molte** *much, many, a lot of*

Troppo/troppi/troppa/troppe *too much, too many*

Poco/pochi/poca/poche *few*

Tutto/tutti/tutta/tutte *everyone, everything, whole*

In Italian, double negation is commonly used and, unlike English, it still indicates a negative: **Non vedo nessuno** *(I don't see anybody).* Remember, however, that when a sentence starts with **nessuno, non** is always omitted: **Nessuno è venuto alla mia festa.** *(Nobody came to my party.)*

B Choose the correct indefinite form.

1   _a*Ogni/Ognuno* studente che si laurea, esce dall'università con molto entusiasmo ed ottimismo. _b*Chiunque/Ciascuno* di loro sogna un lavoro ben retribuito. _c*Qualche/Qualcuno* sicuramente spera di diventare amministratore di _d*qualche/niente* azienda importante. _e*Nessuno/ognuno*, però, crede di non riuscire a trovare _f*qualsiasi/nulla*.

2   Mario ama raccontare storie, e infatti _a*qualche/qualsiasi* cosa gli succeda, lui poi la racconta sempre a _b*chiunque/qualunque* incontri.

3   Silvia e Giovanni sono molto accoglienti, e quando _a*qualcuno/ogni* gli fa visita, preparano per _b*nessun /ciascun* ospite un piccolo regalo di benvenuto.

C Find the relative pronoun mistake in the following sentences. Amend them.

  1 Luigi ha comprato finalmente quella casa, di quale ti ha parlato l'anno scorso.

  2 Noemi è una cantante italiana del quale ha raggiunto il successo dopo aver partecipato al programma X Factor.

  3 L'ufficio postale, in che devo ritirare il pacco, si trova proprio di fronte a casa mia.

  4 Durante il mio ultimo viaggio, in quale ho visitato l'India, mi sono ammalata di polmonite.

  5 'La stanza del figlio' è un film di Nanni Moretti, il che è stato girato ad Ancona.

 D The following sentences contain a mistake in the use of the indefinite form. Find the mistakes and amend the sentences.

  1 Sono tutti d'accordo, per il momento non occorre fare nessuno.

  2 C'è ogni cosa che non va? Mi sembri un po' giù.

  3 In quella famiglia, ogni contribuisce in ugual misura alle spese domestiche.

  4 Veramente dobbiamo andare al supermercato, in frigo non c'è rimasto qualcosa.

  5 Quante volte devo ripeterti le stesse cose? Di qualche cosa ti parli, non mi ascolti mai.

Vocabulary

E Match the jobs in Italian with their English equivalent.

agricoltore	accountant
assistente di volo	engineer
avvocato	farmer
commercialista	financial advisor
consulente finanziario	flight assistant
docente	IT technician
giornalista	journalist
ingegnere	lawyer
medico (chirurgo)	police officer
operatore turistico	secretary
poliziotto	(surgeon) doctor
segretaria	teacher / tutor
tecnico informatico	tour operator

F   Complete the sentences with the appropriate workplace from the box.

> *aereo,   agenzia di viaggi,   azienda / fabbrica,   banca,   campo,   laboratorio
> informatico,   ospedale,   questura,   redazione del giornale,   scuola / università,
> studio,   tribunale,   ufficio*

1   Lavoro come giornalista, spesso sono in giro a fare interviste, ma quando devo
scrivere i miei articoli, vado alla _____.

2   Sono operatore turistico da molti anni e la mia _____ è
conosciutissima nella mia città.

3   Sono assistente di volo, nel mio lavoro mi devo occupare delle persone che
viaggiano in _____.

4   Mio padre era docente di Scienze Agrarie presso la _____
di Milano.

5   L'_____ di mia madre, che è segretaria, si trova nel quartiere più
nuovo di Fano.

6   L'ingegnere Antosisi lavora in una _____ di medie dimensioni.

7   Quando ho avuto l'incidente, il poliziotto mi ha accompagnato in macchina alla
_____ per fare la denuncia.

8   Molti giovani laureati italiani tornano a fare gli agricoltori e a lavorare nel
_____.

9   Il medico mi ha dato appuntamento per domani in _____.

10   L'avvocato si è sentito male uscendo dal _____.

11   Sono commercialista da pochi mesi ed ho appena aperto il mio
_____ privato.

12   Ogni tecnico informatico lavora in un _____ che spesso contiene
un numero impressionante di computer.

13   Mio cognato fa il consulente finanziario per la _____ Popolare
di Roma.

G   Find these eight jobs in the wordsearch.

| docente | ingegnere | avvocato | segretaria |
| agricoltore | commercialista | medico | giornalista |

W	M	T	Q	I	A	Z	G	I	I	O	M	A	S
D	O	C	E	N	T	E	H	A	N	P	E	S	E
F	D	U	W	G	S	X	R	V	F	E	D	S	G
V	A	I	E	E	D	C	O	V	O	T	A	E	R
T	C	L	A	G	R	I	C	O	L	T	O	R	E
I	O	O	R	N	F	V	A	C	M	R	N	T	T
C	O	M	M	E	R	C	I	A	L	I	S	T	A
S	L	E	T	R	H	B	R	T	L	C	Y	E	R
G	K	D	Y	E	J	N	E	O	E	H	F	N	I
H	J	I	U	P	K	M	T	H	S	I	G	T	A
O	P	C	I	O	L	G	U	E	D	W	J	E	D
G	I	O	R	N	A	L	I	S	T	A	K	D	I

Reading

H   Read the following opening to an article about the work market in Italy and then decide if the following statement is *true* **vero** *or false* **falso: I candidati che leggono annunci di lavoro su Internet sono più di quelli che leggono annunci di lavoro su un giornale** *More candidates read job ads on the internet than in the newspaper.*   **V   F**

> In una epoca **in cui** internet ed i social network hanno sostituito gran parte dei mezzi di comunicazione tradizionali, è diventato sempre più comune offrire e cercare lavoro tramite la rete. Questa, infatti, offre innumerevoli vantaggi, **che** i mezzi tradizionali non hanno, primo tra tutti la possibilità di essere letto da un numero di potenziali candidati molto maggiore rispetto a quelli **che** leggono un quotidiano stampato.

I Now read the rest of the article and decide if the statements that follow are *true* **vero or** *false* **falso.**

	Internet offre anche la possibilità, per chi cerca lavoro, di usare nuove forme di presentazione della propria esperienza e delle proprie abilità, attraverso l'utilizzo di video curriculum, per esempio. Il video curriculum, o video presentazione, è una nuova forma di presentazione delle proprie esperienze professionali e delle proprie abilità e competenze, che i candidati diffondono in rete per farsi conoscere. Il video curriculum non è nato in Italia, dove I primi esempi di queste presentazioni registrate hanno iniziato a circolare solo nel 2008, ma si è diffuso inizialmente all'estero, in particolare negli Stati Uniti, dove è conosciuto con il nome di video CV, o VCV.
	I profili su social network sono ugualmente importanti, perché le aziende che postano le loro offerte di lavoro sulla rete spesso controllano i profili dei candidati durante la fase di selezione delle domande. È pertanto opportuno tenerlo sempre aggiornato, ma scegliere con attenzione le informazioni da rendere pubbliche. Attenzione, dunque, a non scrivere commenti di cui ci si potrebbe pentire.
	Le competenze richieste per avere successo oggi nel mercato del lavoro sono però rimaste molto simili a quelle ritenute indispensabili anche per le generazioni passate.
	Per prima troviamo l'abilità nei rapporti sociali, sia in forma diretta che virtuale. Questa è infatti la competenza che ci permette di stabilire rapporti solidi e duraturi con clienti e colleghi, importantissimi per il successo di qualsiasi lavoro. Nel nostro mondo globalizzato e internazionale, la conoscenza di una lingua straniera, soprattutto europea, è ormai data per scontata. Saper parlare una lingua extra europea, come il cinese o l'arabo, offre invece maggiori vantaggi, sia per l'importanza economica a livello mondiale dei paesi dove queste lingue sono parlate, sia perché, con un numero minore di persone che conoscono queste lingue, c'è meno competizione. Innovazione, conoscenze tecniche ed informatiche, e capacità organizzativa, infine, sono le altre competenze che i datori di lavoro richiedono sempre di più a chi aspira a lavorare per loro.

epoca	*age*
tramite la rete	*through the web/internet*
annuncio di lavoro	*job advert*
pentirsi	*to regret*
abilità e competenze	*skill and competence*
domanda (di lavoro)	*(job) application*
data per scontata	*given for granted*

1 I candidati oggi possono usare i video curriculum.   V   F

2 Nei video curriculum non si descrivono le proprie
abilità o esperienze di lavoro.   V   F

3 I primi esempi di video curriculum hanno iniziato a circolare
negli Stati Uniti nel 2008.   V   F

4 Le aziende spesso guardano i profili dei candidati sui
social network.   V   F

5 È meglio avere un profilo con molte informazioni,
anche se sono poco opportune.   V   F

6 I datori di lavoro oggi richiedono le stesse competenze
che richiedevano in passato.   V   F

7 Nel mondo virtuale non è necessario avere una grande
abilità nei rapporti sociali.   V   F

J **For some extra practice, why not try the following? Highlight all the relative pronouns in the text and identify the nouns they refer to. To help you, we have highlighted all the relative pronouns in Activity H.**

Vocabulary

K **Match the words in the first column with appropriate ones from the second column to create a phrase from the text. Use the example to help you.**

Example: *Annuncio di lavoro*

Annuncio	*di lavoro*
Capacità	presentazione
Conoscenza	professionale
Esperienza	network
Lingua	di lavoro
Offerte	virtuali
Rapporti	europea
Social	informatica
Video	organizzativa

L Complete the following sentences with one of the phrases you made in Activity K.

1 Mio fratello ha appena finito di registrare una _____ che vuole diffondere tramite internet.

2 La _____ che sto imparando ora è il portoghese, perché la mia azienda ha dei clienti in Brasile.

3 Se si vuole trovare lavoro, bisogna controllare le _____ che si trovano sulla rete e sui giornali.

4 Certamente, oggi, se non si ha una certa _____, difficilmente si trova lavoro: il computer è usato in tutti i campi.

5 Marco ha lavorato per molte aziende multinazionali ed ha acquisito una vasta _____.

M Replace the word/s in bold in the following sentences with a synonym from the text in Activities H and I.

1 La televisione in Italia ha aiutato a **far conoscere** la lingua italiana.

2 La **scelta** dei candidati più idonei per un lavoro è sempre difficile.

3 Occorre **verificare** che le informazioni scritte siano corrette.

4 Una delle competenze **essenziali** per avere successo è la capacità di organizzare il lavoro.

5 La nostra ditta ha mandato alcuni dirigenti ad Hong Kong per rafforzare i nostri **legami** professionali con la loro camera di commercio.

6 Nelle gare olimpiche, il livello di **rivalità** tra i concorrenti è molto alto.

7 Negli annunci di lavoro spesso si **ricercano** candidati con qualifiche medio-alte.

> *A good way to learn about the jobs on offer in Italy is to look online. You can expand your vocabulary by looking at the words used to describe the different types of jobs. Search for words like* **annunci, offerte di lavoro, trova lavoro.**

Writing

N Write a brief outline of your professional experience to post on your blog, along with a video CV. Don't forget to include your qualifications and details of your current and previous positions, along with any other relevant personal information. Write between 50 and 90 words.

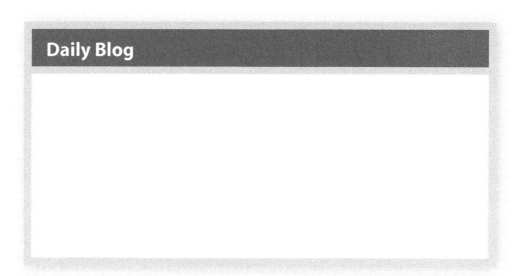

Daily Blog

 There are many Italian websites where you can watch examples of video CVs posted by students and graduates. Look at them to get some ideas of what type of information you need for the writing task. You can also use them as a listening exercise, by listening to identify the candidate's professional experience.

Self-check

Tick the box which matches your level of confidence.

1 = very confident   2 = needs more practice   3 = not confident

Barra la casella che corrisponde al tuo livello di conoscenza e sicurezza.

1 = molto sicuro   2 = ho bisogno di più pratica   3 = non affatto sicuro

	1	2	3
Can use relative pronouns to link sentences (CEFR B2)			
Can identify and use indefinite adjectives and pronouns (CEFR B1/B2)			
Can describe jobs and professional skills (CEFR B1/B2)			

*For more information on indefinite adjectives and pronouns, see *Complete Italian*, Unit 25.

17 Se ti senti giù, vai dal dottore

Under the weather? Go see a doctor

In this unit we will learn how to:

- ✓ use the informal imperative
- ✓ talk about states of mind

CEFR: Can express orders, requests, invitations and suggestions using the informal imperative (B1); Can use the imperative with pronouns (B1/B2); Can ask for informal advice (B1); Can describe states of minds and provide advice (B1/B2); Can discuss health advice (B1/B2)

riordinate

chiudi la finestra

mangia studiate

dormi apri dormite

leggiamo **andate** finite

studia **ascolta** prepara

ascoltiamo vai

vieni beviamo **bevete**

fai silenzio

Meaning and usage

The imperative is a verb form which is used:

1   To give orders:

   Riordina la tua camera! *(Tidy up your room!)*

   Fate silenzio! *(Be quiet/silent! [you (plural)])*

2   To give instructions:

   Prendi la medicina a stomaco vuoto. *(Take the medicine on an empty stomach.)*

   Tenete la medicina in frigo. *(Keep the medicine in the fridge. [you (plural)])*

3   To provide suggestions:

   Andiamo al cinema! *(Let's go to the cinema!)*

4 To express a request or an invitation:

Aprite la finestra; è un po' caldo qui dentro. *(Open the window; it's a bit hot in here. [you (plural)])*

Vieni da me questa sera per cena! *(Come to mine tonight for dinner!)*

Form

The imperative is normally used to give instructions and orders and to make requests directly to the person or people you are talking to. Therefore it is normally used in the *you* form **-tu** (singular) and **voi** (plural) in Italian.

We also use the informal imperative to make suggestions. The form used in this case is 'noi' and corresponds to the English expression *Let's…*

To form this tense, replace the ending of the verb in the infinitive (that is the form you find in the dictionary) with the imperative endings. Look at the table below to see which ending to use for regular imperatives.

*Remember all Italian verbs can be divided into three groups, according to the ending in the infinitive: **-are, -ere, -ire**. Verbs in **-ire** are themselves divided into two groups: one, like **dormire**, follows the same pattern as the verbs in **-are** and **-ere**. The second group of verbs in **-ire**, like **capire**, add -isc to the ending of the singular imperative (**tu**). **Finire, pulire, preferire, sostituire** are some of the verbs which follow the same pattern as **capire**.*

	Parl-are (to speak)	Prend-ere (to take)	Dorm-ire (to sleep)	Cap-ire (to understand)
tu (*you, singular*)	parl-**a**	prend-**i**	dorm-**i**	cap-isc-**i**
noi (*we*)	parl-**iamo**	prend-**iamo**	dorm-**iamo**	cap-**iamo**
voi (*you, plural*)	parl-**ate**	prend-**ete**	dorm-**ite**	cap-**ite**

*You may have noticed already that the informal imperative is, in fact, like the **tu, noi** and **voi** form of the present tense, so you don't need to learn it as a new form. Be careful though with the **-are** verbs, like **parlare**. Here the singular imperative (**tu**) ends in **-a**, not in **-i** as in the present tense, e.g., **parla** instead of parli.*

A Put the verbs in brackets into the singular tu imperative form.

Che cosa fare quando si ha il raffreddore? Ecco alcuni rimedi naturali per alleviarne i sintomi:

1 _____ (mangiare) molta frutta fresca, che contiene vitamina C e
2 _____ (prendere) molta acqua e spremute di arancia. 3 _____ (limitare)
invece il consumo di latticini e bevande alcoliche, che provocano disidratazione.
4 _____ (preparare) molte tisane e zuppe calde. 5 _____ (umidificare) bene la
casa e 6 _____ (sostituire) la doccia con un bagno caldo. 7 _____ (assumere)
medicine come il paracetamolo o l'aspirina solo se hai anche mal di testa e 8 _____
(chiamare) il dottore solo in casi molto gravi. 9 _____ (dormire) e 10 _____
(riposare) molto.

Now change all the tu imperatives into the plural voi imperative form.

1 _____

2 _____

3 _____

4 _____

5 _____

6 _____

7 _____

8 _____

9 _____

10 _____

Informal imperatives: irregular and negative forms

As the informal imperative has the same form as the present tense, all the verbs which are irregular in the present tense are equally irregular in the imperative. Here are a few examples:

	Bere (to drink)	Salire (to go up)	Uscire (to go out)	Venire (to come)
tu (you, singular)	bevi	sali	esci	vieni
noi (we)	beviamo	saliamo	usciamo	veniamo
voi (you, plural)	bevete	salite	uscite	venite

However there are also some other irregular verbs whose imperative form does not follow the present tense form. The following table provides a complete list of these very irregular verbs:

	Essere (to be)	Avere (to have)	Sapere (to know)	Andare (to go)	Dare (to give)	Fare (to do)	Stare (to stay)	Dire (to say)
tu (*you, singular*)	sii	abbi	sappi	va' / vai	da' / dai	fa' / fai	sta' / stai	di'
noi (*we*)	siamo	abbiamo	sappiamo	andiamo	diamo	facciamo	stiamo	diciamo
voi (*you, plural*)	siate	abbiate	sappiate	andate	date	fate	state	dite

*If you look at the table, the verbs **andare, dare, fare** and **stare** appear to have two forms for the singular imperative **tu**. In fact it is the same form, which can be contracted by dropping the final vowel **i**. This contracted form is particularly common in spoken Italian, while in written Italian it is preferable to use the full form.*

To form the negative imperative:

For the singular **tu** form, use **non** followed by the infinitive of the verb:

Non mangiare tutte queste caramelle! *(Don't eat all these sweets!)*

Non andare a dormire troppo tardi! *(Don't go to sleep too late!)*

For the plural **noi** and **voi** form, use *non* followed by the imperative form:

Non uscite dopo le 10. *(Don't go out after 10. (you plural))*

Non beviamo bevande gassate. *(Let's not drink fizzy drinks.)*

B **Complete your friends' replies to your blog with the correct verb from the box. You will need to put the verb into the correct form of the imperative and use the negative imperative in two cases.**

> ascoltare, andare, dormire, fare, fare, guardare, invitare, leggere, prendere, stare

Ciao amici del blog, oggi mi sento un po' giù di morale, cosa mi consigliate di fare per tirarmi sù?

1 _____ una lunga passeggiata da sola, in un parco e in spiaggia, a me aiuta sempre passeggiare. E mentre passeggi, _____ musica pop.

2 _____ una tua amica a cena, ma mi raccomando, tutte e due: dopo cena _____ film tristi o drammatici alla tv!

3 _____ nessuna decisione, ma _____ a casa e _____ solo quello che vuoi.

4 Tu e le tue amiche, _____ a fare un po' di spese pazze!

5 _____ un bel libro di barzellette!

6 _____ tutto il giorno!

C Read the following sentences and decide if the underlined imperatives are used to express orders (O), instructions (I), requests and invitations (RI) or suggestions (S).

1 Prima di usare il tuo nuovo telefono, <u>carica</u> la pila
  per almeno 6 ore.   O   I   RI   S

2 Ho un'idea: <u>ceniamo</u> presto e poi <u>andiamo</u> al cinema,
  che ne dici?   O   I   RI   S

3 <u>Abbassa</u> il volume della radio, per favore, non
  sento niente.   O   I   RI   S

4 <u>Non bere</u> alcolici, se guidi la macchina.   O   I   RI   S

5 <u>Inserite</u> la chiavetta nel computer e <u>seguite</u>
  le istruzioni.   O   I   RI   S

6 <u>Fai</u> silenzio!   O   I   RI   S

7 <u>Venite</u> a dormire da me, stasera, cosi domani
  possiamo partire prima.   O   I   RI   S

8 <u>Facciamo</u> una bella nuotata prima di tornare a casa.   O   I   RI   S

Imperative with pronouns

When we use the imperative with a pronoun, such as **lo, la, le, li, mi, ti ci, vi, si, gli, gliela, gliele, ci** (meaning: there), **ne** (meaning: [a part] of it/of them, about it), etc., the position of the pronoun changes according to the imperative form it accompanies:

1 with informal imperatives, both singular and plural, all the pronouns are attached to the verbs, at the end:

  Ragazzi, <u>alzatevi</u>, quando entra il preside. *(Boys and girls, stand up when the headteacher comes in.)*

  Luigi, vedi quella bottiglia di olio? <u>Passamela</u>. *(Luigi, do you see that bottle of oil? Give it to me.)*

  Ti piacciono questi orecchini? <u>Comprane</u> due paia, sono in svendita! *(Do you like these earrings? Buy two pairs of them, they are on sale!)*

  Hai parlato con Maria? <u>Dimmi</u>, è vero che si sposa? *(Have you spoken to Maria? Tell me, is it true that she's getting married?)*

*You may have noticed that in the last example the pronoun **mi** doubled its consonant before being attached to the verb. This happens with every pronoun which is attached to the informal imperative of **andare (va!), dare (da!), dire (di!), fare (fa!)** and **stare (sta!).***

2 with the informal negative imperative, both singular and plural, all the pronouns can be positioned either before the verb or attached at the end of the imperative, without any change in meaning:

In caso di scottatura, <u>non vi esponete</u> al sole.

In caso di scottatura, <u>non esponetevi</u> al sole. *(In case of sunburn, do not expose yourself to the sun.)*

Quella medicina è troppo forte, <u>non la prendere</u>.

Quella medicina è troppo forte, <u>non prenderla!</u> *(That medicine is too strong; don't take it!)*

 Did you notice the last example? When we attach any pronouns to the singular informal negative imperative, the imperative loses the last vowel, 'e', before adding the pronoun.

D Put the pronoun in brackets in the correct part of the sentence.

1 Per favore,_____ compra _____ un litro di latte! (mi)

2 Ragazze,_____ non _____ applicate troppa crema abbronzante. (vi)

3 Elena va alla festa di Mina,_____ va _____ anche tu, ti divertirai! (ci)

4 _____ scusa _____, sono due bambini un po' troppo vivaci! (li)

5 Per favore, domani mattina _____ non alziamo _____ troppo presto! (ci)

6 C'è ancora quella buonissima torta al caffè? _____ taglia_____ una fetta. (me ne)

7 Eleonora e Fabio, vostra mamma ha telefonato circa un'ora fa. _____ mandate _____ un sms per tranquillizzarla! (le)

Vocabulary

Stati d'animo

E **Match the Italian adjectives which express state of mind with their English equivalent.**

allegro	*indifferent*
ansioso	*angry*
arrabbiato	*disappointed*
commosso	*happy*
contento	*brave*
coraggioso	*joyful*
deluso	*relaxed*
felice	*anxious*
impaurito	*emotional*
indifferente	*sad*
infelice	*satisfied*
rilassato	*scared*
soddisfatto	*unhappy*
triste	*cheerful*

F **Put the adjectives in Activity E into pairs so that they express opposite feelings. Use the example to help you.**

allegro	*triste*

G **Choose the adjective which best completes the sentences.**

1 I miei vicini di casa sono persone piuttosto *ansiose / allegre*, spesso li sento ridere insieme.

2 Certo, non sono davvero una persona *impaurita / coraggiosa*, ma non sono neanche un vigliacco.

3 Da quando si sono sposati, purtroppo, sembrano ancora più *infelici / felici*.

4 La notizia della morte del suo vecchio professore lo ha lasciato *deluso / indifferente*.

5 Marisa è molto *soddisfatta / commossa* dei risultati che ha ottenuto nell'ultimo esame di linguistica.

6 Paolo diventa sempre molto *arrabbiato / ansioso* quando deve andare ad una festa dove non conosce nessuno, a causa del suo carattere timido.

7 Non li ho mai visti così *impauriti / rilassati* come quando sono andati a vedere l'ultimo film horror di Dario Argento.

8 Sembri molto più *triste / rilassato* da quando sei tornato dalle vacanze, di certo ti sei riposato molto!

9 Luca è rimasto abbastanza *deluso / arrabbiato* dalla mostra sul Futurismo, era più superficiale di come si aspettava.

 Reading

H **Read the text, then answer this question in Italian: what are the symptoms associated with depression?**

> 'Mi sento giù, non ho voglia di uscire, né di vedere gli amici. Rimango da solo in casa, a guardare la tv mentre mangio di tutto, dalla patatine ai popcorn, da barattoli pieni di gelato a intere barrette di cioccolato.' Quante volte ci è capitato di sentirci così, e di non avere la voglia o la forza di uscire da questo stato di indifferenza e apatia? Spesso si tratta solo di uno stato d'animo breve e passeggero, ma a volte può indicare una patologia clinica più grave: la depressione.

I **Now read the rest of the text and answer the questions that follow in Italian.**

> La depressione è una vera e propria malattia che interessa circa 15 milioni di italiani, prevalentemente tra i 25 e i 44 anni di età, con una proporzione maggiore nelle donne rispetto agli uomini. Nella maggior parte dei casi, il paziente ha una predisposizione genetica alla malattia, che però si manifesta in genere solo dopo un evento traumatico o comunque percepito come negativo. Episodi depressivi possono durare anche diversi giorni, e spesso ritornano anche molto frequentemente. È difficile guarire definitivamente da questa malattia, ma oggi ci sono cure e terapie molto efficaci, che possono aiutare ad uscire da episodi di depressione e ad evitarne il ritorno. Ecco di seguito alcuni suggerimenti per aiutarvi ad affrontare questi stati depressivi:

Imparate a riconoscere dai sintomi l'arrivo della depressione, non fatevi trovare impreparati.

Individuate le cause della vostra depressione, magari con l'aiuto di un terapista.

Non vergognatevi di rivolgervi ad un terapista o ad uno psicologo, o a centri specializzati.

Siate attenti al vostro stile di vita, perché lo stress è un fattore importante di rischio.

Cercate, quindi, di diminuire le situazioni di stress sia al lavoro che nella vita privata, o usate tecniche antistress per minimizzarlo.

Non abbiate paura di fare uso dei farmaci antidepressivi, quando vivete un episodio particolarmente grave, ma seguite sempre le istruzioni del vostro medico, per evitare di prenderne dosi troppo forti e di diventarne dipendenti.

Fate attività fisica, non molto faticosa, ma in modo costante: fate tutti i giorni una passeggiata all'aperto, occupatevi di giardinaggio, trascorrete un paio di ore al parco in compagnia di un amico o un familiare.

V	
predisposizione genetica	*genetic predisposition*
percepito	*felt/perceived*
durare	*to last*
farmaco	*medicine*
grave	*serious*
dipendenti	*addicted*

1 In termini di età e sesso, chi è particolarmente colpito dalla depressione?

_____

2 Perché non tutti si ammalano di depressione?

_____

3 Per che cosa le cure e le terapie che esistono oggi sono efficaci?

_____

4 Perché bisogna stare attenti allo stile di vita?

_____

5 Quando e in che modo bisogna fare uso dei farmaci anti-depressivi?

_____

6 Che tipi di attività fisica sono suggeriti nel testo?

_____

 J **For some extra practice, why not try the following? Highlight all the verbs used in the imperative in the text in Activity I and identify whether they are in the singular or plural form. Then change them to the other form (singular if they are in the plural form, plural if they are in the singular).**

Vocabulary

K **Choose the odd one out.**

1 apatia / depressione / indifferenza / stato d'animo

2 medico / paziente / psicologo / terapista

3 manifestarsi / meravigliarsi / mostrarsi / rivelarsi

4 dannoso / efficace / funzionante / utile

5 difficile / faticosa / stancante / vivace

6 pentimento / sentimento / stato d'animo / umore

L **Choose the correct definition for the expression in italics.**

1 _Mi sento giù_ e non me la sento di andare al cinema stasera.

   a sono triste

   b sono senza soldi

   c sono basso

2 Si sono trovati in difficoltà economiche e sono dovuti andare a vivere con i genitori di lei. Ma è stata una situazione _passeggera_ ed ora sono tornati a casa loro.

   a che non passa mai

   b leggera

   c temporanea

3 A Marco piacciono molto la matematica e la fisica, ha sempre avuto _predisposizione_ per questo tipo di materie.

   a successo

   b inclinazione

   c avversione

4 Appena ho iniziato a sentirmi poco bene, sono andata dal dottore, ma lui *ha minimizzato* la situazione e mi ha mandato a casa senza neanche visitarmi.

    a ha esagerato

    b ha sminuito

    c ha evitato

5 Per mia mamma, *occuparsi* di mia figlia è stata un'attività molto stimolante.

    a prendere il posto

    b interessarsi

    c avere cura

M **Identify the nouns or adjectives in the list below which add 'in-' to create their opposite. Then write it out, like in the example.**

1 opportuno   *inopportuno*

2 depressivo

3 preparato

4 differenza

5 stress

6 dipendente

7 efficace

 Imagine you are planning a holiday to Italy. Search online for information in Italian on common health problems, so that you are able to explain your symptoms to the local pharmacist, should you feel ill during your holiday.

 Writing

N **A friend has written you an email. He/she isn't feeling well: they are always tired, grumpy and not sleeping well. Write a reply giving some suggestions to help with these problems. Write between 80 and 100 words.**

From:	
To:	
Subject:	

More and more people seem to post comments online in response to people wanting advice on how to improve their health or state of mind. To help you with the writing task, look for some of this information online. Remember to look for pages written in Italian so that you find the vocabulary needed for the task. Try typing these phrases into your search engine: **non dormo bene; segni di stanchezza; disturbi da stress.**

Self-check

Tick the box which matches your level of confidence.

    1 = very confident   2 = needs more practice   3 = not confident

Barra la casella che corrisponde al tuo livello di conoscenza e sicurezza.

    1 = molto sicuro   2 = ho bisogno di più pratica   3 = non affatto sicuro

	1	2	3
Can express orders, requests, invitations and suggestions using the informal imperative (CEFR B1)			
Can use the imperative with pronouns (CEFR B1/B2)			
Can ask for informal advice (CEFR B1)			
Can describe states of mind and provide advice (CEFR B1/B2)			
Can discuss health advice (CEFR B1/B2)			

*For more information on the informal imperative, refer to *Complete Italian,* Units 14 (for the plural forms noi and voi) and 23.

18 In caso di emergenza, vada al pronto soccorso

In an emergency, go to A&E

In this unit we will learn how to:

- use the formal imperative
- talk about personal health and safety

CEFR: Can express requests, invitations and instructions using the formal imperative (B1); Can use the negative imperative (B1); Can use the imperative with pronouns (B1/B2); Can understand health risks and advice (B2)

si rivolga

non guardi

non esca

parli **legga** scusi

ascolti mangi prenda

senta faccia **stia**

vada mi aspetti

non segua

si riguardi

Meaning and usage

The formal imperative is a verb form which is used in formal situations.

1 To give advice:

In caso di emergenza, <u>vada</u> al pronto soccorso. *(In an emergency, go to A&E.)*

Per arrivare al Colosseo, <u>prenda</u> l'autobus: è piuttosto lontano. *(To get to the Colosseum, take the bus; it is rather far.)*

2 To give instructions:

<u>Spalmi</u> la crema sulla scottatura due volte al giorno, ad intervalli regolari. *(Rub the cream on the burn twice a day, at regular intervals.)*

<u>Legga</u> attentamente il foglietto illustrativo. *(Read the instruction leaflet carefully.)*

3 To express a request or an invitation:

Venga dentro, fa più caldo. *(Come inside, it is warmer.)*

Signor Pianni, si sieda pure mentre aspetta. *(Mr Pianni, please, sit down while you wait.)*

When do Italians consider a situation to be formal? As a very general rule, formality is a way to express unfamiliarity with, and respect to, another person. Therefore you are expected to address strangers formally (for example when you ask a passer-by for directions, or when talking to a shop assistant), especially if they are older than you. Any person with authority, including teachers, policemen and doctors, is normally addressed formally, while students and younger people in general tend to approach others more informally, even when they do not know each other.

Form

The formal imperative, like all other formal addresses in Italian, uses the Lei form in the singular and Loro in the plural.

The table below provides you with examples of the regular formal imperative for each group of verbs with the same infinitive ending (**-are**, **-ere** and *the two subgroups with the infinitive ending* **-ire**).

Nowadays, the formal plural form of **Loro** *in the imperative is used very occasionally and limited to a very high level of formality. It has been replaced by the more informal* **voi**.

	-are	**-ere**	**-ire**	
	parlare *(to speak)*	prendere *(to take)*	dormire *(to sleep)*	capire *(to understand)*
Lei *(formal you, singular)*	parl-i	prend-a	dorm-a	cap-isc-a
Loro *(they)*	parl-ino	prend-ano	dorm-ano	cap-isc-ano

While the informal imperative is the same as the present indicative (except for the singular form of verbs that have the infinitive **-are**), *the formal imperative is the same as the present subjunctive. In other words, the ending for the formal imperative is always* **-a**, *except for verbs that have the infinitive* **-are**, *which take the ending* **-i**.

A **Rewrite the following paragraph as a list of instructions, using the formal, singular imperative for each underlined verb. The first one is done for you. Use the example to help you.**

Abbronzarsi senza scottature non è poi così difficile, basta <u>seguire</u> questi consigli utili. Per prima cosa, si deve <u>comprare</u> la crema di protezione solare, che si deve <u>applicare</u> prima di mettersi al sole. Si deve <u>usare</u> una crema adatta alla propria pelle: più la pelle è delicata e più alto deve essere il fattore di protezione. È anche importante <u>leggere</u> bene la descrizione della crema, perché è preferibile che sia resistente all'acqua. I medici dermatologi consigliano, comunque, di <u>mettere</u> di nuovo la crema dopo ogni bagno, e ad intervalli di circa una-due ore. Un altro consiglio utile è di <u>prendere</u> il sole solo per brevi periodi, e magari <u>interrompere</u> l'esposizione con una pausa sotto l'ombrellone. <u>Partire</u> per andare in spiaggia la mattina presto o il pomeriggio dopo le 3 è un altro buon consiglio, per <u>evitare</u> di esporsi durante le ore più calde e in cui i raggi del sole sono più pericolosi.

Segua questi consigli utili

1 _____

2 _____

3 _____

4 _____

5 _____

6 _____

7 _____

8 _____

9 _____

How to form negative formal imperatives; irregular formal imperatives

There are many irregular formal imperatives. These are the same verbs which are irregular in the present subjunctive. Here are a few examples:

	Essere (*to be*)	Avere (*to have*)	Sapere (*to know*)	Andare (*to go*)	Dare (*to give*)	Fare (*to do*)	Stare (*to stay*)	Dire (*to say*)
Lei (*formal you, singular*)	sia	abbia	sappia	vada	dia	faccia	stia	dica
Loro (*they*)	siano	abbiano	sappiano	vadano	diano	facciano	stiano	dicano

Other common verbs with irregular formal imperatives are:

bere (beva!)   potere (possa!)   scegliere (scelga!)   volere (voglia!)

dovere (debba!)   rimanere (rimanga!)   venire (venga!)   uscire (esca!)

To form the negative imperative, in both the singular and plural forms, simply add the negation **non** before the imperative.

Non prenda quella strada, è un vicolo cieco! *(Don't take that road, it is a dead end.)*

Non stiano troppo al sole, rischiano una scottatura. *(Don't stay in the sun for too long, you risk getting sunburnt.)*

Imperative with pronouns

When we use the imperative with a pronoun, such as **lo, la, le, li, mi, ti ci, vi, si, gli, gliele, glielo ci** (meaning: there), **ne** (meaning [a part] of it / of them; about it), etc., the position of the pronoun changes according to the imperative form it accompanies:

1   in the formal imperative, both singular and plural, pronouns are always positioned before the verb:

Dunque, signora Rossi, <u>mi ascolti</u>! *(So, Mrs Rossi, listen to me!)*

La Sardegna è davvero stupenda, <u>ci vadano</u> questa estate. *(Sardinia is really wonderful; go there this summer.)*

2   in the negative formal imperative, both singular and plural, all pronouns are always positioned before the verb but after the negation **non**:

Il caffé le fa male: <u>non ne beva</u> più! *(Coffee is bad for you: don't drink it any more!)*

Signori Dolmati, per favore, <u>non arrivino</u> in ritardo anche questa volta! *(Mr and Mrs Dolmati, please, don't arrive late again this time!)*

B   **Complete the sentences using the formal imperative form of the verb in brackets. Remember to check the position of the pronouns.**

1   Prego, signor Pedrocchi, _____ (accomodarsi) sul lettino.

2   Signor Pedrocchi, _____ (respirare) profondamente.

3   Ora _____ (fare) un respiro profondo.

4   _____ (non parlare).

5   _____ (sedersi) su questa poltrona.

6   _____ (ascoltare - mi) bene.

7   _____ (dire - mi) quante sigarette fuma ogni giorno.

8   _____ (non fumare ne) più di due al giorno.

9   _____ (prendere) anche questi antibiotici per una settimana.

10 Ma mi raccomando, signor Pedrocchi, durante questa settimana _____ (non bere) alcolici!

C **Underline the 10 imperative form verbs in the text. Then put them in the correct column in the table. Use the example to help you.**

Ciao Elena, come stai? Io sono appena tornata dalla mia ultima vacanza, sono stata in Abruzzo, nel Parco Nazionale, per dieci giorni. È bellissimo, <u>vacci</u> anche tu in vacanza, ti divertirai di sicuro. Ma non fare camminate senza l'attrezzatura giusta, altrimenti ti potrebbe capitare, come a me, di avere un incidente.

Mia mamma, che era con me, mi diceva in continuazione: 'Mettiti gli scarponi da montagna anche per piccole camminate, non essere testarda', ma io, testarda davvero come sono, l'ultimo giorno sono andata a fare una passeggiata senza scarponi. E mi sono slogata una caviglia. Il signore che mi ha soccorso me lo ha anche ricordato: 'Segua i consigli di sua madre, la prossima volta, non sia testarda. E non venga più a camminare con queste scarpe leggere.' Non riuscivo proprio a camminare, con la caviglia slogata, e cosi il signore mi ha detto: 'Si appoggi a me, tra cento metri c'è un bar. Telefoni a sua madre e si faccia venire a prendere li.'

Ora ti devo salutare, scrivimi come è andato il tuo ultimo esame.

Ciao.

Carla

Formal singular imperative	Informal negative imperative	Formal negative imperative	Formal imperative with pronoun	Informal imperative with pronouns
				vacci

Vocabulary

Malattie

D **Match the following Italian illnesses with their English equivalent, then put them in the correct column of the table.**

affaticato	*(throat, head, tooth, back) ache*
la bronchite	*fever/temperature*
debole	*cough*
la febbre	*cold*
una infiammazione	*tonsilitis*
una insolazione	*bronchitis*
mal di/male a (gola, testa, denti, schiena)	*sunstroke*
il raffreddore	*burn*
una scottatura	*inflammation*
stanco	*weak*
la tonsillite	*tired*
la tosse	*fatigued*

Avere	Sentirsi

E   Complete the sentences with words from Activity D.

In inverno ho sempre il ₁_____, ho il naso sempre rosso!

È stata una settimana molto impegnata, ed ora Fabio si sente davvero ₂_____.

Mario sta proprio male, pensava addirittura di avere la polmonite, per fortuna è solo ₃_____.

In questi giorni non riesco a vedere bene, ho una ₄_____ al nervo ottico.

Paolo si sente ₅_____ anche se non ha lavorato molto, probabilmente ha un po' di influenza.

La cuoca si è rovesciata addosso una tazza piena di acqua bollente ed ora ha una grossa ₆_____ sul braccio.

Lisa si è fatta male alla ₇_____ trasportando una scatola piena di libri.

Stare troppe ore davanti al computer mi fa venire il mal di ₈_____.

📖 Reading

F   Read the article, then answer this question in Italian: what is the article about?

	Se ne parla da anni, ma ancora per la maggior parte della gente è difficile pensare
	alla propria casa come ad un luogo pieno di rischi e pericoli, causa non solo di
	traumi e lesioni, ma addirittura di incidenti mortali. Eppure, in Italia, quasi un
	quarto di tutti gli incidenti mortali accadono nella tranquillità della propria casa.
	Probabilmente è il senso di sicurezza che si associa a questo luogo a rendere tutti
	meno attenti ai pericoli che vi si trovano. Gli incidenti che avvengono in casa sono di
	tipologie diverse, vanno dall'intossicazione alimentare e non, alle scottature, dai
	tagli ai traumi derivati da urti e cadute.

G Now read the rest of the article and find phrases which mean the same as the statements that follow.

	Non sorprenderà sapere che gli incidenti domestici accadono in proporzioni maggiori tra le donne, probabilmente perché ancora oggi le donne sono le persone che, all'interno della famiglia, trascorrono più ore dedicandosi ai lavori domestici lavori domestici. Altre categorie di persone più facilmente soggette ad incidenti domestici sono gli anziani ed i disabili, per proseguire poi con i bambini.
	La maggior parte degli infortuni domestici sono curabili in pochi giorni, trattandosi di piccole ferite da taglio dovute ad uso di coltelli, oppure traumi o fratture causate da cadute da sedie o scale, od anche ustioni e scottature dovute a pentole, ferri da stiro, acqua bollente, etc.
	In alcuni casi, però, questi incidenti diventano molto più pericolosi e possono causare danni permanenti, se non addirittura la morte. Per questo esistono semplici regole di prevenzione e di pronto soccorso per agire immediatamente: eccone alcune.

	a Eviti di tenere piante tossiche o velenose in casa.
	b Tenga i prodotti per la pulizia della casa ed i medicinali fuori dalla portata dei bambini.
	c In caso di intossicazione, vada al pronto soccorso con informazioni sul prodotto ingerito.
	d Conservi bene i cibi avanzati, in frigorifero e possibilmente in contenitori chiusi.
	e Non salga su sedie o sgabelli che non siano ben fermi e fissi.
	f Faccia attenzione a tappeti e pavimenti scivolosi.
	g Dopo una caduta, applichi del ghiaccio per ridurre l'infiammazione.
	h Non usi apparecchi elettrici vicino a superfici bagnate.
	i Non lasci pentole e cibi liquidi bollenti alla portata dei bambini.
	j In caso di scottatura, immerga la parte del corpo bruciata in acqua.
	k Usi protezioni per evitare la chiusura improvvisa delle porte.
	l Dopo l'uso, riponga sempre in posti sicuri coltelli ed altri oggetti taglienti.
	m In caso di tagli, fermi l'emorragia e la sterilizzi con disinfettante.

incidenti mortali	*fatal accidents*
urti e cadute	*collisions and falls*
piante velenose	*poisonous plants*
soggetti a	*subject, prone to*
fuori dalla portata	*out of reach*
ingerito	*swallowed, ingested*

1 Le donne sono più colpite da incidenti domestici perché lavorano di più nella casa.

_____

2 Non tutti gli incidenti che accadono in casa causano danni permanenti.

_____

3 Questi incidenti domestici possono essere prevenuti seguendo alcune semplici regole.

_____

4 I medicinali non possono essere tenuti in posti dove i bambini possono trovarli.

_____

5 Anche i tappeti possono essere pericolosi e per questo occorre stare attenti.

_____

6 Non bisogna lasciare in giro oggetti taglienti dopo averli usati.

_____

H **Underline all of the verbs used in the imperative in the text in Activity G and any direct object that follows them. Rewrite the instructions, replacing the objects with an appropriate pronoun when applicable. The first one is done as an example: <u>Li tenga</u> fuori dalla portata dei bambini.**

1 _____

2 _____

3 _____

4 _____

5 _____

6 _____

7 _____

8 _____

Vocabulary

I   Match the verbs in the box with their definitions.

> applicare,   conservare,   fermare,   immergere,   riporre

1 Mettere da parte in modo che non si rovini.

2 Mettere qualcosa al posto dove era prima.

3 Mettere dentro un liquido.

4 Mettere fine, interrompere qualcosa.

5 Mettere qualcosa sopra un'altra.

J   Match the verbs with the phrases to form instructions to do with keeping fit.

Eviti	alcolici
Faccia	i cibi troppo grassi
Tenga	sempre l'ascensore
Mangi	in compagnia
Vada	molte passeggiate all'aperto
Si eserciti	sempre con sé una bottiglia di acqua
Non beva	frutta e verdura fresche
Non prenda	spesso in palestra

K   Reorder the words to make sentences.

Piante tossiche:

1 in / letto / le / camera / Non / tenga / da

2 terrazza / metta / in / Le

Coltelle ed oggetti taglienti:

3 bambini / Sono / soprattutto / i / pericolosi / per

4 Li / nel / l' / rimetta / dopo / cassetto / uso

Il Pronto Soccorso:

5 vera / Ci / solo / emergenza / di / vada / casi / in

There are health risks everywhere around us, not only in the home. Look online for health advice in Italian on issues which may be closer to your heart. Type phrases such as the following into your search engine: **lunga esposizione al sole, superare il livello di alcolici raccomandato, non fare abbastanza esercizio fisico.**

 # Writing

L   Imagine you work as a secretary in a hospital. An Italian patient is about to be discharged. The doctor asks you to write him/her a letter with tips for remaining healthy. Write between 90 and 110 words.

 Many Italian online magazines have numerous pages dedicated to health issues. They often provide advice from specialised doctors on a great variety of illnesses. Have a look and don't be put off by the medical jargon. You will find that much of that jargon is very close to English, as in both languages it derives from Latin. Try typing **salute e benessere** *into your search engine.*

Self-check

Tick the box which matches your level of confidence.

1 = very confident   2 = needs more practice   3 = not confident

Barra la casella che corrisponde al tuo livello di conoscenza e sicurezza.

1 = molto sicuro   2 = ho bisogno di più pratica   3 = non affatto sicuro

	1	2	3
Can express requests, invitations and instructions using the formal imperative (CEFR B1)			
Can use the negative imperative (CEFR B1)			
Can use the imperative with pronouns, ci and ne (CEFR B1/B2)			
Can understand health risks and advice (CEFR B2)			

*For more information on the formal imperative, refer to *Complete Italian*, Units 14, 23 (imperative with pronouns) and 24 (irregular form of formal imperative). For more information on the topic of health, refer to *Complete Italian*, Unit 20.

19 Penso di sì
I think so

In this unit we will learn how to:

- use the present and past subjunctive
- express personal opinions

CEFR: Can express subjective opinions (B2); Can express agreement and disagreement (B2); Can use verbs of opinion and impersonal expressions + present and past subjunctive (B2); Can talk about contemporary society: media and technology (B2); Can express a personal opinion on social media (B2)

tecnologia

per me

mi pare che

media

società   **credo**   penso

è importante che ci sia

mi sembra che

non sono d'accordo

secondo me

una bella idea

Meaning and usage

To express an opinion you can use the following expressions with the indicative (the main verb mode covered in this book):

Secondo me/per me/a mio avviso (more formal) + verb (*In my opinion*)

<u>**Secondo me/per me/a mio avviso** non si può più vivere senza la tecnologia.</u> (*In my opinion we can no longer live without technology.*)

You can also use one of a number of verbs of opinion like **penso/credo/suppongo**
(*I think, I believe, I suppose,*) + that + a verb in the subjunctive mode.

> **Penso che non si possa più vivere senza la tecnologia.** *(I think that we can no longer live without technology.)*

> **Credo che oggi la tecnologia sia importantissima per tutti.** *(I think that today technology is very important for everybody.)*

> **Suppongo che la tecnologia sia ormai una componente fondamentale della società contemporanea.** *(I suppose that technology is now a fundamental component of contemporary society.)*

The subjunctive is also used with impersonal expressions such as: **mi sembra che/mi pare che/è importante che/è meglio che/è giusto che/bisogna che**, etc., (*it seems that/it's important that/it's better that/it's right that/one needs to*).

> **Sembra che l'anno scorso si siano venduti più di un miliardo di smartphone.** *(It seems that more than a billion smartphones were sold last year.)*

The **congiuntivo** (*subjunctive*) expresses a lack of certainty or a personal opinion. It is used in a wide range of contexts.

The **congiuntivo presente** (*present subjunctive*) indicates an action that takes place at the same time or after the action of the verb that comes before it.

> **Penso che le mail siano parte della nostra vita.** *(I think that emails are a part of our lives.)*

The **congiuntivo passato** (*past subjunctive*) indicates an action that took place before the action of the main verb or previous verb.

> **Penso che le mail siano diventate una parte della nostra vita.** *(I think that emails have become a part of our lives.)*

Form

	Parl-are	**Chiud-ere**	**Apr-ire**
io (*I*)	parl-i	-a	-a
tu (*you, singular*)	-i	-a	-a
lui/lei/Lei (*he/she/ formal you, singular*)	-i	-a	-a
noi (*we*)	-iamo	-iamo	-iamo
voi (*you, plural*)	-iate	-iate	-iate
loro (*they*)	-ino	-ano	-ano

Avere and **essere** are irregular:

	Essere	Avere
io (*I*)	sia	abbia
tu (*you, singular*)	sia	abbia
lui/lei/Lei (*he/she/formal you, singular*)	sia	abbia
noi (*we*)	siamo	abbiamo
voi (*you, plural*)	siate	abbiate
loro (*they*)	siano	abbiano

There are a number of irregular verbs in this tense. You'll already be familiar with the changes in the first part of these verbs. Here are some examples:

	And-are (*to go*)	Cap-ire (*to understand*)	Dare (*to give*)
io (*I*)	**vad**-a	**capisc**-a	**di**-a
tu (*you, singular*)	**vad**-a	**capisc**-a	**di**-a
lui/lei/Lei (*he/she/formal you, singular*)	**vad**-a	**capisc**-a	**di**-a
noi (*we*)	**and**-iamo	**cap**-iamo	**di**-iamo
voi (*you, plural*)	**and**-iate	**cap**-iate	**di**-iate
loro (*they*)	**vad**-ano	**capisc**-ano	**di**-ano

	Dire (*to say*)	Dov-ere (*to have to*)	Fare (*to do*)
io (*I*)	**dic**-a	**debb**-a	**facc**-ia
tu (*you, singular*)	**dic**-a	**debb**-a	**facc**-ia
lui/lei/Lei (*he/she/formal you, singular*)	**dic**-a	**debb**-a	**facc**-ia
noi (*we*)	**dic**-iamo	**dobb**-iamo	**facc**-iamo
voi (*you, plural*)	**dic**-iate	**dobb**-iate	**facc**-iate
loro (*they*)	**dic**-ano	**debb**-ano	**facc**-iano

	Pot-ere (*to be able to*)	Riman-ere (*to stay*)	Sap-ere (*to know*)
io (*I*)	**poss**-a	**rimang**-a	**sapp**-ia
tu (*you, singular*)	**poss**-a	**rimang**-a	**sapp**-ia
lui/lei/Lei (*he/she/formal you, singular*)	**poss**-a	**rimang**-a	**sapp**-ia
noi (*we*)	**poss**-iamo	**riman**-iamo	**sapp**-iamo
voi (*you, plural*)	**poss**-iate	**riman**-iate	**sapp**-iate
loro (*they*)	**poss**-ano	**rimang**-ano	**sapp**-iano

	St-are (*to stay*)	Usc-ire (*to go out*)	Ven-ire (*to come*)
io (*I*)	**st**-ia	**esc**-a	**veng**-a
tu (*you, singular*)	**st**-ia	**esc**-a	**veng**-a
lui/lei/Lei (*he/she/ formal you, singular*)	**st**-ia	**esc**-a	**veng**-a
noi (*we*)	**st**-iamo	**usc**-iamo	**ven**-iamo
voi (*you, plural*)	**st**-iate	**usc**-iate	**ven**-iate
loro (*they*)	**st**-iano	**esc**-ano	**veng**-ano

	Vol-ere (*to want*)
io (*I*)	**vogl**-ia
tu (*you, singular*)	**vogl**-ia
lui/lei/Lei (*he/she/formal you, singular*)	**vogl**-ia
noi (*we*)	**vogl**-iamo
voi (*you, plural*)	**vogl**-iate
loro (*they*)	**vogl**-iano

A **Choose the correct subjunctive verb for each sentence.**

1 Spero che voi *esca / usciate / usciamo* un po' più spesso l'anno prossimo.

2 A che ora pensi che *escano / uscite / usciamo* i bambini da scuola in Italia?

3 Non penso che Laura *vengano / venga / veniamo* con noi in Italia quest'estate.

4 Cosa vuoi che *dicano / dite / dica*? Sono rimasta senza parole.

5 Non mi pare proprio che Leo *possano / possa / possiate* passare l'esame. Non è abbastanza preparato.

6 È probabile che un giorno anche tu *capiscano / capiamo / capisca* il mio punto di vista.

Form

The **congiuntivo passato** *past subjunctive* is made up of the present subjunctive of **essere** (*to be*) or **avere** (*to have*) plus the past participle of the verb (-**ato**/-**uto**/-**ito** or irregular forms). Here are two examples:

	Andare	Capire
io (*I*)	sia andato/a	abbia capito
tu (*you, singular*)	sia andato/a	abbia capito
lui/lei/Lei (*he/she/formal you, singular*)	sia andato/a	abbia capito
noi (*we*)	siamo andati/e	abbiamo capito
voi (*you, plural*)	siate andati/e	abbiate capito
loro (*they*)	siano andati/e	abbiano capito

Penso che le ultime statistiche abbiano rivelato che il 50% degli italiani utilizza uno smartphone. *(I think that the latest statistics revealed that 50% of Italians use a smartphone.)*

Sembra che si siano incontrati sui social due anni fa. *(It seems that they met on social media two years ago.)*

> The subjunctive is characteristic of personal expression and therefore will allow you a great, varied and interesting range of meaning. However, you'll find that speakers in very informal spoken Italian contexts will at times do without it.

B Complete the sentences using the verbs in the box.

> abbia,   abbia aggiornato,   ci siano,
> abbiano cominciato,   sia,   siano,
> abbia deciso,   si preoccupino

1 Pare che ultimamente su Facebook™ _____ tantissimi filmati.

2 Pensano che le stampanti 3D _____ la novità tecnologica che cambierà il mondo.

3 Credo che Twitter™ _____ 9 o 10 anni.

4 È giusto che gli utenti di internet _____ della loro privacy.

5 È importante che tu _____ la tua bacheca su Facebook™.

6 Pare che gli anziani _____ a frequentare i social media anche in Italia.

7 Suppongo che _____ meglio non portare lo smartphone in spiaggia quando si è in vacanza.

8 Anna non crede che tu _____ di smettere di usare Instagram™.

C Complete the sentences using the present or past subjunctive.

1 È meglio che (prendersi/tu) _____ un cellulare nuovo, questo non ha neanche la fotocamera.

2 Non c'è nessuno. Penso che (decidere/loro) _____ di non venire all'appuntamento.

3 Pensi che (partire/loro) _____ già _____? Adesso gli mando un sms.

4 Mi sembra che non (arrivare/loro) _____ ancora _____, sennò mi avrebbero già mandato un sms.

5 Suppongo che alla gente (piacere) _____ passare il tempo a aggiornarsi il profilo su Facebook™.

6 Non credo che ieri Carla (lavorare) _____ in ufficio.

7 È importante che tu (assicurare) _____ il cellulare, soprattutto se sei distratto e lo perdi.

8 Quante volte ti sembra che l' (contattare/noi) _____ settimana scorsa? Non ha mai risposto!

D Choose the correct verb.

1 Penso che le *abbiano offerto / offrirono / offra* uno stage presso Twitter™ in Italia.

2 Mi pare che lei però non *accetti / accetto / abbia accettato* perché non vuole trasferirsi a Milano per lavoro.

3 È possibile che lei *partecipi / abbia partecipato / partecipate* alle selezioni che faranno l'anno prossimo.

4 Credo che anche tu *avere / abbia / hai* buone possibilità di venir selezionato per lo stage presso Twitter™.

5 Purtroppo penso che *ci sono / c'erano / ci siano* molti candidati preparati.

6 Il mio capo ritiene che in questo settore *c'è stato / ci sarà / ci sia stata* sempre molta concorrenza.

7 Credo che gli altri candidati *inviino / inviano / inviare* progetti molto complessi prima della selezione.

8 Per partecipare è indispensabile che tu *abbia avuto / abbia / ha* un account Twitter™ personale.

E Fill in the missing verb forms in the table.

	Invi-are	Iscri-vere	Apri-ire
io (*I*)	invii		
tu (*you, singular*)		iscriva	
lui/lei/Lei (*he/she/ formal you, singular*)			apra
noi (*we*)	inviamo		apriamo
voi (*you, plural*)		iscriviate	apriate
loro (*they*)	inviino	iscrivano	

F Make sentences using the present subjunctive. Use the example to help you.

Lucia passa troppo tempo su internet. **Credo che** *Lucia* **passi** *troppo tempo su internet.*

1 Leggiamo insieme le istruzioni. **È meglio che** _____

_____

2 Carlo vuole aprire un negozio online. **Penso che** _____

_____

3 Per risparmiare, impara a usare le app gratuite. Per risparmiare, **è importante che** _____

_____

4 Guardiamo il tutorial online per vedere come usare questo apparecchio. **Bisogna che** _____

_____

5 Oltre il 90% dei giovani italiani sono connessi. **Pare che** _____

_____

6 Twitter™ ha un filtro per prevenire gli abusi online. **È meglio che** _____

_____

7 Le auto senza conducente diventano realtà. **È possibile che** _____

_____

Vocabulary

G Look for the words below in the wordsearch.

> cellulare   chattare   telefonare   sms
> email   navigare   biometrica   dispositivo

M	O	N	M	T	A	T	O	Z	S	O	Z	P	R	V
R	U	A	O	U	P	A	O	M	L	U	O	A	R	D
Z	P	I	T	R	P	C	U	N	P	A	M	U	A	I
O	C	H	A	T	T	A	R	E	C	K	A	C	L	S
P	B	L	R	S	C	T	T	I	A	B	S	C	E	P
R	U	R	E	D	E	D	R	S	P	O	S	M	R	O
T	T	Q	D	D	L	T	N	O	N	U	A	B	A	S
C	E	N	I	E	E	A	U	N	B	I	I	C	N	I
G	L	O	R	M	U	E	C	A	L	L	R	C	O	T
G	E	S	O	I	G	I	A	V	Q	A	T	C	F	I
N	F	I	C	G	A	R	C	I	N	A	O	A	E	V
A	B	N	A	K	R	X	A	G	H	S	T	Q	L	O
G	N	S	R	U	E	M	A	A	L	M	I	Z	E	W
O	E	V	C	I	G	O	C	R	T	S	A	E	T	T
C	E	L	L	U	L	A	R	E	V	S	V	T	U	V

H Match the words with their definitions.

cellulare	un messaggio su un'applicazione per smartphone
chattare	visitare e sfogliare siti
telefonare	meccanismo o congegno
sms	chiamare
email	un messaggio breve su cellulare
messaggio whatsapp	settore della biologia che misura dati rilevanti relativi ai tratti umani
navigare	un telefono mobile
biometrica	un programma che ricerca parole chiave
dispositivo	una lettera elettronica
motore di ricerca	chiacchierare online

 # Reading

I Read the beginning of this text. Did you know this fact already?

> Più cellulari che abitanti, e 20 milioni su Facebook™. Sembra proprio che il rapporto degli italiani con la tecnologia e i social media sia all'insegna dell'amore e della passione.

J Now read the rest of the text and decide if the following statements are *true* vero or *false* falso.

> Indagini e sondaggi recenti rivelano che gli italiani sono molto attenti e curiosi rispetto alle novità tecnologiche. Oltre l'80% possiede uno smartphone, e pare che circa la metà del campione intervistato trascorra in media quasi cinque ore online ogni giorno. Ma ciò che è davvero sorprendente è che almeno il 97% degli italiani abbia accesso ad un dispositivo digitale nella propria quotidianità.

Un altro dato interessante riguarda la tecnologia indossabile: pare infatti che gli utenti italiani siano decisamente interessati a saperne di più sul wearable, soprattutto perché ritengono che sia un modo per raccogliere informazioni su salute e benessere personale.

Il mondo dei social in Italia è ampiamente popolato e frequentato. Si è detto che si trascorrono in media circa cinque ore online. Bene, di queste sembra che due siano dedicate quasi esclusivamente all'uso dei social network, grazie alla diffusione dei device (dispositivi) mobili. Secondo gli indici relativi all'Italia, la maggioranza degli utenti di social network italiani carica fotografie o interagisce con i contenuti postati da altri. Approssimativamente 4 milioni di italiani utilizzano Instagram™, dove il 58% dei contenuti condivisi quotidianamente sono autoritratti fotografici, i cosidetti selfie.

Insomma, è importante sottolineare che la tendenza a utilizzare i social media per socializzare e tenersi in contatto con gli altri sembra convivere con la tendenza opposta, cioè quella a passare molto tempo da soli, in quella che viene definita dalle ricerche 'una solitudine narcisistica'.

Infatti, se il 60% degli intervistati, che non sono italiani di mezza età, ma giovani, i cosidetti 'nativi digitali', pensa che la tecnologia semplifichi decisamente la vita, la stessa percentuale ritiene anche che essa ci renda meno umani, meno socievoli e disponibili, e più narcisisti. Sembra dunque che l'amore per la tecnologia sia alquanto contrastato, e che si abbia la sensazione che dispositivi e internet siano forse troppo presenti nella vita di tutti.

la quotidianità	daily life
il campione	the sample
gli utenti	users
frequentato	visited
la maggioranza	the majority
la tendenza opposta	the opposite trend
socievoli	sociable

1 La maggioranza degli italiani passa solo un paio
   d'ore al giorno su internet.   V   F

2 Quasi il 100% degli italiani utilizza dispositivi mobili ogni giorno.   V   F

3 Pare che gli italiani non siano curiosi rispetto alle nuove
   tecnologie indossabili.   V   F

4 Sembra che gli utenti di social carichino soprattutto foto e commenti. V   F

5 I selfie sono autoritratti fotografici.   V   F

6 Gli italiani soffrono di 'solitudine narcisistica'.   V   F

7 Il 60% dei nativi digitali pensa che le nuove tecnologie
   arricchiscano la nostra umanità e la nostra abilità di socializzare.   V   F

8 Gli italiani provano un sentimento di amore ed odio nei
   confronti della tecnologia.   V   F

K **Look at the use of the subjunctive in the text. Could you say the same thing in a different way, by replacing verbs of opinion and impersonal phrases with statements?**

Vocabulary

L **Complete the sentences with the correct word from the box.**

> commenti,   telefono,   sharing economy,   accedere,   servizi,
> app,   sistema,   condividere,   intelligente,   registrarsi

Una nuova ₁_____, nata in California, che permette di ₂_____passaggi su scooter
tra persone che non si conoscono approda a Roma. Ma come funziona? Praticamente si
prenota con una app sul ₃_____ (Android o IOS) e il ₄_____ stesso abbina le
coordinate del passeggero e quelle del potenziale autista. Un'ottima idea che realizza l'idea
di ₅_____e che offre una soluzione ₆_____al problema del traffico e del trasporto
pubblico sovraffollato, e talvolta poco affidabile. Il passeggero e l'autista condividono le
spese e l'app non ha come obiettivo il profitto. Alla fine del viaggio tutti e due lasciano dei
₇_____, per garantire la sicurezza del servizio. Il modello è quello delle altre compagnie
che organizzano incontri e scambi di ₈_____ (alloggio, auto) tra sconosciuti. Per
₉_____ al servizio bisogna ₁₀_____ ed è necessaria una carta di credito.

M Match the questions (domande) with the answers (risposte).

Domande

   1 Sei d'accordo che i social media promuovono la solitudine?

   2 Che cosa pensi della tecnologia indossabile?

   3 Secondo te, è importante proteggere i dati personali online?

   4 Quale pensi che sia stata la più grande innovazione tecnologica del secolo?

   5 Che cosa si può fare per promuovere l'utilizzo responsabile delle nuove tecnologie?

   6 Non è sorprendente che anche gli anziani usino i social media?

   7 Sei d'accordo che gli smartphone siano ancora un po' troppo cari in Italia?

   8 Quanto tempo pensi che si debba passare online al giorno?

Risposte

   a Sì, sono un ottimo strumento per combattere l'isolamento.

   b Penso che sia soltanto una moda passeggera.

   c Penso che sia necessario educare le nuove generazioni al rispetto reciproco online.

   d Credo che sia stata internet.

   e Non penso che si debbano superare le 2 ore giornaliere.

   f Sì, penso che lo siano, soprattutto quelli di alcune marche.

   g No, non sono d'accordo sul fatto che promuovano la solitudine.

   h Sì, penso che sia fondamentale tutelare la privacy.

As you've seen, many English terms are used in the area of technology, but sometimes you'll also find an Italian equivalent which sounds just as good.

Writing

N Write a blog post expressing your personal opinion of social media. Write between 50 and 80 words in Italian.

Daily Blog

 Most online newspapers have interesting technology sections that you can check to keep up to date with what goes on in Italy. Try typing **scienza e tecnologia** *into your search engine.*

Self-check

Tick the box which matches your level of confidence.

1 = very confident   2 = needs more practice   3 = not confident

Barra la casella che corrisponde al tuo livello di conoscenza e sicurezza.

1 = molto sicuro   2 = ho bisogno di più pratica   3 = non affatto sicuro

	1	2	3
Can express subjective opinions (CEFR B2)			
Can express agreement and disagreement (CEFR B2)			
Can use verbs of opinion and impersonal expressions + present and past subjunctive (CEFR B2)			
Can talk about contemporary society: media and technology (CEFR B2)			
Can express a personal opinion on social media (CEFR B2)			

20 Vorrei parlarti
I'd like to tell you about…

In this unit we will learn how to:

- ✓ use the present conditional
- ✓ give advice/ask politely/report unverified facts

CEFR: Can ask politely; saying what you would like to do (A2); Can give advice on personal issues (B2); Can use the present conditional (B2); Can talk about contemporary society: friendship and relationships (B2); Can report unverified facts (B2)

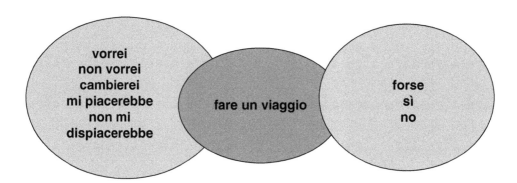

vorrei
non vorrei
cambierei
mi piacerebbe
non mi dispiacerebbe

fare un viaggio

forse
sì
no

Meaning and usage

You can use the **condizionale** presente (present conditional) to:

1. ask for something politely:

   Vorrei un caffè e una brioche al miele, per favore. *(I'd like a coffee and a honey brioche, please.)*

   Vorrei un paio di jeans. Che marche vendete? *(I'd like a pair of jeans. What brands do you sell?)*

2. say that you would like to do something:

   Vorrei fare il giro del mondo dopo la laurea. *(I'd like to go on a round the world trip after graduating.)*

   Non ti piacerebbe cambiare lavoro? No, preferirei fare carriera qui. *(Wouldn't you like to change jobs? No, I'd prefer to make a career here.)*

3. ask for and give advice:

   Che cosa faresti al posto mio? *(What would you do in my place?)*

Gli chiederei scusa e cercherei di rimanere amici. *(I'd apologise and try to stay friends.)*

Dovresti chiedergli scusa e cercare di rimanere amici. *(You should apologise and try to stay friends.)*

4 formulate a hypothesis:

In Italia non avrei assolutamente problemi a fare nuove amicizie, mentre qui a volte è problematico. *(In Italy I wouldn't have a problem making new friends, whereas here it can be problematic.)*

5 report a fact that hasn't been verified by the speaker – this is typical of journalistic style:

I due famosi attori non vivrebbero più insieme da tempo e starebbero pensando al divorzio. *(The two famous actors [apparently] haven't lived together for some time and are thinking about divorce.)*

Form

	Lasci-are	Decid-ere	Gest-ire
io (*I*)	lasc-erei	decid-erei	gest-irei
tu (*you, singular*)	lasc-eresti	decid-eresti	gest-iresti
lui/lei/Lei (*he/she/ formal you, singular*)	lasc-erebbe	decid-erebbe	gest-irebbe
noi (*we*)	lasc-eremmo	decid-eremmo	gest-iremmo
voi (*you, plural*)	lasc-ereste	decid-ereste	gest-ireste
loro (*they*)	lasc-erebbero	decid-erebbero	gest-irebbero

As you've seen above with lasciare, verbs ending in **-ciare** and **-giare** in the infinitive form drop the 'i':

Io lascerei, io parcheggerei

Verbs ending in **-care** and **-gare** add an 'h':

io mancherei, io negherei

Avere and **essere** are irregular:

	Essere	Avere
io (*I*)	sarei	avrei
tu (*you, singular*)	saresti	avresti
lui/lei/Lei (*he/she/formal you, singular*)	sarebbe	avrebbe
noi (*we*)	saremmo	avremmo
voi (*you, plural*)	sareste	avreste
loro (*they*)	sarebbero	avrebbero

There are a number of irregular verbs in this tense. These verbs are irregular in the future tense too. You will already be familiar with the changes in the first part of these verbs. Here are some examples:

	And-are (*to go*)	Dov-ere (*to have to*)	Vol-ere (*to want to*)
io (*I*)	and-rei	dov-rei	vor-rei
tu (*you, singular*)	and-resti	dov-resti	vor-resti
lui/lei/Lei (*he/she/ formal you, singular*)	and-rebbe	dov-rebbe	vor-rebbe
noi (*we*)	and-remmo	dov-remmo	vor-remmo
voi (*you, plural*)	and-reste	dov-reste	vor-reste
loro (*they*)	and-rebbero	dov-rebbero	vor-rebbero

A Here are some more irregular verbs. Form them using the pattern in the table above.

1 potere

2 fare

3 rimanere

4 tenere

5 sapere

6 vivere

7 vedere

The conditional has a wide range of uses and can take you from simple contexts to more complex ones. As regards giving advice, it's a softer and more diplomatic option than the imperative.

B Choose the correct verb.

1 Tu che cosa *farebbe / fareste / faresti* al mio posto?

2 Non mi *piacerebbero / piacerebbe / piacerà* perdere i miei vecchi amici.

3 Non *andreste / andrete / andrei* anche voi in vacanza in Australia con John?

4 *Sarà / sarebbe / saremo* meglio cercare di fare la pace, invece di continuare a litigare.

5 Anna *andrai / andrei / andrebbe* a vivere con il suo ragazzo, ma i suoi genitori non vogliono.

6 Che caldo! *Accenderai / accenderei / accendo* subito l'aria condizionata, ma non so come si fa.

7 Nino e Lella *cambiarono / cambiato / cambierebbero* tutti i mobili della cucina, ma non hanno abbastanza soldi.

8 Ti *chiameremmo / chiamano / chiama* quando partiamo, ma non abbiamo il tuo numero di cellulare.

C **What would you do in the following situations? Make sentences using the present conditional. Use the example to help you.**

Fa molto caldo. Torni a casa a piedi dal lavoro. ==> Mi farei una bella doccia fredda.

1 Hai appena perso l'ultimo autobus.

_____

2 Hai dei vicini molto rumorosi.

_____

3 Tua figlia ha perso il cane al parco.

_____

4 Hai ospiti e hai appena bruciato la cena.

_____

5 Non hai passato l'ultimo esame all'università.

_____

6 Ti hanno invitato ad una festa ma non conosci nessuno. _____

7 Vuoi fare una festa a sorpresa ad una vecchia amica. _____

8 Un vecchio compagno di scuola con cui avevi litigato ti manda un messaggio sui social media per rimettersi in contatto con te. _____

D **Complete the text below using the present conditional form of the verb in brackets.**

Sara è a Milano già da qualche mese e non conosce ancora quasi nessuno. Come (potere) ₁_____ fare nuove amicizie in questa grande città? Le (interessare) ₂_____ soprattutto fare delle amicizie femminili. (Volere) ₃_____ incontrare delle donne più o meno della sua età (31 anni) che abitino nella stessa zona della città. Insieme (andare/loro) ₄_____ in palestra o qualche volta a correre al parco, (frequentare) ₅_____ un corso di lingue o di cucina, magari (iscriversi) ₆_____ a un cineforum (*cineclub) e (potere) ₇_____ anche uscire a ballare o a bere qualcosa durante il fine settimana. Così Sara sicuramente (sentirsi) ₈_____ meno sola, e non le (mancare) ₉_____ così tanto la piccola città di mare dove lavorava prima, e dove era stato facilissimo fare nuove amicizie.

E **Turn the text into a journalistic report by putting the underlined verbs into the present conditional form. Use the example to help you.**

È possibile essere veramente amici in un'epoca in cui molti rapporti interpersonali sono principalmente virtuali?

Alcuni esperti sostengono che le nuove tecnologie ₁*cambiano – CAMBIEREBBERO* solo in parte l'interazione, specialmente tra i giovani. Infatti, i giovani ₂*si ritrovano* comunque tra amici e ₃*parlano* e ₄*si divertono* ancora molto spesso dal vivo. Inoltre, i veri valori dell'amicizia, come l'affetto e la lealtà, ₅*rimangono* sostanzialmente invariati.

Altri psicologi sostengono al contrario che le nuove tecnologie ₆*modificano* il tono e anche il contenuto della comunicazione interpersonale, al punto tale che tutti, giovani e meno giovani, ₇*stiamo* perdendo il senso della voce umana.

Tuttavia, $_8$*è ormai* dimostrato che i social network $_9$*permettono* di formare amicizie significative a adolescenti ansiosi e timidi, che $_{10}$*si sentono* più a loro agio e meno sotto pressione in un ambiente virtuale.

F   Put the advice into the conditional form. Use the example to help you.

Devi deciderti a perdonarlo. DOVRESTI DECIDERTI A PERDONARLO.

1   Non intrometterti.

2   Convinciti che l'amicizia tra uomo e donna è impossibile.

3   Devi riconoscere che i conflitti sono una parte integrante dell'amicizia.

4   Chiamalo subito.

5   Parlane con lei, e cerca di accettare i suoi nuovi amici.

6   Deve cercare di uscire di più.

7   Cerca di trovarlo perché è importante.

8   Dagli un'altra possibilità.

G   Match the pieces of advice in the conditional you made in Activity F above with the sentences below. Use the example to help you.

Non riesco più a avere fiducia in lui. *Dovresti deciderti a perdonarlo.*

1   Non lo vedo più da 2 giorni.

2   Le mie due amiche d'infanzia hanno litigato e non so cosa fare.

3   Il mio ex ha cercato di contattarmi online.

4   Non ho mai tempo per uscire da sola con il mio ragazzo.

5   Anna è triste perché non trova nessuno con cui parlare.

6   Vorrei che io e Edo restassimo amici.

7   Sono gelosa dei nuovi amici della mia ragazza.

8   Non sopporto di litigare con i miei amici.

Vocabulary

H   Reorder the sentences.

1   donne/ideale/delle/partner/un/coetaneo/Il/è/loro

2   una/più/preferirebbero/giovane/Gli/donna/uomini/invece

3   18-30/e/compagno/d'età/divertente/la/fascia/il/anni/romantico/Per/ideale/è

4   sia/Il/importante/donne/compagno/Per/non/le/è/che/bello

5   simpatica/La/ideale/italiani/dinamica/gli/per/donna/intelligente/sarebbe

6   Che/rende/cosa/secondo/uomo/un/donne/affascinante/le/italiane?

I **Complete the crossword using Activity H to help you. You'll end up with a list of words to describe an ideal partner.**

Vertical

    1 sinonimo di seducente

    2 con il senso dell'umorismo

    3 persona a cui piace stare con gli altri

    5 di mente vivace

Horizontal

    4 che pensa agli altri

    6 sentimentale

    7 italiano per partner

    8 di bell'aspetto

J **Now find the opposites of the words in the crossword. Use a dictionary to help you.**

Reading

K Read the beginning of this text, then answer this question in Italian. What problem is Laura having?

> Sto con il mio ragazzo da sei anni e avevamo veramente una bella storia, almeno fino a quando si è trasferito temporaneamente in un' altra città per lavoro. Un'ottima opportunità per la sua carriera, ma forse un passo falso per il nostro rapporto. Infatti, da quando è tornato da questa trasferta, niente è più come prima.

L Now read the rest of the article and answer the questions that follow it.

> Si comporta in modo strano: si porta sempre dietro il cellulare, anche in bagno, e lo tiene sempre silenzioso. Io naturalmente mi sono insospettita, anche perché è ovvio che quando va in bagno con il cellulare, in realtà va online. Dopo parecchie domande insistenti, ha ammesso che si messaggia con una collega con cui ha lavorato durante la trasferta. Lui dice che si tratta solo di una simpatia e di niente di serio, ma io sono piuttosto arrabbiata che si comporti così dietro le mie spalle. Che cosa devo fare? Chiedo consigli e suggerimenti.
>
> Cara Laura,
>
> sei ovviamente arrabbiata e confusa. Se io fossi in te non prenderei nessuna decisione affrettata e aspetterei di vedere come si comporta il tuo ragazzo nelle prossime settimane. Forse, potresti organizzare una serata romantica o un weekend da qualche parte per voi due soli. Così potreste passare un po' di tempo lontani dalla routine e dalle preoccupazioni quotidiane, e concentrarvi su di voi. Potreste parlare e tu potresti chiedere al tuo ragazzo di spiegarti meglio che cosa sta succedendo dal suo punto di vista.
>
> So che non è facile gestire un rapporto quando ci si sente traditi, ma dovresti dargli un po' di fiducia, almeno per il momento, fino a quando avrai capito meglio che cosa sta succedendo.

Inoltre, io al posto tuo mi farei anche delle domande sul tuo ruolo in questa relazione. Sei sicura di avere ragione tu? È possibile che ultimamente tu magari ti sia dedicata troppo al lavoro e abbia trascurato il tuo ragazzo? Sarebbe meglio che ti facessi anche questo tipo di domanda perché quando le cose non funzionano di solito la responsabilità è di entrambi.

Come dicevo all'inizio, io starei calma e valuterei con attenzione i pro e i contro prima di agire. Inoltre, ne continuerei a parlare apertamente con lui, per fargli capire che lo ami, ma che non sei disposta a stare con lui se lui non ti ama più come prima.

un passo falso	*a false move*
una trasferta	*working away*
dietro le mie spalle	*behind my back*
una decisione affrettata	*a rushed decision*
sentirsi traditi	*to feel betrayed*
entrambi	*both*
valutare i pro e i contro	*to assess the pros and cons*

Find the sections in the text that have the same overall meaning as the sentences below.

1 Eravamo felici insieme.

_____

2 Ho cominciato a dubitare di lui.

_____

3 Il suo ragazzo non dà importanza a questa nuova amicizia, ma comunque agisce in segreto e ciò è problematico per Laura.

_____

4 La giornalista le consiglia di non fare niente senza avere considerato le conseguenze delle sue azioni e di aspettare per vedere come si evolve la situazione.

_____

5 Il dialogo o un breve periodo da soli potrebbe essere una soluzione a medio termine.

_____

6 Il tradimento ha un impatto negativo sul rapporto di fiducia nella coppia, ma è comunque meglio parlare e non agire in modo impulsivo.

_____

7 Forse negli ultimi tempi anche Laura non ha dedicato abbastanza tempo ed energia al suo ragazzo.

_____

8 Se una coppia è in crisi, la colpa normalmente non è solo di uno dei due.

_____

M Look at the use of the conditional in the letter. Could you make the tone stronger by turning the verbs that are in the conditional into the imperative form?

N Complete the text using the words in the box.

> gli uomini, la vera amicizia, lettura, situazioni imbarazzanti,
> evolutiva, sesso, attrazione, equivoco, amicizia

Nuove ricerche scientifiche dimostrerebbero senza ombra di dubbio che ₁_____ tra uomo e donna è fondamentalmente impossibile. Alla base di questa impossibilità ci sarebbe un grosso ₂_____. La donna interpreterebbe i segnali maschili di ₃_____ sessuale come segnali di ₄_____ e viceversa.

Questi risultati confermerebbero studi precedenti secondo i quali ₅_____ di tutte le età tendono a sopravvalutare l'interesse sessuale delle donne. Alla base di questa ₆_____ errata potrebbe esserci una motivazione ₇_____. Il ₈_____ maschile è focalizzato sulla riproduzione, quindi non perdere occasioni diventerebbe essenziale, anche se può causare ₉_____ e addirittura spiacevoli.

O Choose the correct meaning. Use a dictionary to help you.

1 Una 'amichevole' è:

una cena tra amici / una partita di calcio o di un altro sport non competitiva / un tipo di pizza

2 Il proverbio: 'Dagli amici mi guardi Dio che dai nemici mi guardo io' significa:

è più facile difendersi dai nemici dichiarati che dai falsi amici / Dio ci difende dai nemici / i falsi amici sono peggio dei nemici veri e propri

3 L'espressione 'un vecchio amico' significa:

un amico di una certa età / un amico che conosci da tanti anni / un amico che sembra più vecchio di quello che è

4 Alla fine di un sms posso dire ad un amico:

amorevolmente / baci / cordialmente

5 'Farsi degli amici' vuol dire:

fare nuove amicizie / stare a casa di amici / uscire con gli amici

6 Un 'amico del cuore' è:

il tuo ragazzo / la tua ragazza / il tuo miglior amico / un amico che ti aiuta nei momenti di difficoltà

7 Una 'cerchia di amici' è:

un club / un gruppo sui social media / un gruppo di amici

8 Avere 'una compagnia' significa:

stare sempre con altre persone / non uscire mai da soli / avere un gruppo fisso di amici con cui si esce regolarmente e di solito ci si dà appuntamento sempre nello stesso posto (bar / piazza / parco)

Try and make some meaningful sentences using the expressions above, then use them in online searches to find the words in context.

Writing

P **A friend wants to leave their boy/girlfriend. Send your friend an email giving them advice on their relationship. Write between 50 and 80 words in Italian.**

The next time you browse the Italian news, look out for the conditional used to report unverified facts. You'll be surprised how common it is.

From:	
To:	
Subject:	

Self-check

Tick the box which matches your level of confidence.

1 = very confident   2 = needs more practice   3 = not confident

Barra la casella che corrisponde al tuo livello di conoscenza e sicurezza.

1 = molto sicuro   2 = ho bisogno di più pratica   3 = non affatto sicuro

	1	2	3
Can ask politely; saying what you would like to do (CEFR A2)			
Can give advice on personal issues (CEFR B2)			
Can use the present conditional (CEFR B2)			
Can talk about contemporary society: friendship and relationships (CEFR B2)			

21 Speriamo bene
Let's hope so

In this unit we will learn how to:

✓ use the subjunctive to express fears, preferences, states of mind

✓ use the subjunctive with connectives

CEFR: Can express hopes, fears, preferences, states of mind (B2); Can use the subjunctive with connectives (B2); Can talk about contemporary society: family and relationships (B2); Can write a short commentary/report about family and relationships (B2)

senza che
prima che
ho paura che
sebbene **benché** spero
a meno che
a patto che
nonostante
non sono sicuro
purché

Meaning and usage

The **congiuntivo** (*subjunctive*) is used:

1   with verbs that express an opinion

2   with impersonal expressions such as **mi sembra che/mi pare che/è importante che/è meglio che/è giusto che/bisogna che,** etc., (*it seems that/it's important that/it's better that/it's right that/one needs to*)

   Non pensate che sia meglio lasciar perdere? (*Don't you think that it is better to leave it?*)

   Mi pare che sia l'unica soluzione. (*It seems to me that it's the only solution.*)

3   with verbs that express hope and desire such as **spero che/voglio che,** etc., (*I hope that/I want somebody/something to do*)

   Spero che i miei genitori non vengano in vacanza con noi! (*I hope that my parents won't come on holiday with us!*)

4 with verbs that express doubt such as **non sono sicuro che / dubito che** (*I'm not sure that/I doubt that*)

Non sono sicuro che ci sia abbastanza spazio per parenti e amici in quest'appartamento.
(I'm not sure that there's enough space for family and friends in this apartment.)

5 with expressions describing feelings and states of mind such as **ho paura che/temo che/sono contento che** (*I'm afraid that / I fear that / I'm happy that*)

Sono contento che tu abbia trovato una soluzione ai problemi con la tua ragazza.
(I'm happy that you've found a solution to the problems with your girlfriend.)

6 with a number of connectives, including:

nonostante	*even though*
sebbene	*although*
a meno che	*unless*
senza che	*without*
prima che	*before*

a condizione che / a patto che *provided that*

Non vuole sposarsi prima che il suo fidanzato finisca la specializzazione post-laurea.
(She doesn't want to get married before her fiancé finishes his post-graduate specialisation.)

Nonostante abbia appena avuto una promozione, e quindi guadagni un ottimo stipendio, vive ancora con i suoi. *(Even though he's just had a promotion and so earns a very good salary he still lives with his parents.)*

Vado a Roma in treno a trovare le mie nipoti, a meno che non ci sia sciopero. *(I'll go to Rome by train to see my nieces, unless there's a strike.)*

7 with **perché** and **affinché only** when they mean *in order to* or *so that*:

Te ne ho parlato perché tu capisca il mio punto di vista. *(I told you in order for you to understand my point of view.)*

Ci siamo chiariti affinché sappia che io di qui non me ne vado. *(We clarified things so that she knows that I'm not leaving here.)*

When the subject of the secondary clause (dependent clause) is the same as the subject of the verb of the main clause, the infinitive is used after it rather than a subjunctive.

Voglio andare a vivere da sola. *(I'd like to go and live on my own.)*

Voglio che tu vada a vivere da sola. *(I'd like you to go and live on your own.)*

Spero di trovare un compagno con cui condividere la mia vita. *(I hope to find a partner to share my life with.)*

Spero che Elisabetta trovi un compagno con cui condividere la sua vita. *(I hope Elisabetta finds a partner to share her life with.)*

Penso di essermi innamorato di lei senza pensare alle conseguenze. *(I think I fell in love with her without thinking about the consequences.)*

Penso che Francesco si sia innamorato di lei senza pensare alle conseguenze. *(I think Francesco fell in love with her without thinking about the consequences.)*

The **congiuntivo presente** *present subjunctive* indicates an action that takes place at the same time or after the action of the verb that comes before it.

The **congiuntivo passato** *past subjunctive* indicates an action that took place before the action of the verb that comes before it.

 The connectives listed always take the subjunctive, so it's worth learning these.

Form

	Parl-are	Chiud-ere	Apr-ire
io (*I*)	parl-i	chiud-a	apr-a
tu (*you, singular*)	parl-i	chiud-a	apr-a
lui/lei/Lei (*he/she/ formal you, singular*)	parl-i	chiud-a	apr-a
noi (*we*)	parl-iamo	chiud-iamo	apr-iamo
voi (*you, plural*)	parl-iate	chiud-iate	apr-iate
loro (*they*)	parl-ino	chiud-ano	apr-ano

Avere and **essere** are irregular:

	Essere	Avere
io (*I*)	sia	abbia
tu (*you, singular*)	sia	abbia
lui/lei/Lei (*he/she/formal you, singular*)	sia	abbia
noi (*we*)	siamo	abbiamo
voi (*you, plural*)	siate	abbiate
loro (*they*)	siano	abbiano

There are a number of irregular verbs in this tense. You'll already be familiar with the changes in the first part of these verbs. Here are some examples:

	And-are (*to go*)	Cap-ire (*to understand*)	Dare (*to give*)
io (*I*)	vad-a	capisc-a	di-a
noi (*we*)	and-iamo	cap-iamo	di-iamo
voi (*you, plural*)	and-iate	cap-iate	di-iate
loro (*they*)	vad-ano	capisc-ano	di-ano

	Dire (*to say*)	Dov-ere (*to have to*)	Fare (*to do*)
io (*I*)	dic-a	debb-a	facc-ia
noi (*we*)	dic-iamo	dobb-iamo	facc-iamo
voi (*you, plural*)	dic-iate	dobb-iate	facc-iate
loro (*they*)	dic-ano	debb-ano	facc-iano

	Pot-ere (*to be able to*)	Riman-ere (*to stay*)	Sap-ere (*to know*)
io (*I*)	poss-a	rimang-a	sapp-ia
noi (*we*)	poss-iamo	riman-iamo	sapp-iamo
voi (*you, plural*)	poss-iate	riman-iate	sapp-iate
loro (*they*)	poss-ano	rimang-ano	sapp-iano

	St-are (*to stay*)	Usc-ire (*to go out*)	Ven-ire (*to come*)
io (*I*)	st-ia	esc-a	veng-a
noi (*we*)	st-iamo	usc-iamo	ven-iamo
voi (*you, plural*)	st-iate	usc-iate	ven-iate
loro (*they*)	st-iano	esc-ano	veng-ano

	Vol-ere (*to want*)
io (*I*)	vogl-ia
noi (*we*)	vogl-iamo
voi (*you, plural*)	vogl-iate
loro (*they*)	vogl-iano

Form

The **congiuntivo passato** *past subjunctive* is made up of the present subjunctive of **essere** *to be* or **avere** *to have* plus the past participle of the verb (-**ato**/-**uto**/-**ito** or irregular forms). Here are two examples:

> **Penso che abbiano deciso di separarsi.** *(I think that they have decided to separate.)*

> **Sembra che si siano rivisti a un matrimonio qualche tempo fa.** *(It seems that they saw each other again at a wedding some time ago.)*

	Andare	Capire
io (*I*)	sia andato/a	abbia capito
tu (*you, singular*)	sia andato/a	abbia capito
lui/lei/Lei (*he/she/formal you, singular*)	sia andato/a	abbia capito
noi (*we*)	siamo andati/e	abbiamo capito
voi (*you, plural*)	siate andati/e	abbiate capito
loro (*they*)	siano andati/e	abbiano capito

 The subjunctive is characteristic of personal expression and therefore will allow you a great, varied and interesting range of meaning. However, you'll find that speakers in very informal spoken Italian contexts will at times do without it.

A   Reformulate the sentences using the subjunctive. Use the example to help you.

Elisabetta non si è separata.

Spero che *Elisabetta non* ***si sia separata****.*

1 Anna e Pietro si sono conosciuti durante una vacanza per single.

Non sono sicuro che_____

2 I matrimoni in Italia sono in aumento.

Dubito che_____

3 Hanno invitato troppe persone al loro matrimonio.

Ho paura che_____

4 Hanno avuto una bambina ieri.

Sono contento che_____

5 La festa di fidanzamento non è un'abitudine molto diffusa nel mio Paese.

Temo che_____

6 La legge sulle adozioni gay non è ancora stata approvata.

Ho paura che_____

7 Il divorzio breve è entrato in vigore qualche tempo fa

Sono contento che_____

8 Le unioni civili sono un esempio da seguire.

Il loro partito dubita che_____

B Choose the correct linker.

1 **Nonostante/perché/affinché** la gente continui a sposarsi, per la prima volta l'anno scorso i matrimoni sono scesi al di sotto della quota duecentocinquantamila.

2 Diminuiscono in particolare le prime nozze tra cittadini italiani, **a meno che/sebbene/prima che** siano ancora abbastanza comuni le nozze tra sposi di cittadinanza straniera.

3 Quindi il quadro è preoccupante, **affinché/sebbene/a meno che** non si prendano in considerazione anche i matrimoni misti, cioè quelli tra un cittadino italiano e un cittadino straniero. In questo caso infatti, le statistiche sono più stazionarie.

4 **Nonostante/perché/senza che** i matrimoni successivi al primo siano tutto sommato in aumento, anch'essi rivelano una leggera flessione rispetto agli anni precedenti.

5 Questi mutamenti non sono certo avvenuti **affinché/senza che/prima che** nessuno se ne sia accorto. Sono infatti dovuti ad un cambiamento strutturale della società ed anche, **prima che/senza che/a condizione che** si considerino i numeri degli ultimi decenni, ad un radicale cambiamento culturale in senso individualistico.

C Match the sentence halves.

1 Continuano a vedersi	**a**	a meno che non incontri il partner dei miei sogni.
2 Mia sorella non vuole che	**b**	sebbene non abbiano intenzione di vivere insieme.
3 Non penso proprio di sposarmi	**c**	vi dicano di no?
4 Penso che le dirò tutta la verità	**d**	si siano già rivolti a un avvocato per il divorzio.
5 Avete paura che	**e**	prima che sia troppo tardi.
6 Puoi andare alla festa	**f**	il suo ex vada al suo matrimonio.
7 Spero che	**g**	a patto che tu sia stato davvero invitato.
8 Dubito che	**h**	Alessio abbia capito che faccio sul serio.

D **Complete with the subjunctive or the infinitive as in the example:**

*Maria è contenta (Maria ha trovato un nuovo amore): **di aver trovato un nuovo amore***

1 Dubitiamo (noi arriviamo in tempo al ricevimento)

_____

2 Siete contenti (loro non hanno perso l'arrivo della sposa)

_____

3 Ho paura (io ritorno a casa dopo l'università)

_____

4 Sogna (lui si trova un appartamento tutto per sé)

_____

5 Non siete sicuri (Anna vuole andare all'estero a lavorare)

_____

6 Temo (mio fratello non è ancora riuscito a risparmiare abbastanza per comprarsi una casa)

_____

7 Volete (vostra figlia vive la sua vita senza essere giudicata)

_____

8 Voglio (io resto single per un po'!)

_____

E **For each sentence, decide whether** perché **means** *because* **or** *so that / in order to*.

1 L'ha lasciata con un messaggio Whatsapp perché si vergognava a dirglielo in faccia.

because ☐ so that/in order to ☐

2 Te l'ho detto perché tu capisca che ti amo.

because ☐ so that/in order to ☐

3 Abbiamo vissuto insieme da subito perché non ci potevamo permettere l'affitto di due case.

because ☐ so that/in order to ☐

4 Cambio casa perché voi due abbiate più spazio per stare insieme.

because ☐ so that/in order to ☐

5 Le ho scritto una mail perché venga a trovarci.

because ☐ so that/in order to ☐

6 Le ho scritto una mail perché non mi risponde mai al telefono.

because ☐ so that/in order to ☐

7 Non glielo suggerisco perché sennó si arrabbia.

because ☐ so that/in order to ☐

8 Certo, glielo suggerisco perché vada a trovare i suoi parenti almeno quest'anno.

because ☐ so that/in order to ☐

📖 Reading

F Read the beginning of this text. Di che cosa pensi che parli?

	Dobbiamo cominciare seriamente a pensare ad un nuovo modo di vivere lo spazio
	urbano, le dimensioni delle case, e il tempo libero e il tempo dedicato al lavoro.
	Dobbiamo pensare a un nuovo welfare, e a modi nuovi per combattere la solitudine,
	l'isolamento e la vecchiaia. Queste sono le nuove sfide delle nostre città, che sono
	sempre più popolate di single.

G Read the rest of the text then choose the correct option to complete each statement.

	I single in Italia sono sette milioni. Studi recenti rivelano come Milano sia la città
	italiana con il maggior numero di famiglie mononucleari. Gli adulti che vivono da soli
	sono infatti il doppio delle coppie. Sono anziani, giovani precari, ma anche le
	cosidette 'small families' o famiglie monoparentali, cioè quelle composte da un
	padre o una madre soli con figli.

Sembra che il fenomeno single abbia avuto effetti molto importanti su numerosi settori, da quello dei trasporti, a quello dell'assistenza, a quello immobiliare. Per esempio, le agenzie immobiliari registrano ormai da alcuni anni una crescente richiesta di appartamenti più piccoli, di dimensioni più adatte a queste mini-famiglie.

Anche il settore degli alimentari comincia ad adattarsi alle esigenze di chi vive solo. Non è più concepibile che si trovino in vendita solo grosse porzioni familiari, o che ci sia solo una vasta rete di ipermercati, dove fare una maxi-spesa settimanale, quando i consumatori single tendono a fare un po' di spesa qua e là, quasi ogni giorno e vicino a casa o al ritorno dal lavoro. Insomma sembra che tendano a fare una spesa veloce che richiede piccoli punti vendita nelle zone residenziali, piuttosto che grossi centri commerciali lontani dal centro.

Luisa Angelini, responsabile dell'agenzia 'Single è bello' ritiene che quest'universo stia assumendo ormai dimensioni importanti anche nel settore dei servizi e delle consulenze personalizzate per single. Per esempio, negli ultimi anni sono emerse numerose agenzie tradizionali o online che si occupano dell'organizzazione di vacanze e weekend per questo gruppo di persone. Si tratta indubbiamente di un mercato in crescita e dalle grandi potenzialità, soprattutto per quanto riguarda le vacanze in Italia. Ma come funzionano queste agenzie? Si paga una quota di iscrizione, si registra il proprio profilo e le destinazioni che ci interessano. Poi pensa a tutto l'agenzia, che normalmente lavora sulla base di algoritmi matematici di profilazione per combinare caratteristiche personali e trovare il nostro compagno o la nostra compagna di viaggio ideale.

le cosidette	the so-called
giovani precari	young people on temporary contracts
le agenzie immobiliari	estate agents
ipermercati	big supermarkets on out of town retail parks
punti vendita	shops
consulenze personalizzate	personalised consultancy services
quota d'iscrizione	registration fee
profilazione	profiling

1 La società attuale

    a non ha bisogno di cambiare in modo affrettato.

    b deve cambiare per affrontare nuove sfide sociali.

    c deve cambiare per far spazio alle coppie giovani e agli anziani.

2 Milano è la città italiana

    a con il maggior numero di persone che vivono da sole.

    b con il maggior numero di famiglie separate.

    c con il maggior numero di famiglie ricostituite.

3 Uno dei settori che hanno capito per primi l'emergenza single è

    a il settore ospedaliero.

    b il settore dell'assistenza domiciliare.

    c il settore immobiliare.

4 I consumatori single

    a comprano poco e spesso servendosi di piccoli punti vendita.

    b prediligono i grossi centri commerciali che vendono porzioni individuali.

    c tendono a fare una grossa spesa settimanale per risparmiare tempo.

5 Il settore delle consulenze personalizzate

    a ha capito da subito l'emergenza single.

    b offre servizi gratuiti ai single in cerca di compagnia in città.

    c ha risposto in modo efficace alle richieste ed ai bisogni delle persone che vivono da sole.

6 Le agenzie turistiche per single

    a sono attive solo online.

    b permettono di organizzarsi da soli le vacanze in Italia.

    c permettono a persone con interessi simili di incontrarsi e andare in vacanza insieme in Italia e all'estero.

7 La profilazione delle agenzie turistiche per single

    a è standard.

    b è basata su calcoli aritmetici.

    c è basata sulle ultime scoperte della biometrica e della profilazione digitale.

 H **For some extra practice, look at the range of verbs in the text above. Do you know and understand how to use all these different forms? If not, you can look most of them up in the other units.**

Vocabulary

I Match the definition with the word related to Italian family stereotypes.

1 Giovani, specialmente maschi, che restano a vivere in famiglia.

2 Si celebra preferibilmente in chiesa.

3 Un modello di famiglia in cui comandano le donne, specialmente la madre.

4 Una famiglia con figli, nonni, nipoti, zii, cugini, et cetera.

5 Una famiglia con molti figli.

6 Una donna che lavora in casa e non fuori.

7 Una famiglia in cui tutti vanno d'accordo e sono felici.

8 Una società in cui la famiglia è più importante delle istituzioni.

a numerosa

b casalinga

c mammoni

d estesa

e matrimonio

f unita

g matriarcale

h familista

J Complete the text with the words from the box.

> coppie,   infanzia,   bambini,   solo,   estesa,
> adulte,   sociali,   contro,   mononucleare,   figli,
> patriarcale,   unico,   genitori

Uno dei fenomeni 1_____ più notevoli del dopoguerra è il passaggio dalla famiglia 2_____, con struttura 3_____, alla famiglia 4_____. Il numero dei 5_____ per famiglia è diminuito drasticamente e oggi sempre più 6_____ decidono di avere un 7_____ figlio, sostanzialmente per poter provvedere meglio a tutti i suoi bisogni. Essere figlio 8_____, oggi, ha pro e 9_____ che dipendono in particolare dalla fascia d'età. Nell' 10_____ lo svantaggio maggiore di essere figlio unico è dato dal fatto che se i 11_____ lavorano il bambino trascorrerà molto tempo con altre figure 12_____ di riferimento, come nonni o baby sitters, e senza la compagnia di altri 13_____.

K   Match the questions with the answers.

1 Gli Italiani tra i 18 e 34 anni rimangono in famiglia più dei giovani degli altri paesi Europei?

2 Quanti giovani adulti tra i 25 e i 34 anni restano a casa in Italia e nella UE?

3 È vero che gli italiani sono meno 'mammoni' dei greci e degli slovacchi?

4 Avere un'occupazione è un fattore determinante nell'andarsene di casa?

a Sembra di no. Infatti, tra i giovani adulti che vivono a casa nella fascia d'età 18–34 anni circa il 27% dichiara di avere un lavoro a tempo pieno. Nella fascia più adulta tra coloro che sono ancora in casa tra i 25 e i 34 anni in Italia il 43% ha un lavoro a tempo pieno.

b Sì, i giovani che vivono in famiglia nel nostro Paese sono i due terzi delle persone nella fascia tra i 18 e i 34 anni mentre in Francia, Germania e Regno Unito sono rispettivamente il 34,2%, 42,3% 34,2%. Si parla dunque di approssimativamente 7,4 milioni di persone.

c Gli italiani 'mammoni' tra i 25 e i 34 anni superano anche gli spagnoli (sono al 37,4%) ma vengono a loro volta superati da greci, bulgari e slovacchi (oltre il 50% dei giovani tra i 25 e 34 anni vivono con i genitori in questi paesi).

d In Italia la percentuale dei giovani che non riescono a lasciare la famiglia di origine è alta anche nella fascia di età più 'adulta'. Quasi un giovane su due tra i 25 e i 34 anni (il 49,4%), infatti, vive con almeno un genitore. Nella UE a 28 la percentuale è 28,8%.

Have you noticed the use of definite articles with percentages and statistical data in Italian? For example: circa il 27%; oltre il 50%; il 43%.

Writing

L   Do some online research about families in your country before writing a short paragraph on this topic. Write between 50 and 80 words in Italian.

Reading about recent changes in the structure of family and society in Italy in the main online newspapers can help expand your vocabulary and give you a better insight into contemporary Italy. Here are some key phrases: **la crisi della famiglia, come cambia la famiglia italiana, separazione e divorzio in Italia.**

Self-check

Tick the box which matches your level of confidence.

1 = very confident   2 = needs more practice   3 = not confident

Barra la casella che corrisponde al tuo livello di conoscenza e sicurezza.

1 = molto sicuro   2 = ho bisogno di più pratica   3 = non affatto sicuro

	1	2	3
Can express hopes, fears, preferences, states of mind [CEFR B2]			
Can use the subjunctive with connectives [CEFR B2]			
Can talk about contemporary society: family and relationships [CEFR B2]			
Can write a short commentary/report about family and relationships [CEFR B2]			

22 Se potessi cambiare qualcosa
If I could change something

In this unit we will learn how to:
- ✓ formulate hypotheses
- ✓ use the imperfect and pluperfect subjunctive in if clauses
- ✓ use the simple and past conditional in if clauses

CEFR: Can use the imperfect and pluperfect subjunctive in if clauses (B2); Can use the simple and past conditional in if clauses (B2); Can formulate hypotheses (B2); Can discuss what might happen or might have happened (B2); Can talk about contemporary society: society and the environment (B2)

Se	facessi	andrei
	avessi fatto	sarei andata
	avessero preso	avrebbero ottenuto
	fossi	potresti
	avessi dato	avrei potuto

Meaning and usage

Conditional sentences (**frasi ipotetiche**) consist of two parts:

The *if*-clause, normally introduced by **se**, which indicates a condition.

The main clause, which indicates the consequence of that condition.

It doesn't matter which order the clauses are used in.

> **Se fa bello, vado al mare per il fine settimana.** *(If the weather's nice, I'll go to the seaside for the weekend.)*

> **Vado al mare per il fine settimana, se fa bello.** *(I'll go to the seaside for the weekend, if the weather is nice.)*

There are 3 types of conditional sentences (**frasi ipotetiche**):

Type 1: Real hypothesis. There is a real chance that this will happen.

If clause: present tense/future tense

Main clause: present tense/future tense

> **Se prenoti l'albergo al mare online, puoi disdire fino a tre giorni prima.** *(If you book your seaside hotel online, you can cancel up to three days in advance.)*

Type 2: Possible hypothesis. These facts are possible in the present or in the future.

If clause: imperfect subjunctive

Main clause: present conditional

> **Se ci andassi in bici, arriveresti prima.** (*If you went by bike, you'd get there quicker.*)

Type 3: impossible hypothesis. These facts are no longer possible. You just imagine what would have happened if things had gone differently.

If clause: pluperfect subjunctive

Main clause: past conditional

> **Che strada rumorosa! Se lo avessi saputo prima di traslocare, non avrei mai affittato un appartamento qui.** (*What a noisy street! If I'd known before I moved in, I'd never have rented a flat here.*)

Form

As you have seen above, in order to form the 2ⁿᵈ and 3ʳᵈ type of conditional sentence you need the following verb combinations:

Type 2:

If clause: imperfect subjunctive

Main clause: present conditional

> **Se lo sapessi, te lo direi.** (*If I knew, I'd tell you.*)

Type 3:

If clause: pluperfect subjunctive

Main clause: past conditional

> **Se lo avessi saputo, te lo avrei detto.** (*If I'd known, I'd have told you.*)

	Parl-are	Sap-ere	Invest-ire
io (*I*)	parl-assi	sap-essi	invest-issi
tu (*you, singular*)	parl-assi	sap-essi	invest-issi
lui/lei/Lei (*he/she/ formal you, singular*)	parl-asse	sap-esse	invest-isse
noi (*we*)	parl-assimo	sap-essimo	invest-issimo
voi (*you, plural*)	parl-aste	sap-este	invest-iste
loro (*they*)	parl-assero	sap-essimo	invest-issimo

Avere and **essere** are irregular:

	Essere	Avere
io (*I*)	fossi	avessi
tu (*you, singular*)	fossi	avessi
lui/lei/Lei (*he/she/formal you, singular*)	fosse	avesse
noi (*we*)	fossimo	avessimo
voi (*you, plural*)	foste	aveste
loro (*they*)	fossero	avessero

Here are some examples of irregular verbs:

Bere *to drink*: **(io) bevessi**

Dare *to give*: **(io) dessi**

Dire *to say*: **(io) dicessi**

Fare *to do*: **(io) facessi**

Stare *to stay*: **(io) stessi**

A Choose the correct subjunctive verb for each sentence.

1 Vorrei che tu *bevesse / bevessi / bevessimo* meno alle feste.

2 Pensava che noi le *dessero / desse / dessimo* un passaggio a casa.

3 Mi è sembrato che i miei colleghi *dicessero / dicesse / diceste* la verità.

4 Se *facessi / facesse / faceste* più sport, avresti più energia.

5 Se *steste / stesse / stessimo* qui qualche giorno, potremmo visitare anche le città vicine.

6 Pensavamo che ci *fosse / fossimo / fossero* molte più cose da fare in Italia d'estate.

Congiuntivo trapassato (pluperfect subjunctive)

The pluperfect subjunctive is formed using the imperfect subjunctive of **essere** *or* **avere** plus the past participle (-**ato**, -**uto**, -**ito**) of the relevant verb:

		Andare		Leggere
io (*I*)	fossi		avessi	
tu (*you, singular*)	fossi		avessi	
lui/lei/Lei (*he/she/formal you, singular*)	fosse	**andato/a/i/e in vacanza in un posto meno turistico**	avesse	**letto un po' di più sulla Sicilia prima di visitarla**
noi (*we*)	fossimo		avessimo	
voi (*you, plural*)	foste		aveste	
loro (*they*)	fossero		avessero	

Condizionale presente e passato (present and past conditional)

Here is a reminder of the forms of the regular present conditional:

	Lasci-are	Decid-ere	Gest-ire
io (*I*)	lasc-erei	decid-erei	gest-irei
tu (*you, singular*)	lasc-eresti	decid-eresti	gest-iresti
lui/lei/Lei (*he/she/ formal you, singular*)	lasc-erebbe	decid-erebbe	gest-irebbe
noi (*we*)	lasc-eremmo	decid-eremmo	gest-iremmo
voi (*you, plural*)	lasc-ereste	decid-ereste	gest-ireste
loro (*they*)	lasc-erebbero	decid-erebbero	gest-irebbero

Past conditional

The past conditional is formed with the present conditional of **essere** *or* **avere** plus the past participle (-**ato**, -**uto**, -**ito**) of the relevant verb:

		Essere		Visitare
io (*I*)	sarei		avrei	
tu (*you, singular*)	saresti		avresti	
lui/lei/Lei (*he/ she/formal you, singular*)	sarebbe	**stato/a/i/e meglio**	avrebbe	**visitato più monumenti**
noi (*we*)	saremmo		avremmo	
voi (*you, plural*)	sareste		avreste	
loro (*they*)	sarebbero		avrebbero	

B Complete these Type 2 conditional sentences using the verbs in the box.

sapessimo, avessi, studiaste, fossero, ci fossero, costruissero, facesse, mi iscrivessi

 In everyday spoken Italian, you'll often hear an incomplete hypothesis – the if part of a conditional sentence on its own. This is because the second part is easy to imagine as it is common sense, for example:

Se solo lo avessi saputo… *If only I'd known…*

Se fossi più giovane… *If I were younger…*

1 Se _____ tempo, mi impegnerei per salvaguardare i monumenti artistici del mio paese.

2 Se Carlo _____ domanda, sicuramente avrebbe molte possibilità di ottenere quel lavoro.

3 Se _____ come fare, ci uniremmo alla campagna per proteggere il paesaggio.

4 Se _____ dovunque, il paesaggio delle nostre campagne subirebbe danni irreparabili.

5 Se _____ la storia dell'arte a scuola, capireste che il nostro patrimonio artistico è preziosissimo.

6 Se _____, potrei appoggiare più attivamente la campagna di salvaguardia dell'ambiente del vostro movimento.

7 Se le regole per costruire nuove abitazioni _____ rispettate, ci sarebbero meno edifici abusivi.

8 Se _____ più incentivi statali, i Comuni (*local councils) potrebbero recuperare più facilmente le aree in cui la natura e il paesaggio vanno protetti.

C Complete these Type 3 conditional sentences by putting the verbs in brackets into the correct form.

1 Se (fare) _____ di più per salvare il paesaggio italiano, avremmo più verde.

2 Se non (esserci) _____ stata un'urbanizzazione selvaggia, ci sarebbe più terreno per l'agricoltura.

3 Se non (permettersi) _____ un'espansione urbana senza controlli, il territorio avrebbe conservato le sue funzioni ecologiche originali.

4 Se (considerare) _____ le conseguenze dell'espansione urbana sull'ecosistema, avreste potuto prevenire future frane ed erosioni.

5 Questi fenomeni non sarebbero avvenuti, se i cittadini (avere) _____ una chiara percezione dei loro rischi paesaggistici.

6 Se (informare/voi) _____ correttamente i cittadini, non avrebbero approvato queste politiche di urbanizzazione.

7 Se non (agire) _____ così, potremmo ancora godere delle gioie del nostro territorio, un tempo definito 'il giardino d'Europa'.

8 Se gli (parlare/loro) _____ dell'importanza del paesaggio a scuola, generazioni di giovani si sarebbero impegnate per proteggerlo.

D What would you have done in the following situations? Make sentences using the past conditional. Look at the example to help you.

Hai un lavoro molto impegnativo e stressante. – **Se lo avessi saputo**, *non avrei fatto domanda.*

1 La tua auto è sempre dal meccanico. – **Se lo avessi saputo**,

_____

2 Il tuo appartamento in un palazzo antico è molto freddo. – **Se lo avessi saputo**,

_____

3 Il corso di laurea che stai per finire non ti piace più. – **Se lo avessi saputo,**

_____

4 La tua ragazza è gelosissima. – **Se lo avessi saputo,**

_____

5 La città in cui ti sei trasferito è inquinata. – **Se lo avessi saputo,**

_____

6 A scuola, non hai mai voluto studiare le lingue. – **Se lo avessi saputo,**

_____

7 Non sei mai stato un tipo sportivo. – **Se lo avessi saputo,**

_____

8 La tua azienda vuole trasferirsi all'estero. – **Se lo avessi saputo,**

_____

E **Complete the sentences by putting the verbs in brackets into the imperfect or plus perfect subjunctive.**

1 Se l'Italia non (avere) _____ quest'enorme patrimonio artistico, le cose sarebbero più facili.

2 Se (noi/capire) _____ prima che i nostri monumenti vanno preservati per garantire il funzionamento dell'industria turistica, sarebbe stato meglio.

3 Che cosa avremmo potuto fare noi cittadini, se (valutare) _____ prima i rischi che correvano i nostri siti archelogici?

4 Se (fare) _____ un censimento (*census) dei beni artistici e dei siti archeologici a rischio, potremmo agire in modo più strategico.

5 Se anche la UE (essere) _____ disposta ad aiutarci, avremmo potuto cominciare subito ad intervenire.

6 Se il degrado dei monumenti italiani (essere) _____ un fatto recente, potremmo dare la colpa all'ultima crisi economica.

7 Almeno i palazzi medievali del centro storico di Firenze si potrebbero salvare, se (spendere) _____ i fondi statali destinati al loro recupero.

8 Se l'intervento statale non (essere) _____ insufficiente, non sareste dovuti ricorrere agli sponsor privati per recuperare i monumenti in rovina nel centro di Roma.

Vocabulary

F Match the words with their synonyms.

1 salvaguardare   a abbandono, decadenza

2 abbandonato a se stesso   b regione, zona, luogo

3 il patrimonio artistico   c quando ci si disinteressa e non si
   nazionale   cura più qualcosa

4 il degrado   d un esempio eccezionale di
                                           architettura

5 scavi archeologici   e salvare

6 il territorio   f un gruppo di rovine

7 i lavori di restauro   g insieme dei monumenti e delle
                                           opere d'arte di un paese

8 un gioiello architettonico   h manutenzione, riparazione di
                                           un'opera d'arte o di un edificio

G Consult the list of UNESCO sites in Italy online and then reorder the letters below to make the names of some of these Italian sites.

1 OPPIEM

2 AILVL AAAINDR LOVTII

3 GGAIRE ID ESTRACA

4 VTOAMNA

5 LI MTOEN TNAE

# Reading

H Read the beginning of this text, then answer this question in Italian: Which environmental issue is it about?

	L'Italia ha circa 8 mila chilometri di coste, che formano parte integrante del suo patrimonio paesaggistico e turistico. Eppure, secondo dati recenti, solo il 40% delle nostre coste sarebbe, per così dire, libero.

I **Now read the rest of the text and decide if the following statements are** *true* **vero or** *false* **falso.**

	Dalla seconda metà del Novecento si è innescato un processo di cementificazione ed urbanizzazione (spesso abusiva) a cui si è recentemente sommato il fenomeno della progressiva erosione costiera. Questo problema è ancora più serio per quanto riguarda le spiagge, con quasi un terzo della loro superficie occupato da infrastrutture e costruzioni. Il fascino di un paese in cui si poteva godere delle bellezze naturali ed artistiche, passeggiando tra dune marine e macchia mediterranea a pochi passi da monumenti greci e romani, per esempio, è quasi irrimediabilmente perduto.
	Che cosa si sarebbe dovuto fare? Se la gestione delle coste fosse stata più chiara, invece di essere così frammentaria (condivisa da Regioni, Stato e Enti locali), sarebbe stato più facile applicare le leggi esistenti per la tutela del paesaggio. Se i governi italiani degli ultimi decenni si fossero davvero interessati all'inestimabile patrimonio naturale delle coste, avrebbero potuto tutelarlo con maggior rigore. Avrebbero soprattutto dovuto proibire di costruire a ridosso della costa, e avrebbero dovuto proteggere il territorio per almeno un chilometro dalla linea costiera vera e propria. In tal modo si sarebbe salvaguardata l'unicità del contesto italiano e si sarebbe potuto continuare ad attrarre un turismo di qualità.
	Che cosa potrebbero fare i cittadini per aiutare a salvare ciò che rimane delle coste italiane? I cittadini dovrebbero senza dubbio fare pressione sia a livello locale che a livello nazionale per una gestione sostenibile del patrimonio costiero. Inoltre, si dovrebbe educare la popolazione ad un uso attento delle coste, e all'importanza della rinaturalizzazione. Ciò significherebbe investire risorse nella riqualificazione e nel recupero della biodiversità. Quindi, un altro strumento importante secondo molte delle associazioni ambientaliste, sarebbe incentivare i Comuni a conservare le zone costiere libere, e promuovere così una inversione di tendenza, fermando la cementificazione.

innescarsi	to trigger itself	
abusiva	illegal, not legally approved	
macchia mediterranea	Mediterranean vegetation	
enti locali	local councils	
tutela/tutelare	protection/to protect	
una inversione di tendenza	reversal/U-turn	

1 Le coste italiane si estendono per oltre 8 mila chilometri.   V   F

2 Su molte coste si è costruito abusivamente, specialmente negli ultimi decenni.   V   F

3 Fortunatamente, la maggioranza delle spiagge sono state preservate.   V   F

4 Passeggiare nella tipica macchia mediterranea è possibile solo nelle regioni dell'Italia meridionale.   V   F

5 La gestione delle coste è stata affidata ad organismi diversi e questo ha generato confusione.   V   F

6 Il governo italiano attualmente proibisce di costruire a meno di 1000 metri dalla linea costiera.   V   F

7 I cittadini possono giocare un ruolo importante nel recupero delle coste.   V   F

8 Sostenibilità, recupero e inversione della cementificazione sono parole chiave per il futuro del patrimonio costiero italiano.   V   F

J **Look at the use of conditional sentences in the text. Choose the ones which couldn't have taken place.**

K Complete the text using the words in the box.

> attiva, siti, luoghi, bellezze, cittadini, certose, operazione,
> il censimento, cofinanziati, classifica, Penisola, degrado

Come ogni anno il FAI™ ha promosso ₁_____ dei ₂_____ del cuore che gli italiani ritengono debbano essere salvati . Il censimento è un ₃_____ di grande successo, che coinvolge oltre un milione e mezzo di ₄_____, ed effettivamente segnala ₅_____ spesso dimenticate, disseminate su e giù per la ₆_____. Non si tratta solo di luoghi ovvi e famosi, come potrebbero essere il Colosseo o gli scavi archeologici di Pompei, ma anche di ₇_____ e monumenti locali in stato di abbandono e di ₈_____. Negli ultimi censimenti, sono stati segnalati per esempio abbazie, conventi, ₉_____, castelli e terme. Il progetto del FAI™ è un ottimo esempio di cittadinanza ₁₀_____: ai partecipanti anche quest'anno è stato chiesto di indicare un luogo al quale fossero particolarmente legati e che ritenessero necessario proteggere. Il FAI™ interverrà sui primi tre luoghi della ₁₁_____, elaborando progetti specifici, ₁₂_____ da una nota banca nazionale.

L Which verbs correspond to these nouns? Use the example to help you.

segnalazione – *segnalare*

1 intervento –

2 progetto –

3 partecipanti –

4 classifica –

5 censimento –

6 coinvolgimento –

7 recupero –

8 inversione –

Try and make some meaningful sentences using the words listed here, then use them in online searches to find them in context.

The next time you browse the Italian news, look out for the topics that are in this unit. Key phrases are: **salvare l'Italia, salvaguardia dei beni culturali, patrimonio artistico, beni culturali, patrimonio paesaggistico, tutela del territorio.**

 # Writing

M Write a blog post entitled: 'Se fossi il Presidente del Consiglio'; 'If I was Prime Minister'. Mention what you would do as prime minister to safeguard your country's areas of natural beauty. Write between 50 and 80 words in Italian.

Daily Blog

Self-check

Tick the box which matches your level of confidence.

1 = very confident   2 = needs more practice   3 = not confident

Barra la casella che corrisponde al tuo livello di conoscenza e sicurezza.

1 = molto sicuro   2 = ho bisogno di più pratica   3 = non affatto sicuro

	1	2	3
Can use the imperfect and pluperfect subjunctive in if clauses (CEFR B2)			
Can use the simple and past conditional in if clauses (CEFR B2)			
Can formulate hypotheses (CEFR B2)			
Can discuss what might happen or might have happened (CEFR B2)			
Can talk about contemporary society: society and the environment (CEFR B2)			

Unit 1

Piacere mio!

A

1 è, **2** sono, **3** sei, sono, **4** siamo, è, **5** siete

B

1 avete, **2** ho, **3** ha, **4** hai, **5** hanno

C

1 è, **2** è, ha, **3** siamo, **4** hai, **5** sono, **6** ha, è, **7** avete, **8** sono, sono, **9** hanno, **10** siete

D

Non sono siciliano, non abito a Torino perché non lavoro qui. Non sono impiegato presso una società assicurativa multinazionale, il lavoro non mi piace e non guadagno bene. Ma non ho difficoltà a trovare amici con cui uscire dopo il lavoro. Perciò non vado spesso in palestra, ma anche in palestra non sono spesso da solo ed ora non comincio a sentirmi un po' depresso. Se non avete dei suggerimenti da darmi, non potete rispondermi qui nel mio blog. Ciao, a presto!

E

Un ragazzo ….	Tre ragazzi ……..	Una ragazza …..	Quattro ragazze…..
spagnolo	spagnoli	spagnola	spagnole
francese	francesi	francese	francesi
irlandese	irlandesi	irlandese	irlandesi
americano	americani	americana	americane
indiano	indiani	indiana	indiane
cinese	cinesi	cinese	cinesi
brasiliano	brasiliani	brasiliana	brasiliane

F

2 divertente, **3** adatto, precisa, **4** amanti, **5** tedesca, **6** interessante, simpatici

G

americano	*American*
austriaco	*Austrian*
brasiliano	*Brazilian*
canadese	*Canadian*
cinese	*Chinese*
francese	*French*
gallese	*Welsh*
greco	*Greek*
inglese	*English*
irlandese	*Irish*
islandese	*Icelandic*
italiano	*Italian*
portoghese	*Portugese*
russo	*Russian*
tedesco	*German*
spagnolo	*Spanish*
svizzero	*Swiss*

H

1 svizzeri, **2** russo, **3** tedeschi, **4** spagnole, **5** italiana, **6** francese, **7** inglesi, **8** brasiliano

I

avere …	*anni*
avere	*fame*
avere	*sete*
avere	*freddo*
avere	*caldo*
avere	*sonno*
avere	*paura*

J

1 hanno paura, **2** abbiamo caldo, **3** ha fame, **4** ho sonno, **5** ha … anni

K

Alessandro studia medicina all'università di Milano.

L

1 Filippo ha trenta anni.

2 Filippo è responsabile import-export in una azienda vinicola.

3 Miriam è austriaca.

4 è insegnante

5 Ana ha molta esperienza nel settore delle traduzioni commerciali e legali.

6 Francois è un giornalista; è francese; ha quaranta anni; non è sposato; non ha figli; ha un grande desiderio. (any three)

M

Salve, mi presento: mi chiamo Filippo, *ho (ha)* 30 anni e lavoro in una azienda vinicola, *sono (è)* responsabile del settore import-export, esportiamo vino italiano in Europa ed America. Vogliamo espandere il nostro mercato anche in Asia e cerco colleghi cinesi per creare i primi contatti. Se *siete (no change here)* interessati, aggiungetemi ai vostri contatti.

Buongiorno, *sono (è)* Miriam, *sono(è)* austriaca, ma abito a Düsseldorf, e insegno italiano a ragazzi tedeschi di una scuola superiore. *Siamo (sono)* interessati a creare uno scambio con una scuola italiana. Se *siete (no change here)* insegnanti di lingue straniere e vi piace l'idea di uno scambio, allora contattatemi!

Buongiorno, *sono (è)* Ana, *sono (è)* spagnola e *ho(ha)* una laurea in lingue, con specializzazione in traduzione. Le lingue che conosco bene sono italiano, inglese, e portoghese. *Ho (ha)* molta esperienza di traduzioni commerciali e legali. *Sono (è)* alla ricerca di agenzie italiane per aumentare la mia esperienza professionale.

Ciao, *sono (è)* Francois, sono *(è)* giornalista per il settimanale francese *Paris*. *Ho (ha)* 40 anni, non *sono (è)* sposato e non *ho (ha)* figli, ma *ho (ha)* un grande desiderio: scrivere un libro di viaggi in Italia. Per questo cerco persone italiane che *hanno (no change here)* la possibilità di ospitarmi a casa, persone che *sono (no change here)* interessate ad avere uno scambio di opinioni con me. Scrivetemi!

N

2 Cina, 3 Austria, 4 Germania, 5 Spagna, 6 Inghilterra, 7 Portogallo, 8 Francia

O

1 Francia, 2 Spagna, 3 Cina, 4 Inghilterra, 5 Portogallo, 6 Austria, 7 Germania, 8 Italia

P

1 a, 2 b, 3 a, 4 c

Q

A template for the writing task is provided in readings K and L.

Unit 2

Due spaghetti e via!

A

2 Due pasti, 3 Due cornetti, 4 Due crostatine, 5 Due caffè, due panini e due bicchieri

B

Ciao, ragazzi, per continuare il mio *giro* d'Italia oggi sono a Pavia, una *città* bellissima. Adesso sono in un *bar* e faccio colazione con un *caffè* espresso fortissimo e due *cornetti* alla cioccolata enormi. In questo locale, ci sono tante *persone*, ho l'impressione che sia un locale molto alla moda! Più tardi incontro Giorgio e Andrea, due miei *amici*, andiamo insieme a visitare Pavia ed i suoi *monumenti*. Poi al ristorante, mangiamo due *pizze* e via, di nuovo a visitare la città. Ora vi saluto, ci sentiamo domani per un aggiornamento sul mio viaggio.

C

Mi piace mangiare al ristorante, *i* miei piatti preferiti sono *gli* spaghetti allo scoglio o alle vongole, e *la* griglia di carne, sono davvero squisiti. *Gli* ingredienti di questi piatti, però, devono essere molto freschi, altrimenti *il* sapore cambia. *Un* tipo di ristorante in cui si mangia bene e si spende poco è *la* trattoria. Normalmente *le* trattorie offrono *una* cucina casalinga e *un'* ospitalità molto calorosa.

D

1 l', gli espressi, 2 lo, gli studenti, 3 la, le stazioni, 4 l', le università, 5 l', le amiche, 6 la, le paste, 7 il, i tè, 8 il, I prosecchi, 9 la, le bistecche, 10 lo, gli spezzatini

E

1 Vorrei ordinare da mangiare, per favore: mi porta *del* menu? *il*

2 Per primo prendo *uno* risotto ai funghi, e tu? *un*

4 *Le* cultura del caffè in Italia è molto forte. *La*

6 Scusi, mi può aggiungere *dei* latte nel caffè? *Del*

8 *I* gnocchi tradizionalmente si mangiano il giovedì. *gli*

F

O	**S**	**T**	A	C	**D**	Q	E	O	U	S	S	**T**	**D**	**T**
R	**E**	C	**N**	**O**	V	**E**	Q	C	Q	E	E	**R**	M	I
O	**T**	O	S	E	S	S	**A**	N	T	**A**	V	**E**	F	I
R	**T**	I	C	C	D	E	Q	R	I	I	U	**N**	F	N
C	**E**	R	N	I	I	N	D	U	E	C	N	**T**	G	A
V	**E**	**N**	**T**	**I**	**D**	**U**	**E**	S	**A**	I	**N**	**A**	U	R
A	**D**	I	**C**	I	**A**	S	S	**E**	T	T	**E**	**Q**	A	M
D	**S**	E	**Q**	D	O	A	D	A	E	C	I	**U**	R	A
E	**E**	C	U	Q	**D**	T	N	**A**	A	N	O	**A**	N	I
D	**D**	O	**A**	**I**	**I**	E	T	T	N	N	**T**	**T**	E	N
I	**I**	N	**T**	O	E	D	N	A	V	E	**T**	**T**	R	A
R	**C**	E	**T**	S	**C**	I	**C**	**E**	**N**	**T**	**O**	**R**	I	R
T	**I**	A	**R**	**I**	**I**	C	**I**	T	**I**	T	U	**O**	**I**	U
R	**N**	O	**O**	O	I	I	A	Q	A	T	A	I	T	T
Q	**N**	**O**	**V**	**A**	**N**	**T**	**U**	**N**	**O**	V	D	E	A	S

G

1 Ventotto euro

2 Sei euro

3 Cinque euro e ottanta

4 Diciasette euro

5 Sette euro e cinquanta

6 Due euro e sessanta

7 Venticinque euro e quaranta

H

Sono le sette	It is seven o'clock
Sono le sette e cinque (minuti)	It is five (minutes) past seven
Sono le sette e quindici	It is fifteen past seven
Sono le sette e un quarto	It is a quarter past seven
Sono le sette e mezza	It is half past seven
Sono le sette e trenta	It is seven thirty
Sono le sette e quaranta	It is seven forty
Sono le otto meno venti	It is twenty to eight
Sono le sette e tre quarti	It is seven forty-five
Sono le otto meno un quarto	It is a quarter to eight
Sono le otto	It is eight o'clock
È l'una	It is one o'clock
È mezzogiorno	It is midday
È mezzanotte	It is midnight
Alle sette	At seven o'clock
Alle otto	At eight o'clock

I

1   Paolo Loreti arriva alle nove.

2   I signori Alfrodi arrivano alle sette e venti.

3   Maria Scumma arriva alle due.

4   I signori Pannoli arrivano all'una e quindici/all'una e un quarto.

5   I signori Nelli arrivano alle dodici e tre quarti/a mezzogiorno e tre quarti/all'una meno un quarto.

6   Antonio Gentili arriva alle otto e quaranta/alle nove meno venti.

J

They are all venues where you can go to eat and drink.

K

1 P, 2 T, 3 B, 4 B, 5 T, 6 P, 7 T

L

Iniziamo con i bar (masc plur), che in Italia sono numerosissimi. Spesso sono locali (masc plur – i) semplici, anche piccoli, perché al bar gli italiani (masc plur – i) vanno soprattutto per bere un espresso (masc sing – l') veloce, in piedi (masc plur – i) davanti al banco (masc sing – il/un), mentre fanno due chiacchiere (fem plur – le) con un conoscente (masc sing – il), e se ne vanno appena finito di bere il caffè (masc sing – un). Andare al bar significa fare una breve pausa (fem sing – la) dal lavoro (masc sing – il/un). I bar più grandi hanno a volte delle stanze (fem plur – le) interne con tavolini (masc plur – i), per chi ha tempo (masc sing – un/il) di rimanere più a lungo. Spesso in estate (fem sing – una/la) i tavolini sono fuori, e nel tardo pomeriggio (masc sing – il /un) molti italiani si fermano per bere un aperitivo (masc sing – l'/un). Il cibo (masc sing – un) al bar è principalmente da asporto: panini (masc plur – i), pizzette (fem plur – le), toast (masc sing/plur – il/un/i). Per chi vuole invece sedersi a mangiare qualche cosa (fem sing – una/la) di caldo, ed ha più tempo, ci sono le trattorie (fem plur), i ristoranti (masc plur), le paninoteche (fem plur), le pizzerie (fem plur). I ristoranti hanno una maggiore varietà (fem sing – la) di piatti (masc plur – i) rispetto a pizzerie e paninoteche, e i piatti che offrono sono più ricercati. Le trattorie tradizionali, invece, sono ristoranti meno cari, spesso a conduzione (fem sing – una/la) familiare e offrono un menu (masc sing – il) fisso, legato alla cucina (fem sing – la/una) regionale.

Pizzerie e paninoteche sono i locali che i giovani (masc plur) italiani frequentano di più, perché sono più economici e sono in genere meno eleganti, ma più pratici. Come suggerisce il loro nome (masc sing – un), si specializzano soprattutto in pizze (fem plur – le) e panini (masc plur – i) di tutti i tipi (masc plur) e tutte le varietà (fem plur).

Infine l'enoteca (fem sing – un'), un locale (masc sing – il) dove si va soprattutto per degustare i vini (masc plur) italiani. Sono diventati molto numerosi negli ultimi anni (masc plur – gli), da quando si è diffusa la moda (fem sing – una) di accoppiare la degustazione (fem sing – una) dei vini ai sapori (masc plur –i) dei cibi (masc plur –i) più tradizionali e regionali.

M

1   Aperitivo (bevanda prevalentemente alcolica accompagnata da patatine e olive, da bere prima di pranzo o cena)

2   Barista (persona che lavora in un bar)

3   Cappuccino (bevanda fatta con caffè e latte)

4   Menu (lista dei piatti in un ristorante)

5   Cameriere (persona che lavora in un ristorante)

N

1 b, 2 b, 3 a, 4 c

O

Un pub è un tipico locale inglese. Normalmente la mattina è chiuso, apre alle undici e chiude alle undici di sera. Nel pub gli inglesi vanno soprattutto per bere birra, nelle 'pinte', bicchieri che contengono circa mezzo litro. Alcuni pub di campagna servono anche pranzi e cene, la cucina è casalinga, tra i piatti più tipici c'è il famoso 'fish & chips'.

Unit 3

Tutti i santi giorni!

A

1 o, e, **2** a, **3** ono, **4** i, **5** iamo, iamo, **6** ite, **7** e, e, a, **8** ono, **9** ano, ono,
10 isco, **11** i, i

B

1 ho, **2** sono, **3** seguo, **4** incontro, **5** andiamo, **6** unisce, **7** preferisce, **8** afferma, **9** studio,
10 finisci

C

Ciao Letizia,

Grazie della tua mail. Sono ancora qui a Cambridge, il corso **fine** *finisce* questa settimana. Mi
dispiace perché è stato molto istruttivo ed ora mi sembra di parlare inglese discretamente.

Anche le mie giornate a Cambridge sono uguali: tutte le mattine io e i miei compagni
frequentiamo il corso di lingua generale, che termina all'ora di pranzo. Per pranzo di solito
mangiate *mangiamo* un panino e nel pomeriggio torniamo spesso a scuola. Alcuni studenti
studiano l'inglese commerciale, gli altri **seguo** *seguono* un corso di letteratura inglese.

I corsi nel pomeriggio durano due ore, poi gli studenti sono liberi. Io normalmente **gira** *giro* per i
negozi della città con alcune amiche spagnole.

Ci sentiamo presto! Ciao

Patrizia

D

Archeologia	Archeology
Architettura	Architecture
Biologia	Biology
Chimica	Chemistry
Economia e commercio	Economics And Business
Filosofia	Philosophy
Fisica	Physics
Giurisprudenza	Law
Ingegneria	Engineering

Lingua e letteratura italiana (Lettere)	Italian Language And Literature
Lingue e letterature straniere	Foreign Languages And Literature
Matematica	Mathematics
Medicina	Medicine
Scienze agrarie	Agricultural Studies
Scienze bancarie	Banking
Scienze veterinarie	Education
Scienza dell'educazione	Veterinary Sciences
Storia	History

E

1 Lingue e letterature straniere, **2** Medicina, **3** Giurisprudenza, **4** Archeologia, **5** Scienze veterinarie

F

2 Lettere, **3** Medicina, **4** Ingegneria, **5** Economia e Commercio, **6** Scienze Pedagogiche, **7** Matematica, **8** Giurisprudenza, **9** Biologia, **10** Scienze Bancarie

G

V

H

1 F, **2** F, **3** V, **4** F, **5** V, **6** V, **7** F, **8** V

I

Ma come **è** la giornata tipica di uno studente universitario italiano? Molto simile alla giornata di altri studenti universitari nel resto del mondo. Di solito le lezioni all'università **iniziano** alle nove e nella maggior parte dei casi **durano** quarantacinque minuti. In Italia **esiste** una tradizione, chiamata 'il quarto d'ora accademico': **si riferisce** ai 15 minuti di ritardo con cui il professore **inizia** la lezione. Uno studente **ha** (ho) in media tre o quattro lezioni al giorno, distribuite dalle nove alle sette di sera. Spesso, quindi, **trascorre** (trascorro) tutto il giorno all'università. Durante i momenti liberi **prende** (prendo) un caffè con gli amici, oppure **studia** (studio) in biblioteca, o **pranza** (pranzo) alla mensa con altri studenti.

Molti studenti italiani **frequentano** (frequento) un' università vicino a dove **abita** la propria famiglia, così **continuano** (continuo) a vivere con i genitori e a vedere gli stessi amici delle scuole superiori. Quando **finiscono** le lezioni all'università, di frequente gli studenti **tornano** (torno) a casa, **mangiano** (mangio) con la famiglia e poi **escono** (esco) di nuovo con gli amici di sempre. Per i giovani italiani, quindi, l'esperienza universitaria non sempre **si trasforma** in una opportunità di crescita personale e di indipendenza dalla famiglia, come invece **accade** in altri paesi europei.

Le lezioni all'università non **hanno** l'obbligo di frequenza, e per questo gli studenti non **frequentano** (frequento) tutti i corsi. Quando non **sono** (sono) a lezione, per tenersi aggiornati con quello che è stato spiegato dal professore, **chiedono** (chiedo) ai loro amici una copia degli appunti delle lezioni e li **studiano** (studio) per gli esami.

J

1 giovane, **2** finire, **3** maggiore, **4** tipico, **5** ritardo, **6** distribuito, **7** continuare, **8** uscire, **9** chiedere

K

1 chiedere, **2** ritardo, **3** maggiori, **4** giovane, **5** uscire, **6** tipico, **7** distribuite, **8** finire, **9** continuare

L

1 Gli studenti italiani rimangono a vivere con i genitori.

2 Normalmente la mia giornata tipica inizia alle 7.00.

3 Roberta e Marta mangiano sempre alla mensa.

4 Prima di diventare medico ho dovuto superare l'esame di specializzazione.

5 Il corso di laurea in giurisprudenza è tra quelli preferiti dagli italiani.

M

A model answer is given in reading Activities G-H.

Unit 4

Tutti i santi giorni! II

A

1 sono, **2** sono, **3** abbiamo, **4** facciamo, **5** visitiamo, **6** è, **7** amano, **8** parto, **9** conoscete, **10** avete, **11** venite, **12** scrivete, **13** leggete

B

1 ti svegli, **2** si alzano, **3** ci incontriamo, **4** si allena, **5** vi rilassate, **6** ti rompi, **7** mi siedo, **8** si innervosisce, **9** si iscrivono

C

1 si svegliano, **2** si *alzano*, **3** si riscaldano, **4** *si* rilassa, **5** *si* riposano, **6** si *riuniscono*, **7** si ritirano, **8** si addormentano

D

2   La mia famiglia si incontra la/ogni domenica per pranzo.

3   Giulia si perde sempre quando passeggia nel bosco.

4   Voi vi alzate alle 7.30 tutti i giorni?

5   Io ed i miei amici non beviamo il vino, preferiamo la birra.

6   Mi iscrivo al corso d'italiano perché mi interesso di arte rinascimentale.

7   Ragazzi, rimanete a cena da noi?

8   Luisa e Lara fanno sempre la spesa al supermercato vicino casa.

9   I miei zii vengono in vacanza con/da noi questa estate.

E

Gioco con due squadre di 5 giocatori, che ottengono punti per mandare la palla dentro un canestro. *pallacanestro*

Attività sportiva, può essere artistica o ritmica. *ginnastica*

Sport che si pratica con una barca senza motore. *vela*

Disciplina sportiva che include la corsa, il lancio ed il salto. *atletica*

Gioco praticato da 2 o 4 giocatori, che si rimandano la palla con una racchetta. *tennis*

Lo sport più popolare in Italia, con due squadre di 11 giocatori ed una palla. *calcio*

Gioco all'aperto molto popolare nel Regno Unito e negli Stati Uniti, i giocatori devono mandare una palla in buca. *golf*

Gioco con due squadre di 6 giocatori, che devono lanciarsi la palla senza farla cadere in terra. *pallavolo*

Sport artistico che si pratica in piscina, accompagnato da musica. *nuoto sincronizzato*

Sport che si pratica in bicicletta. *ciclismo*

Sport che si pratica in piscina, con gare di velocità. *nuoto*

Gioco con due squadre di 15 giocatori ed una palla ovale. *rugby*

Gioco che si pratica in piscina, con due squadre di sette giocatori, che si lanciano la palla con le mani. *pallanuoto*

F

1 pallacanestro, **2** pallanuoto, **3** tennis, **4** ciclismo, **5** rugby

G

Sono circa il 60%.

H

1 E, **2** D, **3** A, **4** C, **5** B

I

(A) Gli italiani **offrono** (reg, offrire) molte giustificazioni per la loro mancata attività sportiva, tra le più comuni ci **sono** (irr, essere) la mancanza di tempo libero e la salute. Quest'ultima, però **sembra** (reg, sembrare) anche una tra le ragioni più citate dagli italiani che **decidono** (reg, decidere) di riavvicinarsi allo sport, e **vedono** (reg, vedere) la pratica sportiva come un buon metodo per migliorare la propria salute.

(B) Anche se non tutti gli italiani **praticano** (reg, praticare) uno sport, la maggioranza **segue** (reg, seguire) sempre con molto entusiasmo le manifestazioni sportive di ogni tipo. In particolare, tra gli sport più seguiti, **troviamo** (reg, trovare) il calcio, la pallacanestro e la pallavolo, l'atletica, il nuoto e il ciclismo.

(C) **Sono** (irr, essere) in prevalenza i ragazzi ed i giovani che si iscrivono (refl, iscriversi) alle associazioni sportive di qualsiasi tipo. Ma pochi di loro rimangono (irr, rimanere) in queste associazioni quando **cominciano** (reg, cominciare)a frequentare l'università, o a lavorare e per questo il numero di praticanti si **riduce** (refl, ridursi) in modo significativo per gli adulti. Il numero di adulti che **fanno** (irr, fare) uno sport infatti **è** (irr, essere) esiguo.

(D) Il calcio, naturalmente, si **posiziona** (refl, posizionarsi) al primo posto nella classifica degli sport preferiti dagli italiani, ma la pallacanestro e la pallavolo **sono** (irr, essere) ugualmente diffusi. Quest'ultimo in particolare **attrae** (irr, attrarre) un gran numero di ragazze, perché **è** (irr, essere) uno sport dove non ci **sono** (irr, essere) contatti diretti tra avversari. Allo stesso tempo **è** (irr, essere) uno sport in cui il gioco di squadra **è** (irr, essere) particolarmente importante e in genere gli atleti che **scelgono** (irr, scegliere) questo sport **dicono** (irr, dire) di aver imparato soprattutto ad aiutarsi a vicenda

(E) Il recente successo internazionale dei nuotatori italiani ha aumentato la popolarità del nuoto, un altro sport che **piace** (irr, piacere) molto agli italiani. Ci **sono** (irr, essere) tanti altri sport che **seguono** (reg, seguire) questo trend, ma purtroppo, nel confronto con altri paesi europei, l'Italia **continua** (reg, continuare) a rimanere indietro, a causa soprattutto di carenze di infrastrutture e di investimenti sia a livello locale che nazionale.

J

1 la matematica, **2** i giovani, **3** guardare, **4** la struttura sportiva, **5** il vincitore

K

1 classifica, **2** significativo, **3** attrarre, **4** confronto, **5** praticare, **6** esiguo

L

1 Il numero di praticanti adulti è esiguo.

2 La pallavolo attrae un gran numero di ragazze.

3 I giocatori non si allenano dopo cena.

4 Gli italiani si ritengono un popolo di sportivi.

M

A template for the writing task is provided in readings G and H.

Unit 5

Sale quanto basta

A

lava, taglia, disponi, taglia, metti, lava, decora, aggiungi, non condire

B

lavare, tagliare, disporre, tagliare, mettere, lavare, decorare, aggiungere, non condire

C

1 b, **2** b, **3** a, **4** a

D

1 si fa bollire, **2** si preparano, **3** si butta, **4** si mescolano, **5** si scola, **6** si aggiungono

E

affettare	to slice
aggiungere	to add
arrostire	to roast
bollire	to boil
congelare	to freeze
cuocere	to cook
friggere	to fry
mescolare	to mix
impastare	to knead
pesare	to weigh
rosolare	to brown
scolare	to drain pasta or vegetables

F

PASTA CON PANNA E PROSCIUTTO

1 Cuocere la pasta in abbondante acqua salata.

2 Affettare il prosciutto.

3 Rosolare il prosciutto.

4 Scolare.

5 Mescolare tutti gli ingredienti nella stessa pentola ben calda.

6 Alla fine aggiungere due cucchiai di panna da cucina.

G

Quello che gli italiani mangiano a pranzo.

H

1 Sono troppo grassi e salati.

2 L'insalata di tonno e di pollo.

3 É facile da riscaldare al microonde ma da preparare la sera prima.

4 Il minestrone o la minestra autunnale di carote e zucca con semi di zucca croccanti.

5 Perché sennò diventa noioso e ripetitivo.

6 Per concentrarsi su digestione, relax e cibo mettere via pc, tablet e smart phone.

7 Una passeggiata nel verde.

8 Per ricaricarsi.

I

Ma quali sono i prodotti alimentari più adatti? Ecco alcuni consigli per una pausa pranzo leggera, economica e soprattutto tipicamente italiana!

Evitare (inf) snack come pizzette, patatine e tramezzini. Questi cibi sono veloci e stuzzicanti, ma sono troppo grassi e contengono troppo sale.

Scegliere (inf) sempre la dieta mediterranea. Ecco alcuni esempi:

un piatto di pasta con un sugo al pomodoro fresco è delizioso, fornisce le calorie necessarie ma non è troppo pesante da digerire;

un'insalata fresca di pollo o di tonno è rinfrescante e gustosa. Portarla da casa o comprarla al bar o al ristorante è davvero un'alternativa alimentare sana;

una frittata è facile da riscaldare al microonde in ufficio, ma richiede organizzazione perché si prepara la sera prima;

una minestra di verdura è pratica da portare in ufficio in un contenitore sigillato e da riscaldare al microonde. Ma ci sono anche molti bar e ristoranti che offrono minestre buonissime ed energetiche, per esempio il minestrone di verdure tradizionale, oppure minestre autunnali come la zuppa di carote e zucca con semi di zucca croccanti. Che bontà!

La varietà alimentare è importante anche per la pausa pranzo: **si deve evitare (si form)** di mangiare sempre le stesse cose, perché è noioso e ripetitivo!

La pausa pranzo **si deve fare (si form)** off-line: pc, tablet e smart phone si devono spegnere o mettere da parte almeno per 15 minuti per rilassarsi e concentrarsi sul cibo e favorire una sana e corretta digestione.

J

varietà alimentare/cibi grassi/insalata gustosa/dieta mediterranea/calorie necessarie/minestre energetiche

K

1 a, **2** c, **3** b, **4** b, **5** c, **6** a

L

1   Scegliere sempre la dieta mediterranea

2   Si deve evitare di mangiare sempre le stesse cose

3   Si devono spegnere o mettere da parte pc, tablet, smartphone almeno per 15 minuti

M

pentola	si usa per cuocere la pasta
padella	si usa per friggere
scolapasta	si usa per scolare pasta o verdure
coperchio	si usa sopra pentole e padelle
mestolo	si usa per servire in tavola
coltello	si usa per tagliare il pane

N

A	S	P	L	P	E	P	E	A	D	A	G	I	O	P
R	A	C	L	E	T	E	B	A	P	O	T	A	T	O
O	L	I	V	E	D	P	A	G	V	O	I	T	U	R
N	E	U	S	S	K	E	S	L	A	R	T	O	F	F
S	C	H	U	P	F	R	I	I	N	U	D	E	L	N
B	R	A	T	E	N	O	L	O	E	I	S	S	I	E
F	U	N	G	H	I	N	I	C	R	E	M	E	D	E
D	U	L	C	C	E	C	C	B	U	A	T	T	L	E
C	A	P	P	E	R	I	O	R	O	V	E	A	R	L
Z	U	C	C	H	I	N	I	X	V	T	C	T	I	E
Y	P	E	P	E	R	O	N	I	A	A	K	K	A	A
J	K	B	E	E	D	R	A	C	T	S	O	P	P	I
F	A	D	O	M	I	W	O	B	N	A	I	R	C	O
E	L	L	I	P	S	E	J	M	O	D	O	K	T	Y
T	N	E	C	N	I	V	Z	O	C	E	N	T	E	U

Si fa bollire/Far bollire una pentola con abbondante acqua salata

Si taglia/Tagliare la pancetta a dadini

Si rosola/Rosolare la pancetta con una cipolla tritata finemente e due rametti di rosmarino per qualche minuto

Si cuoce/Cuocere la pasta

Si scola/Scolare la pasta al dente

Si mescola/Mescolare la pasta e la salsa

Si aggiunge/Aggiungere abbondante parmigiano grattuggiato e una spolverata di pepe

Unit 6

In città

A

1 ci sono, 2 ci sono, 3 c'è, 4 c'è, 5 ci sono, 6 ci sono

B

1 questa, 2 quei, 3 quel, 4 queste, questi, 5 quell', 6 quei

C

1 questa prenotazione

2 questi corsi

3 questo fine settimana

4 quelle visite

5 quei boschi

6 quel percorso

D

accogliente	ospitale
antico/a	vecchia
caotico/a	piena di confusione
freddo/a	non calda
grande	estesa

industriale	con molte industrie
moderno/a	ristrutturata, rinnovata
piccolo/a	ristretta
pulito/a	senza sporcizia
sporco/a	con molti rifiuti
tranquillo/a	calma
turistico/a	frequentata dai turisti
vivace	dinamica

E

1 industriali, 2 moderne, 3 antico, 4 caotica, 5 calma, 6 moderna, 7 vivace, 8 freddo,
9 accogliente, 10 antica, 11 caotica, 12 accogliente, 13 turistica, 14 sporca, 15 grande,
16 tranquilla

F

L'importanza delle piazze nelle città italiane.

G

1   Perché i bambini possono giocare fuori dai pericoli.

2   Per trovarsi con gli amici all'inizio della serata.

3   Offrono programmi che includono concerti, cinema all'aperto e feste.

4   Sono piazze riservate al traffico di pedoni e ciclisti.

5   Si trovano prodotti dell'artigianato e dell'enogastronomia locale.

6   Si può anche pattinare sul ghiaccio.

H

1   amano le piazze perché i bambini possono giocare fuori dai pericoli.

2   vanno in piazza per trovarsi con gli amici all'inizio della serata.

3   includono concerti, cinema all'aperto e feste.

4   sono riservate al traffico di pedoni e ciclisti.

5   vendono prodotti fatti a mano e inoltre si può bere e mangiare.

6   fanno divertire sia gli esperti che chi non ha mai pattinato.

7   ci sono caffè, negozi e turisti, ma anche opere d'arte suggestive.

8   è dovuta alle sue numerose contraddizioni.

I

Gli immigrati si incontrano con i loro connazionali nelle piazze, siedono sulle panchine, parlano e si fanno compagnia. Le famiglie portano i bambini nelle piazze a giocare, senza il pericolo delle macchine e del traffico. Gli anziani si siedono ai tavolini dei bar a prendere un caffè, i giovani si danno appuntamento con il loro gruppo di amici in piazza di sera e poi decidono dove andare e che cosa fare.

Nelle piazze **ci sono** anche concerti o spettacoli gratuiti. In alcune città, nelle piazze **c'è** anche il cinema all'aperto.

Attorno alle piazze **ci sono** palazzi antichi, chiese o anche edifici pubblici importanti. Se **c'è** una chiesa, allora davanti alla chiesa a volte si vedono gli invitati di un matrimonio, di un battesimo o di un funerale.

Ci sono tante piazze pedonali in Italia, cioè in cui non ci sono macchine e autobus, ma **ci sono** solo le biciclette e i pedoni. **Ci sono** a volte anche delle aree verdi e dei giardini pubblici. Per Natale in alcune grandi piazze **ci sono** dei mercatini di Natale con prodotti dell'artigianato e dell'enogastronomia locale, e delle piste di pattinaggio sul ghiaccio Queste sono per gli appassionati, ma anche per principianti che proprio qui provano per la prima volta l'emozione e il divertimento di pattinare in un'atmosfera natalizia cittadina.

Tra le piazze più famose d'Italia, piazza San Marco a Venezia è caratterizzata da un'atmosfera da sogno: si affacciano sulla piazza la basilica di San Marco e il Palazzo Ducale, ma anche numerosi caffè e negozi. La affollano i turisti, le guide e i caratteristici piccioni, immancabili in molte foto ricordo. Questa piazza, sospesa tra la terra e la laguna, è uno spazio a misura d'uomo, ricco di storia e di cultura, ma anche di vita, rumore e a volte frenesia.

J

questo/quel luogo pubblico

questo/quel paese

questa/quella città

questi/quegli immigrati

questi/quegli anziani

questi/quei giovani

questo/quel (il) cinema all'aperto

questo/quel luogo pubblico

questo/quel paese

questa/quella città

questi/quegli immigrati

questi/quegli anziani

questi/quei giovani

questo/quel (il) cinema all'aperto

K

Student's own answers.

L

1 mezzi di trasporto pubblici, **2** traffico, **3** inquinata, **4** strade, **5** aiuole fiorite, **6** palazzi, **7** infrastrutture, **8** piscine all'aperto, **9** scuole, **10** ambiente, **11** città

M

La mia città preferita in Italia è Ravenna. Ci sono moltissimi monumenti storici e un'atmosfera bellissima. La città non è molto grande, e quindi è veramente a misura d'uomo. Ci si può spostare facilmente in bicicletta, a piedi o in autobus, senza usare la macchina.

C'è un ricco programma di eventi artistici e culturali sia d'estate che d'inverno, e molti locali interessanti e caratteristici. Ma quello che mi piace di più è che il mare è molto vicino, e quindi si può andare a fare un bagno dopo il lavoro o dopo la scuola in primavera, e d'estate. Ci sono molti turisti francesi, tedeschi, olandesi, italiani e americani, ma soprattutto in primavera e nei mesi di luglio e agosto.

Unit 7

A casa

A

1 tra, **2** di, in, **3** in, **4** su, **5** con, **6** A, **7** per, **8** in, **9** in, **10** tra

B

1 al, **2** di, **3** nel, **4** di, **5** da, **6** dalla, **7** dello, **8** sul, **9** per, **10** al

C

1 possession, **2** time: alle, **3** place, cause: dal, **4** place, place, possession: del, **5** possession: della, purpose/aim, **6** time, **7** place, time

D

1 al, **2** di, **3** al, **4** della, **5** in, **6** al, **7** tra, **8** da, **9** a, **10** dell', **11** a, **12** in, **13** tra

E

S	F	R	T	A	S	B	V	P	P	B	T	A	P	U	D
O	D	S	P	C	A	S	I	N	I	S	T	R	A	D	I
P	N	I	I	C	P	A	C	C	A	N	T	O	A	H	F
R	H	N	U	A	R	M	I	R	D	V	F	N	L	V	R
A	O	I	D	A	V	A	N	T	I	A	D	Q	M	T	O
P	G	S	I	N	O	N	O	T	F	C	F	L	O	G	N
L	A	D	E	S	T	R	A	D	I	C	D	H	N	C	T
O	A	G	T	O	T	U	L	Q	A	A	R	I	I	F	E
N	S	O	R	R	A	P	L	O	N	T	A	N	O	D	A
T	Z	R	O	H	F	K	O	L	C	Q	H	S	B	D	H
A	T	B	A	O	S	O	T	T	O	M	E	O	N	N	P
N	H	B	C	C	A	N	F	C	A	A	M	A	Z	O	N
O	R	S	I	N	G	P	L	A	Y	X	H	L	Y	D	Y
D	C	H	A	R	A	S	I	N	A	T	I	O	N	B	I
A	R	T	T	P	L	X	N	T	Y	A	O	O	R	K	I

F

Nella casa ci sono sei stanze, inclusa una cucina e due bagni.

G

1 L'architetto ha creato una zona giorno aperta.

2 I muri sono stati decorati di bianco e ci sono specchi appesi alle pareti.

3 Nel soggiorno ci sono pochi mobili: un divano ed un mobile porta-televisore a scaffali.

4 Al pianterreno, a sinistra della zona pranzo.

5 C'è una terza camera da letto.

6 Gli scaffali servono a dividere lo spazio in due, ma servono anche come armadi aperti.

H

Per risolvere il problema di questa famiglia, abbiamo pensato di creare una zona giorno **aperta:** dall'ingresso si entra direttamente in un soggiorno **ampio** e **luminoso**. Le pareti sono **bianche** e sui muri sono stati appesi una serie di specchi e quadri **colorati**, che aumentano l'impressione di spazio. L'arredamento è **minimalista**, con un divano sotto alla finestra e, di fronte, un mobile porta-televisore a scaffali, che divide questa area dalla zona pranzo. Dalla zona pranzo, a sinistra, si entra nella cucina, **piccola**, ma **funzionale**. Abbiamo ridotto la spazio per la cucina e ricavato così una nuova camera da letto **singola** al piano **inferiore**. Benché le dimensioni della camera siano abbastanza **ridotte**, si è creato tuttavia uno spazio **privato** per il ragazzo, da utilizzare secondo i suoi gusti. Lo spazio sotto le scale è ora riempito con scaffali **asimmetrici**.

Al piano **superiore** abbiamo lasciato la suddivisione **originale**, con le due camere da letto e il bagno. Ma nella camera delle due ragazze abbiamo creato due aree **private**, **separate** da una serie di scaffali, che possono servire anche come armadi **aperti**. Ai due lati **opposti** degli scaffali ci sono i letti e, appoggiate alle pareti di fronte, le due scrivanie. Così ognuna delle due ragazze può ammobiliare e decorare il proprio ambiente, dandogli un tocco **personale** ed **originale**. La camera dei genitori si trova a destra di quella delle due ragazze e tra le due camere abbiamo lasciato il bagno. Sia il bagno che la camera dei genitori sono stati lasciati come erano.

Model answer:

Abito in un piccolo appartamento, minimalista ma funzionale. Ci sono tre stanze: una camera da letto singola, luminosa e colorata in modo personale. Il bagno è ampio. Al lato opposto del corridoio ci sono due stanze separate da una parete bianca. Le stanze sono asimmetriche: la sala da pranzo è aperta sulla cucina, creando così uno spazio originale. L'appartamento è al primo piano, nel piano superiore ci sono le soffitte e nel piano inferiore due garage privati, di dimensioni molto ridotte.

I

2 ampio, **3** aperto, **4** luminoso, **5** funzionale, **6** superiore, **7** originale, **8** privato

J

1 inefficiente, **2** chiuso, **3** simmetrico, **4** pubblico, **5** inferiore, **6** ristretto, **7** nuova, **8** scuro

K

1 b, **2** c, **3** a, **4** a

L

1   Il bagno è situato tra le due camere

2   Il soggiorno è ampio con un arredo minimalista

3   La mia camera ha poco spazio

4   Vorrei avere una cucina più funzionale

M

Model answer

Abito in un monolocale alla periferia della città. Il mio appartamento è grande, ha due stanze, più un bagno. La divisione tra lo spazio giorno e l'area notte, però, mi sembra poco funzionale, la camera da letto è molto ampia, ma il soggiorno e l'angolo cottura sono più ristretti, e non ho spazio per ricevere ospiti. Non posso cambiare la funzione delle due stanze a causa dell'impianto di acqua e gas. Come posso sfruttare al meglio gli spazi di questa abitazione?

Unit 8

Una vacanza indimenticabile

A

1 ha, **2** ha, **3** è, **4** ha, **5** ha, **6** ha, **7** hanno, **8** è, **9** hanno, **10** hanno, **11** hanno, **12** ha, **13** sono, **14** sono

B

messo	**mettere** *(to put)*
venuto	**venire** *(to come)*
speso	**spendere** *(to spend)*
stato	**essere** *(to be)*
perso	**perdere** *(to lose)*
bevuto	**bere** *(to drink)*
detto	**dire** *(to say)*
chiesto	**chiedere** *(to ask)*
preso	**prendere** *(to take)*
vinto	**vincere** *(to win)*
vissuto	**vivere** *(to live)*
letto	**leggere** *(to read)*
conosciuto	**conoscere** *(to know)*
morto	**morire** *(to die)*
scritto	**scrivere** *(to write)*
scelto	**scegliere** *(to choose)*
spento	**spegnere** *(to switch off)*
trascorso	**trascorrere** *(to spend)*
deciso	**decidere** *(to decide)*
acceso	**accendere** *(to switch on)*
fatto	**fare** *(to do)*
chiuso	**chiudere** *(to close)*
aperto	**aprire** *(to open)*
rimasto	**rimanere** *(to remain)*
visto	**vedere** *(to see)*

C

1 Lui ha vissuto a Palermo.

2 Ho vinto un viaggio premio in Sicilia.

3 Hai visto una paese meraviglioso.

4 Ho speso molto per le vacanze.

5 Hai trascorso una settimana in un agriturismo.

6 Lei ha perso la coincidenza all'aereoporto di Francoforte.

7 Avete deciso dove andare in ferie una volta per tutte.

8 Abbiamo scritto un'email al proprietario dell'appartamento in affitto.

9 Abbiamo conosciuto tutta la regione.

10 Mia cugina Vale è sempre venuta in viaggio con me.

11 Hanno messo in valigia anche il caricatore del tablet?

12 Ha spento il cellulare in aereo.

D

Questions	Answers
Hai prenotato in agenzia?	No, figurati, *ho fatto* tutto online.
Avete cambiato in euro prima di partire?	No, *abbiamo usato* quasi sempre la carta di credito.
Quali sono le cose più belle che *hai visto*?	*Ho scelto* di vedere soprattutto le cattedrali.
Hai bevuto qualche vino tipico?	Sì, *ho mangiato e bevuto* quasi sempre in ristoranti tipici.
Hanno speso molto per l'alloggio?	Sì, *hanno fatto* tutto all'ultimo momento e quindi non *hanno potuto* risparmiare sull'albergo.
Per quanto tempo *sei rimasto* a Madrid?	*Sono rimasto* solo 4 giorni.
Luisa ti *ha detto* che andava in vacanza da sola?	Lei *ha preferito* non dirlo per non farci preoccupare.
Siete stati anche sulla cupola del duomo di Firenze?	Certo, *siamo saliti* fino in cima, sono centinaia di scalini!
Ha letto un sacco per prepararsi al viaggio?	Penso di sì, *si è organizzata* molto bene.
È stato un viaggio lungo e stancante?	Purtroppo, sì, *ho preso* l'Eurostar fino a Marsiglia, circa 7 ore.

E

1 una settimana bianca, **2** un viaggio, **3** un ponte, **4** una vacanza alternativa, **5** il turismo sostenibile

F

1 turismo religioso, **2** pacchetti, **3** alternative, **4** settimana, **5** studio, **6** turismo, **7** ponte, **8** crociera, **9** gite, **10** escursioni

G

Organizzata nei particolari, ma ci sono stati vari imprevisti problemi.

H

1 V, **2** F, **3** F, **4** V, **5** F, **6** F, **7** F, **8** F, **9** F

I

Sono partita PARTIRE da casa una domenica mattina presto. **Sono arrivata** ARRIVARE in treno da sola fino a Roma, dove **mi sono incontrata** INCONTRARSI con i miei amici Ale e Francesco, che dopo l'università **hanno trovato** TROVARE lavoro lì. A Roma **abbiamo alloggiato** ALLOGGIARE in un albergo religioso vicino alla stazione e **abbiamo visitato** VISITARE i Musei Vaticani con calma e senza code, prenotando i biglietti online. Una sera **siamo andati** ANDARE a passeggiare per le stradine di Trastevere, piene di gente, di locali, di giovani e di artisti di strada, una vera rivelazione!

Quindi, fin qui, tutto bene. I problemi **sono cominciati** COMINCIARE quando **abbiamo intrapreso** INTRAPRENDERE la seconda parte delle vacanze: un giro della Sicilia per visitare Agrigento, Siracusa, Taormina e Palermo. **Siamo arrivati** ARRIVARE all'aereoporto di Comiso e **abbiamo scoperto** SCOPRIRE che non ci sono bus per la stazione, così **abbiamo preso** PRENDERE un taxi. Arrivati in stazione, **abbiamo scoperto** SCOPRIRE che il treno non c'era, era stato cancellato, e che il treno successivo partiva la mattina dopo, quindi **abbiamo dormito** DORMIRE in stazione!

Abbiamo passato PASSARE una settimana in Sicilia e **abbiamo trascorso** TRASCORRERE metà del tempo a aspettare treni e coincidenze, **è stato** ESSERE un vero disastro da questo punto di vista. I paesaggi suggestivi e le opere d'arte che **abbiamo visto** VEDERE, dalla Valle dei Templi al teatro di Taormina, al mare e alle spiagge bellissime, **sono stati** ESSERE sicuramente l'aspetto più indimenticabile della vacanza. I trasporti pubblici invece **sono stati** ESSERE un disastro: meglio affittare una macchina, se avete il budget per farlo.

J

1 Abbiamo accumulato 30 minuti di ritardo.

2 Non abbiamo trovato il navigatore satellitare nella macchina a noleggio.

3 Il parcheggio è stato impossibile.

4 Siamo arrivati quando la mostra era già chiusa per il traffico.

5 Abbiamo aspettato 2 ore e 30 per entrare perché c'era troppa gente in coda.

6 Quando finalmente siamo entrati in camera ci siamo accorti della bruttissima vista su uno squallido cortile.

7 La nostra cena tipica è stata deludente.

8 Ho perso il portafoglio in aereoporto e quindi …

K

1 Abbiamo trovato un panorama bellissimo.

2 Non abbiamo avuto nessun problema in albergo.

3 Abbiamo visitato delle mostre affascinanti.

4 Abbiamo scelto gli itinerari turistici personalizzati.

5 Ci sono piaciuti i prezzi modici.

6 Ci è piaciuta l'atmosfera da sogno.

7 Abbiamo trovato pochi turisti.

8 É stato un viaggio breve, ma intenso.

L

See the reading text in Activity H.

Unit 9

Mi piace l'italiano

A

1 è piaciuta, **2** piacciono, **3** sono piaciuto, **4** piace, **5** piacciono, **6** piaci, **7** sono piaciute, **8** piacciono, **9** piace, **10** sono piaciuti

B

1 ti, **2** a lei, **3** me, **4** gli, **5** a loro, **6** a lui, gli, **7** ci, **8** A me, a lui

C

1 Oggi **vi** voglio scrivere a voi per parlar**vi** a voi delle cose che **mi** piacciono a me e dei miei interessi.

2 Già sapete che una delle cose che **mi** interessano a me in particolare è la cucina. I miei amici lo sanno bene, infatti anche quando sono invitata da loro, **gli** devo cucinare io a loro. Per fortuna ci piacciono a noi le stesse cose!

3 Imparare e lingue è un'altra cosa che adoro fare; in questo momento sto studiando il portoghese. Ho una amica che abita a Lisbona e **le** scrivo a lei regolarmente.

4 E voi? Che cosa **vi** piace fare a voi nel tempo libero? Mandate**ci** a noi i vostri commenti.

D

2 **Le** vorrebbe parlare/vorrebbe parlar**le** immediatamente di una cosa piuttosto grave.

3 A mio fratello piace studiare le lingue, invece **a me** le lingue non piacciono affatto/le lingue non piacciono affatto **a me**, **mi** interessa di più lo sport.

4 Quante volte **vi** devo dire/devo dir**vi** di parlare più sottovoce?

5 Tua mamma **ti** ha telefonato stamattina, ma non **ti** ha voluto lasciare/non ha voluto lasciar**ti** nessun messaggio.

6 Il postino **ci** ha lasciato questo pacco accanto al portone, ma non è per noi.

7 Finitela di litigare, non **vi** sopporto proprio più!

8 Non ho più rivisto Paolo e Luisa, forse **gli** dovrei scrivere/dovrei scriver**gli** una mail, per sapere come stanno.

9 Veramente non parlavo **a te**, ma stavo spiegando questa cosa **a lui**.

10 **Ci** piace mangiare in quel ristorante, il suo menu di pesce è squisito.

E

Suggested answers:

1   **Adoro** trascorrere il fine settimana in montagna.

2   Il collega di Rosanna è molto rumoroso e volgare, a Rosanna **è antipatico**.

3   Non **sopporta** sentire l'odore di fumo nei locali chiusi.

4   Antonio è socievole e divertente, **è simpatico** a tutti.

5   Una materia che **mi interessa** è l'astronomia, sono affascinato dalle stelle e dai pianeti.

6   **Ho gradito** molto la torta che mi hai regalato.

7   **Odio** andare a vedere le partite di calcio allo stadio, soprattutto quando piove e fa freddo.

8   **Detesto** Luigi, è egoista e vanitoso.

9   Se c'è una cosa dei suoi amici che proprio **lo irrita** è che bevono troppo.

10 Emilia, **ti amo** molto: sposiamoci!

F

Lo studio dell'italiano non è essenziale per trovare lavoro.

G

1 L, **2** A, **3** L, **4** T, **5** A, **6** T, **7** A

H

Ciao, sono Astrid. **Ti** *(te)* rispondo subito con un aggettivo che hai usato anche tu: bellissima. Penso che la lingua italiana sia bellissima e musicale. Ho studiato storia dell' arte e restauro, e vorrei lavorare in Italia perché **mi** *(Astrid)* offrirebbe un'esperienza in questo settore che qui in Svezia non posso fare. Ma non la studio solo per motivi di lavoro: attraverso la lingua sto imparando anche a conoscere la mentalità italiana, a capire meglio la cultura e la società che ha prodotto le sue più importanti opere d'arte e pertanto ogni volta che torno in Italia per visitare qualche museo, scopro qualcosa di nuovo delle opere che sono esposte.

Ciao. **Ti** *(te)* scrivo a nome di tutta la mia classe di italiano qui a Toronto. Non abbiamo una sola risposta da darti, ma una lista di ragioni: la musica, la cucina, l'arte, la cultura, lo stile di vita, la moda, il design. Benché l'Italia sia un paese abbastanza piccolo, la sua influenza in questi settori è indubbiamente internazionale. E la cosa che li accumuna tutti è proprio la lingua, che rispecchia il carattere degli italiani. Infatti è musicale e passionale, cosi come accoglienti ma impulsivi sono gli italiani.

Ciao, sono Louise. Mi sono iscritta a questo corso di italiano perché l'Italia è uno dei paesi più industrializzati al mondo e anche se non **mi** *(Louise)* piacerebbe trasferirmi in Italia, per il mio lavoro devo collaborare con tante industrie italiane. È importante poter comunicare con **loro** *(le industrie italiane)* nella loro lingua, e l'impegno che metto nello studio dell'italiano **mi** *(Louise)* viene ripagato dalla stima che i colleghi italiani hanno di **me** *(Louise)* e del mio lavoro.

I

attraverso	through
esporre	to exhibit
estero	abroad
impegno	commitment
motivo	reason
ripagare	to pay back
rispecchiare	to mirror
scelta	choice
trasferirsi	to move

J

1 a, **2** b, **3** c, **4** b, **5** a

K

2 studente, **3** badante, **4** conoscente, **5** amante, **6** irritante

L

See the reading text in Activity G.

Unit 10

Cortesie per gli ospiti

A

Valentina, una quindicenne di Torino ha deciso che si era stufata delle solite feste di compleanno. Quest'anno, ha voluto *organizzarla* su Facebook™. Così, ha creato una pagina dell'evento e ha mandato gli inviti. I suoi amici *le* hanno risposto con entusiasmo e *le* hanno mandato messaggi del tipo: 'Che bella idea, sarà una festa stupenda'.

Un vero successo: *lo* hanno pensato in molti e *glielo* hanno fatto sapere in diecimila!

Valentina *lo* ha capito a sue spese: se organizzi la tua festa di compleanno via Facebook™ devi *renderla* privata. Purtroppo Valentina non *lo* aveva fatto e anche se ha chiuso velocemente la pagina, millecinquecento invitati volevano *farle* gli auguri! Valentina e la sua famiglia nel frattempo hanno contattato la polizia, che è dovuta intervenire per disperdere la folla e *comunicargli* che la festa era stata cancellata.

B

1   Glielo avevo già promesso.

2   Quando li vedi me li saluti.

3   Gli ho mandato l'invito via Facebook™ ma non mi ha risposto.

4   Le ho sentite poco ultimamente ma vorrei contattarle per le feste.

5   Mi invitano sempre alle loro cene ma non posso mai ricambiarle a casa mia.

6   È tanto che vorremmo organizzarlo ma ci manca sempre il tempo.

C

1   Le / se voleva vederci/ci voleva vedere

2   Non ho potuto dirglielo/glielo ho potuto dire

3   La posso vedere/posso vederla/le vorrei dire/vorrei dirgliele

4   Non dovete venire a trovarci/non ci dovete venire a trovare senza avvisarci

D

1 li, i, **2** le, e, **3** li, i, **4** lo, o, **5** le, e, **6** l', o, **7** l', o, **8** lo, o

E

Suggesting doing something:

Ti va di ...?	Do you fancy ...?
Perché non organizziamo ...?	Why don't we organise ...?
Sei mai stato a ...?	Have you ever been to ...?
Dai, andiamo a ...	Come on, let's go to ...
Non pensi che sarebbe bello fare ...?	Don't you think that it would be nice to ...?

Accepting an invitation:

Ma sì, che bella idea!	Yes, what a good idea!

Che bello!	How nice!
Mah, ci devo pensare …	Well, I need to think about it …
Vedremo!	We will see!
Senz'altro!	Sure!
Mi informo subito!	Let me find out about it!

Refusing an invitation:

No, purtroppo non posso perché …	No, unfortunately I can't because …
No, devo …	No, I have to …
È un problema, perché …	It's a problem because …
Magari un'altra volta	Maybe another time
Ti faccio sapere	I'll let you know
No, non mi va proprio	I don't fancy it
Perché non …?	Why don't we …?

F

1 d, 2 b, 3 c, 4 a, 5 h, 6 f, 7 e, 8 g

G

1 Perché non andiamo a pranzo fuori il giorno di Natale?

2 Vi va di raggiungerci al cinema quando finite di lavorare?

3 Perché non prenotiamo i biglietti per il teatro?

4 Ti va di andarci anche se è caro?

5 Ti va di uscire con me e i miei coinquilini?

6 Perché non organizziamo noi quest'anno la festa di Capodanno?

7 Venite a sciare con noi la prima settimana di febbraio?

8 Non pensi che sarebbe bello farle una festa a sorpresa per il suo compleanno?

H

Per chi pensa di avere ospiti durante le vacanze di Natale.

I

1 abbiano un po' di privacy

2 vorrebbero farsi la doccia

3 trovino il letto pronto

4 abbiano spazio nell'armadio

5 aiutare con i preparativi

6 per ritrovarsi

7 apparecchiare la tavola

8 chiacchierare con gli ospiti

J

Durante le festività natalizie, è piuttosto frequente ospitare amici e parenti. Ma come far**li** *amici e parenti* sentire a proprio agio? È senza dubbio importante far**gli** *a amici e parenti* capire che gradiamo la loro visita e cercare di dar**gli** *a amici e parenti* spazio, sia fisico che psicologico.

Dopotutto gli amici **ci** *a noi* servono proprio a questo, cioé a stare in compagnia! Cominciamo dalla camera degli ospiti: se **gliela** *la camera per gli ospiti/amici* prepariamo accogliente e calda, i nostri amici **si** *amici* sentiranno subito più rilassati. Il letto, per esempio, dobbiamo cercare di render**lo** *il letto* il più confortevole possibile: se i nostri ospiti sono freddolosi possiamo lasciar**gli** *agli ospiti* una coperta in più, per esempio.

Se arrivano tardi dopo un lungo viaggio, trovar**lo** *il letto* già fatto è senz'altro piacevole. Se lasciamo degli asciugamani per la doccia puliti sul letto pronti per essere usati, i nostri ospiti capiranno che possono far**la** *la doccia* senza problemi.

È importante inoltre far**gli** *agli ospiti* trovare la casa in ordine e pulita, e anche ricavare un po' di posto nell'armadio e liberare almeno un cassetto, in modo che i nostri amici possano disfare la valigia, se ne hanno voglia.

Per la colazione e il pranzo di Natale, possiamo chieder**gli** *agli ospiti* prima che cosa preferiscono mangiare, oppure possiamo far**gli** *agli ospiti* una sorpresa, dipende se **li** *gli ospiti* conosciamo bene oppure no. Anche loro possono decidere se vogliono contribuire ai preparativi del pranzo. Magari **ci** *a noi* hanno portato qualche dolce speciale, o qualche altra sorpresa culinaria, soprattutto se vengono dall'estero o da lontano.

Dobbiamo ricordar**ci** *a noi stessi* che avere ospiti non deve essere un'esperienza stressante, bensì un'occasione per ritrovarsi, aggiornarsi su quello che è successo negli ultimi mesi e rilassarsi in compagnia. Se gli amici o i parenti che ospitiamo sono gentili, **ci** *a noi* aiuteranno a apparecchiare la tavola per il pranzo di Natale, o terranno impegnati i bambini e gli invitati più anziani mentre noi procediamo con i preparativi.

K

1, 4, 7, 2, 9, 5, 3, 11, 10, 6, 12, 8

L

Caro Tommaso, sembra un secolo da quando ci siamo visti a Londra. Ti scrivo perché vorrei convincerti a ospitarmi a casa tua per una decina di giorni a settembre. Sai che sono un ospite educato, che non dà fastidio e che sono accomodante e silenzioso! È vero che avere gente in casa a volte è stressante, ma io posso farti la spesa e riordinarti la casa, e farti anche trovare la cena pronta quando rientri dal lavoro. Vorrei poi proporti di passare un fine settimana insieme all'Isola d'Elba, per andare al Festival Elba Musicale e magari anche a ballare! Posso portarmi la tenda, così stiamo in campeggio e spendiamo meno. Non dirmi di no! A presto Andi

Unit 11

Spese pazze

A

2   I jeans in vetrina sono più belli di quelli che hai già.

3   Il top a destra è più simpatico di quello a sinistra.

4   Il cappotto nero è più caldo del cappotto grigio.

5   La giacca di Gianni è più elegante della giacca di Andrea.

6   Le scarpe con il tacco sono più comode degli stivali.

7   Le mie scarpe da ginnastica sono più pratiche delle tue.

8   La sciarpa che ho comprato è più cara online.

9   La camicia bianca è più adatta con questo completo.

B

Commesso: Buongiorno!

Cliente: Buongiorno!

Commesso: Desidera?

Cliente: Per il momento vorrei solo dare un'occhiata.

Commesso: Ma certo, prego.

[dopo cinque minuti…]

Cliente: Avete dei maglioni **più belli** di quelli che ho visto ai saldi degli altri negozi.

Commesso: È vero, sono tutti lavorati a mano da artigiani locali della lana. Per questo sono **più cari** dei maglioni che si trovano nella grande distribuzione.

Cliente: E la lana da dove viene?

Commesso: La lana è 100% cashmere e proviene dall'India. È un cashmere **più pregiato** di quello che si trova normalmente nei negozi. **È più caro**, ma anche **meno delicato**.

Cliente: Bene, posso vedere un maglione nero da donna?

Commesso: Ma certo! Che taglia? Una 40?

Cliente: Forse una 42!

Commesso: Questo è un modello **più morbido** degli altri, ma se è troppo grande, abbiamo anche un modello **meno morbido e più aderente**.

Commesso: Quello **più morbido** le sta benissimo! Le piace?

Cliente: Mi piace molto! Lo prendo! Quanto costa?

Commesso: Il prezzo pieno sono 200 euro ma con lo sconto il prezzo **è più interessante**, sono 150 euro in tutto.

Cliente: Perfetto, lo prendo, grazie!

C

2 Mi piace sempre il capo più costoso del negozio!

3 Il paio di jeans più originale l'ho visto in un grande magazzino degli Stati Uniti.

4 Si mette sempre il completo più noioso che ha per andare ai colloqui di lavoro.

5 Purtroppo la sciarpa più colorata del catalogo è esaurita.

6 Il maglione più morbido è senza dubbio quello di cashmere, ma va lavato a secco.

7 La taglia più grande non è abbastanza grande per Nina, dobbiamo cambiare modello o genere.

8 Comprare l'abito da sposa è l'acquisto più difficile della vita, secondo le riviste specializzate.

D

Avete visto cappotti **carinissimi**, ma volete trovare un modello **giustissimo** per voi? Per la prossima stagione ci sono quelli **coloratissimi**, con nuances **originalissime** e insolite. Per esempio il rosso, con le sue sfumature **diversissime**, dal rosso classico a uno stile militare **originalissimo** color ciliegia, decorato con cristalli **preziosissimi**.

Una alternativa al cappotto rosso sono i cappotti rosa, ce ne sono di tanti tipi a prezzi **diversissimi**. Oltre ai cappotti cammello, che sono sempre **praticissimi** e di moda, potete scegliere anche un cappotto blu elettrico oppure multicolor: anche in questo caso la scelta è **difficilissima** perché ci sono molti prodotti **bellissimi** e per tutte le tasche.

E

1 migliore, **2** pessimo, **3** più grande, **4** il maggior, **5** minimo, **6** peggiore, **7** ottimo, **8** piccolo

F

1 un abito da sera, uno smoking

2 un chiodo, i jeans skinny, una gonna di ecopelle

3 giacca e cravatta, un completo, un tailleur firmato

4 una felpa, una felpa con il cappuccio, una giacca di jeans, un piumino, una t-shirt, una tuta da ginnastica

G

A	L	L	V	O	R	A	V	**F**	E	C	F	E	D	Y
N	I	E	E	P	I	M	M	**E**	N	I	A	G	F	O
D	L	A	**A**	Z	O	O	R	**L**	U	T	W	I	U	B
B	A	T	**B**	L	E	**C**	O	**P**	E	L	L	E	R	L
N	O	E	**I**	M	I	C	I	**A**	L	Z	N	E	X	R
C	S	O	**T**	I	T	O	S	U	G	V	R	G	N	I
C	**H**	**I**	**O**	**D**	**O**	P	B	A	I	L	Z	U	T	G
X	S	S	**D**	A	R	O	M	L	R	U	A	N	N	T
F	Z	N	**A**	N	C	**J**	R	J	V	B	F	R	B	N
H	P	L	**S**	A	U	I	**E**	T	E	G	T	A	O	E
H	O	W	**E**	C	P	N	T	**A**	C	Y	N	U	X	C
J	B	F	**R**	P	E	W	V	Y	**N**	S	C	A	I	N
U	I	E	**A**	R	F	U	J	C	U	**S**	Y	G	N	I
P	**I**	**U**	**M**	**I**	**N**	**O**	T	C	J	V	O	V	G	V
N	A	G	G	E	P	U	B	M	Q	U	A	P	R	O

H

Shopping alle svendite.

I

1 Ma quali sono gli articoli più gettonati delle svendite invernali? In primo luogo i capi d'abbigliamento, specialmente cappotti, piumini e capi spalla, ma anche maglioni pesanti e sciarpe. Insomma tipici acquisti invernali. 3

2 ma le previsioni sono più ottimistiche: le vendite dovrebbero crescere tra il 5 e il 10%. 2

3 i turisti italiani e stranieri dovrebbero spendere qualche euro in più 2

4 A seguire, le calzature, e gli accessori 3

5 'È importante valutare con attenzione il capo che si vuole acquistare, e se si tratta di un acquisto importante, preferire un taglio e un colore classico e intramontabile, rispetto agli ultimi trend e ai colori della stagione appena trascorsa 5

6 Alcuni dicono che magari prima fanno un po' di ricerche mirate online sul capo di abbigliamento che vogliono acquistare, e poi aspettano lo sconto. 1

7 molti rivelano di avere a disposizione un budget meno generoso rispetto agli anni precedenti. 1

8 Molti riferiscono che i saldi in città sono meglio organizzati che nei villaggi dello shopping. 1

J

Gli italiani non ci rinunciano. Ieri all'apertura dei negozi molte città italiane erano decisamente più **piene di gente** rispetto al fine settimana prima dei saldi. Alcuni consumatori sembrano preferire i negozi cittadini agli outlet, dove ci sono spesso code più **lente** e ci vuole troppo tempo.

La pensano così molte delle persone intervistate in questi giorni per strada. Molti riferiscono che i saldi in città sono meglio **programmati** che nei villaggi dello shopping. Alcuni dicono che magari prima fanno un po' di ricerche mirate online sul capo di abbigliamento che vogliono acquistare, e poi aspettano lo sconto. Ma comunque molti rivelano di avere a disposizione un budget meno **grande** rispetto agli anni precedenti.

Ciononostante, secondo le associazioni dei commercianti ogni italiano quest'anno spenderà tra i 150 e i 200 euro per gli acquisti scontati. Le vendite sono finora state di poco più **basse** rispetto al passato, ma le previsioni sono più **positive**: le vendite dovrebbero crescere tra il 5 e il 10%, e i turisti italiani e stranieri dovrebbero spendere qualche euro in più.

Ma quali sono gli articoli più **richiesti** delle svendite invernali? In primo luogo i capi d'abbigliamento, specialmente cappotti, piumini e capi spalla, ma anche maglioni pesanti e sciarpe. Insomma tipici acquisti invernali. A seguire, le calzature, e gli accessori, ma anche articoli sportivi, pelletteria e biancheria per la casa.

Che cosa consigliano gli esperti del settore per non fare acquisti inutili, facendosi tentare da prezzi scontati fino al 50%?

'È importante valutare con attenzione il capo che si vuole acquistare, e se si tratta di un acquisto importante, preferire un taglio e un colore classico e intramontabile, rispetto agli ultimi trend e ai colori della stagione appena trascorsa. Insomma, meglio un piumino blu, nero o grigio che uno fluo o in un colore decisamente troppo trendy per portarlo l'anno prossimo'.

K

1 di fine stagione, **2** ribasso, **3** fisicamente, **4** inequivoco, **5** difettoso, **6** ripararlo, **7** scontrino, **8** i negozianti, **9** relativo, **10** pagamenti elettronici, **11** si può cambiare, **12** esclusivamente, **13** avete cambiato idea

L

1 skinny, **2** fluo, **3** più, **4** larghissimi, **5** lunghissimi, **6** difettosi, **7** meno grosso, **8** meno pesante, **9** invernale, **10** meno leggero

M

See email above in Activity L.

Unit 12

C'era una volta

A

1 c, **2** c, **3** a, **4** b, **5** a, **6** c, **7** c, **8** a, **9** a

B

2 aspettavano, ordinava, **3** erano, voleva, **4** aveva, si è trasferita, **5** trascorrevi, **6** bevevamo, **7** uscivamo, erano, si lamentavano, dicevano, studiavamo, **8** compravo, **9** lavorava

C

a volte/qualche volta/certe volte	at times / sometimes / certain times
di solito	usually
(quasi) mai	(almost) never
mentre	while
ogni (giorno / settimana / mese / anno)	each (day / week / month / year)
quando	when
sempre	always
spesso	often
tutte (le settimane)	every (week)
tutti (i giorni / i mesi / gli anni)	every (day / month / year)

D

1 mai, **2** mentre, **3** quando, **4** ogni, **5** sempre, **6** spesso, tutte

E

2 faceva spesso windsurf

3 non nuotava tutti i giorni

4 a volte cenava in pizzeria

5 non ballava ogni sera

6 leggeva sempre

7 non dormiva ogni pomeriggio

8 non beveva mai cocktails

F

La famiglia di Monica si è trasferita perché il padre ha trovato lavoro nell'ospedale di Santa Monica.

G

1   Gabriele aveva cinque anni.

2   Gabriele e Susanna avevano un bel rapporto: erano molto legati.

3   Di carattere la mamma di Susanna era socievole e non si stancava.

4   Perché era stanco e e voleva riposarsi, ma la casa era piena di gente.

5   Susanna, Gabriele e la loro mamma tornavano in Italia per tutte le vacanze estive.

6   Quando erano in Italia dormivano nell'appartamento della nonna.

7   Era nel pomeriggio, il momento della passeggiata.

8   Perché la nonna le comprava sempre un gelato enorme con i suoi gusti preferiti.

H

Perciò la mamma di Susanna non **lavorava** *(repeated action in the past)*, così **poteva** *(repeated action in the past)*, dedicare il tempo ai figli, cioè Susanna e suo fratello Gabriele. Gabriele **era** *(description)* più grande di Susanna: quando la famiglia **si è trasferita** *(single event)* a Santa Monica, lui **aveva** *(description)* cinque anni. I due fratelli **erano** *(description)* molto legati: **giocavano** *(repeated action in the past)*, sempre insieme e anche se **litigavano** *(repeated action in the past)*, spesso, **facevano** *(repeated action in the past)*, pace quasi subito.

La loro casa **era** *(description)* sempre piena di persone: amici di Susanna e Gabriele con le loro mamme. Anche la mamma di Susanna **era** *(description)* molto socievole, a lei **piaceva** *(description)* avere tanta gente in casa e non **si stancava** *(description)* . Ma quando il padre **tornava** *(repeated action in the past)*, dal lavoro, **era** *(description)* stanco e **voleva** *(description)* riposarsi, e se **trovava** *(repeated action in the past)*, molte persone in casa, **si irritava** *(repeated action in the past)*, perché non **poteva** *(repeated action in the past)*, rilassarsi. D'estate, quando **finiva** *(repeated action in the past)*, la scuola, i due bambini **tornavano** *(repeated action in the past)*, in Italia con la mamma e **trascorrevano** *(repeated action in the past)*, tutte le vacanze estive con i nonni, gli zii e i cugini. La casa della nonna **era** *(description)* un appartamentino al centro della città, ma **aveva** *(description)* camere da letto sufficienti per ospitare tutta la famiglia di Susanna.

Normalmente il papà li **raggiungeva** *(repeated action in the past)*, nelle ultime due settimane, allora **andavano** *(repeated action in the past)*, tutti insieme con gli altri parenti nella casa al mare, che **distava** *(repeated action in the past)*, circa due ore in macchina da Pavia. Susanna e Gabriele **stavano** *(repeated action in the past)*, sempre in acqua: **si tuffavano** *(repeated action in the past)*, **nuotavano** *(repeated action in the past)*, e **giocavano** *(repeated action in the past)*, con i loro cugini sulla spiaggia. Ma per Susanna il momento più bello della giornata **era** *(description)* la passeggiata del pomeriggio. **Aspettava** *(repeated action in the past)*, con ansia questo momento, perché la nonna le **comprava** *(repeated action in the past)*, sempre un gelato enorme, con i suoi gusti preferiti: limone e amarena.

I

2 impegnativo, **3** grande, **4** piena, **5** socievole, **6** stanco, **7** finire, **8** in macchina, **9** bello, **10** enorme

J

1 b, **2** a, **3** c, **4** a, **5** b, **6** c

K

1 bambina, **2** Italia, **3** impegnativo, **4** ospedale, **5** studiare, **6** aranciata

L

Emma, che bella sorpresa ricevere la tua mail! Mi ricordo molto bene gli anni trascorsi a Santa Monica. Eravamo sempre insieme, io, te e Jane. Jane piaceva sempre a tutti, così bionda, alta e sorridente. Io avevo un po' di gelosia nei suoi confronti. Ci divertivamo molto insieme, ma a scuola veramente mi annoiavo un po', l'unica materia che mi interessava era fisica, ed infatti mi sono laureata in fisica nucleare ed ora lavoro all'università di Milano. E tu, che cosa fai? Canti sempre, come allora?

Unit 13

Andava di moda

A

1 mi sono svegliato, ho perso, **2** c'erano, **3** era, si è sentita male, **4** bevevamo, ascoltavamo, **5** siete andati, **6** era, è rimasta, **7** ero, avevo, **8** abitavano, **9** ho chiamata, hai risposto, **10** hai fatto

B

1 voleva, **2** siamo potuti, **3** ho saputo, **4** conoscevano, **5** hanno voluto, **6** sono dovuto, **7** sapevi, **8** siete conosciuti, **9** dovevate, **10** poteva

C

1 sono partita, **2** ho lasciato, **3** era, **4** trascorreva, **5** ha dimenticato, **6** ha ritrovata, **7** uscivamo, **8** andavamo, **9** incontravamo, **10** tornavamo

D

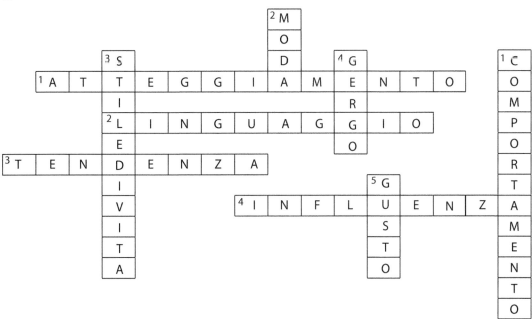

E

1. influenze, gerghi, linguaggio, gusto, moda

2. tendenze

3. originalità, uniformità, comportamento

4. atteggiamento

5. stile di vita

6. condizionamento

F

Sia nell'abbigliamento che negli arredi e nel design da interni.

G

1 l'industria italiana si sviluppava e cresceva

2 si respirava un'aria di ottimismo e cambiamento

3 Piastrelle e tessuti avevano colori sgargianti e forme geometriche

4 I Beatles hanno aperto le porte in Italia anche alla moda inglese

5 Le ragazze indossavano minigonne e stivali, maglioncini a collo alto o camicie

6 i giovani di oggi vogliono allontanarsi dall'uniformità che trovano nei negozi

H

Che cosa **andava** (IP – descriptive over a long indefinite time) di moda negli anni '60? In quegli anni, l'Italia **attraversava** (IP – descriptive over a long indefinite time) un periodo di grande rinascita economica, conosciuto come 'il boom economico': l'industria italiana si **sviluppava** (IP – descriptive over a long indefinite time) e **cresceva** (IP – descriptive over a long indefinite time), le città si **espandevano** (IP – descriptive over a long indefinite time). Si **respirava** (IP – descriptive over a long indefinite time) un'aria di grande ottimismo e cambiamento. Nell'arredamento, questo ottimismo **ha portato** (PP – punctual action) alla creazione di mobili nuovi, colorati ed allegri. In questi nuovi mobili, costruiti con materiali innovativi, come la plastica, molti critici **hanno notato** (PP – brief, punctual action) l'influenza della Pop Art, il movimento artistico più rappresentativo di quegli anni. La stessa influenza si può notare nelle piastrelle e nei tessuti, che **avevano** (IP – descriptive over a long indefinite time) colori sgargianti e forme geometriche.

Nella musica, **erano** (IP – descriptive over a long indefinite time) gli anni dei Beatles, 'Love me do', 'Ticket to ride', 'Help', **erano** (IP – descriptive over a long indefinite time) le canzoni che **facevano** (IP – descriptive over a long indefinite time) sognare le ragazze di tutto il mondo. Insieme alla musica, i Beatles **hanno aperto** (PP – brief, punctual action) le porte in Italia anche alla moda inglese, irriverente e hippie come la minigonna di Mary Quant. I giovani che **volevano** (IP – descriptive over a long indefinite time) distinguersi dal gruppo, ancora tendenzialmente conservatore, **sceglievano** (IP – descriptive over a long indefinite time) di vestirsi con tessuti a stampa geometrica o floreale, le ragazze **indossavano** (IP – descriptive over a long indefinite time) minigonne e stivali, maglioncini a collo alto o camicie, abiti corti a forma di trapezio. È proprio negli anni '60 che **è nato** (PP – brief punctual action) il concetto di stile casual, da sempre sinonimo di stile giovane.

Oggi, il ritorno agli anni '60 **è testimoniato** (PP – single punctual action) dalla popolarità dei prodotti vintage, cioè vestiti e accessori tipici di mode passate che si combinano con vestiti contemporanei per creare degli stili nuovi ed originali, moderni eppure legati al passato. La popolarità del vintage dimostra anche l'originalità dei giovani di oggi, che vogliono allontanarsi dall'uniformità che trovano nei negozi per creare un look individuale.

I

1	abbigliamento	**b**	indumenti
2	allegro	**d**	felice
3	conservatore	**h**	tradizionalista
4	contemporaneo	**g**	attuale
5	creazione	**c**	produzione
6	irriverente	**f**	impertinente
7	porta	**e**	entrata
8	rinascita	**a**	ripresa

J

1   La moda di quegli anni era colorata.

2   La plastica era un materiale che si usava per costruire mobili.

3   Le canzoni dei Beatles facevano sognare le ragazze di tutto il mondo.

4   Le ragazze indossavano le minigonne e gli stivali.

5   I prodotti vintage sono molto popolari tra i giovani di oggi.

K

1 tendenza, 2 passato, 3 rinascita, 4 creazione, 5 influenza, 6 conservatore, 7 ritorno

L

See text in Activities F and G.

Unit 14

Storia dell'arte

A

1 nacque, 2 nacque, 3 entrò, 4 si trasferì, 5 frequentò, 6 imparò, 7 rappresentarono, 8 segnò, 9 cominciò, 10 vennero, 11 divenne, 12 ebbe, 13 uccise, 14 dovette, 15 morì

B

	Cominci-are	Dov-ere	Diven-ire
io (*I*)	cominciai	dovei/dovetti	divenni
tu (*you, singular*)	cominciasti	dovesti	divenisti
lui/lei/Lei (*he/she/ formal you, singular*)	cominciò	dovè/dovette	divenì
noi (*we*)	cominciammo	dovemmo	divenimmo
voi (*you plural*)	cominciaste	doveste	diveniste
loro/Loro (*they*)	cominciarono	doverono	divenirono /divennero

C

1 è, **2** fu, **3** fu, **4** scavarono, **5** stesero, **6** progettarono, **7** ricoprirono, **8** utilizzarono, **9** fu, **10** ospitò, **11** diventò, **12** realizzarono, **13** edificarono

D

1 vissi a Parigi da studente

2 si trasferirono a Palermo da ragazzi

3 nacque quando i genitori ritornarono dall'Australia

4 il marito morì in guerra

5 fu amore a prima vista

6 Ci vedemmo per la prima volta al matrimonio di un amico

7 scrivesti tutto quello che ti successe in un diario

8 l'esperienza più difficile che ebbi fu quella dell'emigrazione

E

8, 10, 4, 11, 3, 6, 9, 1, 5, 7, 2

F

1 c, **2** a, **3** e, **4** f, **5** b, **6** d

G

un affresco	a fresco / mural
un 'opera d'arte	a work of art
un capolavoro	a masterpiece
un movimento	a movement
una collezione	a collection

una commissione	an artistic commission
una mostra permanente	a permanent exhibition
una natura morta	a still life
la prospettiva	perspective
un ritratto	a portrait
una pala d'altare	an altarpiece
un critico d'arte	an art critic
una recensione	an art review
una pinacoteca	an art (picture) gallery

H

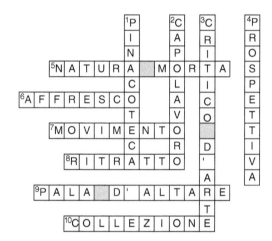

I

No, è un normale visitatore.

J

1   Di solito viene per motivi e di lavoro e ha molto da fare.

2   Una rivelazione.

3   Il Palazzo Reale in collaborazione con altre istituzioni, tra cui il Museo Van Gogh di Amsterdam.

4   L'ultima mostra su VG a Milano fu nel 1952.

5   Il rapporto uomo e natura e vita e arte.

6   Quella olandese, all'incontro con l'Impressionismo a Parigi e all'ultima fase di Arles e Saint Rémy.

7   Espone capolavori come l'Autoritratto, mai esposti prima a Milano. È molto chiara, le spiegazioni sono brevi e l'allestimento permette di apprezzare lo stile innovatore e moderno dell'artista.

8   Di visitarla il giovedì sera, visto che è aperta fino alle 22:30 e di prenotare online per evitare di fare la coda in biglietteria.

K

Ma la mostra di Van Gogh che **ho visto** *[I have seen recently]* a Palazzo Reale **è stata** *[has been]* una rivelazione. L'ultima mostra di questo artista a Milano era stata alcuni decenni fa: **venne** infatti **inaugurata** *[distant past]* nel febbraio del 1952 e **riscosse** *[distant past]* un successo straordinario. Allora Milano **collaborò** *[distant past]* con il Museo Kroller Muller. In questa occasione, la collaborazione **si è estesa** *[has been extended, the exhibition is still on]* anche ad altre istituzioni, prima fra tutte, il Museo Van Gogh di Amsterdam.

La mostra si dedica a una delle tematiche su cui il pittore olandese **si concentrò** *[distant past]* maggiormente, cioè la relazione tra l'uomo e la natura che lo circonda.

Il percorso tematico segue le la cronologia biografica ed artistica del pittore. Si inizia con le prime opere che Van Gogh **realizzò** *[distant past]* in Olanda, per proseguire con il momento in cui **incontrò** *[distant past]* l'Impressionismo quando **si trasferì** *[distant past]* a Parigi, fino alla fase in cui **lavorò** *[as before]* a Arles e a Saint Rémy. Qui come sappiamo, il pittore **si suicidò** *[as before]* nel 1890.

Perché consiglio la mostra? Perché contiene alcuni dei capolavori di Van Gogh, alcuni dei quali **furono eseguiti** *[as before]* tra il 1887 e 1889, per esempio, il famoso Autoritratto, che penso non sia mai stato esibito prima a Milano.

Inoltre, il percorso è molto chiaro e stimolante, con note interessanti e concise, mai troppo complesse e specialistiche, come accade spesso. L'allestimento è molto moderno e minimalista, e si apprezzano al meglio le pennellate vibranti e decise che **caratterizzarono** *[as before]* lo stile e la tecnica pittorica di Van Gogh. Dopo tutto, questo **fu** *[as before]* uno degli artisti più innovatori della storia dell'arte, e **riflettè** *[as before]* in modo straordinario sul rapporto tra arte e vita.

A questo si aggiunga che se visitate la mostra di giovedì, è aperta addirittura fino alle 22:30. Io **ho prenotato** *[I booked – recent past]* online per saltare la coda e **mi sono concesso** *[as before]* il lusso di visitarla appunto la sera, dopo una giornata di lavoro.

L

1 indirizzo, 2 dipinto, 3 tema, 4 impegno, 5 tradizione, 6 interruzione, 7 mantenimento, 8 trattino

M

1 d, 2 g, 3 f, 4 h, 5 i, 6 a, 7 j, 8 e, 9 c, 10 b

See reading text in Activities I and J.

Unit 15

Farà bello?

A

1 potrò, 2 sapremo, 3 vedrete, 4 vivranno, 5 saprai, 6 ci vedremo

B

1 Domani ci sarà una debole bassa pressione sulla Sardegna.

2 Le nubi aumenteranno soprattutto al Nord.

3 Il tempo rimarrà per lo più asciutto.

4 Una perturbazione atlantica arriverà in Italia.

5 Porterà diffuse precipitazioni specie al Nordovest e sul versante tirrenico.

6 Nevicherà a bassa quota.

7 Il sole splenderà sulle aree adriatiche.

8 Venti umidi di origine meridionale soffieranno su tutte le regioni della penisola.

C

1 sarà, 2 aumenteranno, 3 pioverà, 4 tenderà, 5 avrà, 6 si avvertiranno, 7 potrà, 8 resterà

D

1 Quando finirà la scuola, si prenderà un anno di pausa.

2 Lavorerà come volontario in Sudamerica.

3 Forse si trasferirà in Perù.

4 Viaggerà e visiterà molti paesi diversi.

5 Imparerà una nuova lingua.

6 Farà molte nuove amicizie.

7 Nel frattempo farà domanda per iscriversi all'università all'estero.

8 Vivrà lontano da casa e tornerà solo a Natale.

E

1   Quando finirai la scuola andrai subito all'università.

2   Frequenterai la stessa facoltà di tuo padre.

3   Vivrai da solo ma telefonerai ogni sera ai tuoi genitori.

4   Studierai con impegno e senza problemi.

5   Ti laurerai con il massimo dei voti.

6   Tornerai a casa e ti metterai subito a lavorare con tuo padre.

7   Ti troverai una ragazza.

8   Ti sposerai e vivrai una vita tranquilla.

F

domani	tomorrow
dopodomani	the day after tomorrow
tra/fra un'ora	in an hour
tra/fra cinque minuti	in five minutes
tra una settimana	in a week
il giorno dopo	the day after
la settimana prossima	next week
il mese prossimo	next month
l'anno prossimo	next year
il prossimo fine settimana	next weekend
domenica prossima	next Sunday
in futuro	in the future
alla prossima!	until next time!

G

1   l'anno prossimo

2   il prossimo fine settimana

3   tra cinque minuti

4   dopodomani

5   l'anno prossimo

6   alla prossima

7   Il mese prossimo

8   Tra una settimana

H

1 avremo capito, riusciremo

2 avranno deciso, potranno

3 scriveremo

4 interverrà

5 avrà

6 avremo finito, dovremo

7 avremo saputo sfruttare, trarrà

8 ci saremo fermati, diventeranno

I

Dell'Italia/del clima italiano.

J

1 L'estate era bella e soleggiata, calda, ma non torrida e alle infinite giornate di sole di giugno e luglio, seguivano I temporali di agosto e il bel tempo settembrino. [1]

2 gli italiani frequentano assiduamente le pagine web che contengono informazioni meteo [3]

3 si assiste ad una specie di tropicalizzazione del clima, e per questo ci sentiamo disorientati e sentiamo il bisogno di consultare spesso, anzi, spessissimo, il meteo su app e alla tv [3]

4 Molti degli effetti sono già visibili: scioglimento dei ghiacciai, aumento delle temperature, innalzamento del livello dei mari, eventi estremi come siccità o allagamenti. [4]

5 Le indicazioni della UE perché ci sentiamo tutti coinvolti [5]

6 abbassando la temperatura del riscaldamento in casa di un grado, possiamo risparmiare e anche ridurre considerevolmente le emissioni di CO_2 [6]

7 e per questo vari governi europei hanno programmi di finanziamento per aiutare i cittadini ad isolare le loro case [6]

8 Per quanto riguarda l'energia elettrica, è molto meglio scegliere l'illuminazione LED rispetto alle lampadine elettriche classiche perché permette di risparmiare ed è molto meno inquinante [7]

K

Una volta, il tempo era un po' un mistero. Sapevamo però che d'inverno sarebbe **piovuto**, e anche **nevicato**, e che avremmo avuto delle **gelate** e delle **nebbie** fitte e malinconiche nella Pianura Padana. Sapevamo che la primavera arrivava puntuale e dolce nel mese di marzo, e che allora sì, cominciava a fare un po' di **bel tempo**.

1   L'estate era **bella e soleggiata, calda, ma non torrida** e alle infinite **giornate di sole** di giugno e luglio, seguivano **i temporali** di agosto e **il bel tempo** settembrino.

2   Insomma, si potevano fare delle previsioni, si poteva pianificare. Adesso invece, no.

3   I recenti cambiamenti del clima, sempre più imprevedibile e talvolta estremo, sono uno dei motivi per cui, secondo le statistiche, gli italiani frequentano assiduamente le pagine web che contengono informazioni meteo. D'altra parte, prima appunto c'era la scansione delle stagioni, mentre adesso si assiste ad una specie di tropicalizzazione del clima, e per questo ci sentiamo disorientati e sentiamo il bisogno di consultare spesso, anzi, spessissimo, il meteo su app e alla tv.

4   La scienza ci spiega che molti di questi fenomeni climatici estremi sono causati dal riscaldamento globale. Le emissioni legate alle attività umane si immagazzinano nell'atmosfera, e producono riscaldamento e mutamenti climatici. Molti degli effetti sono già visibili: scioglimento dei ghiacciai, aumento delle temperature, innalzamento del livello dei mari, eventi estremi come siccità o allagamenti.

5   Ma cosa possiamo fare noi a livello personale per aiutare a ridurre le emissioni? Le indicazioni della UE perché ci sentiamo tutti coinvolti parlano chiaro: abbassa, spegni, ricicla e cammina.

6   Per esempio, tutti sappiamo che abbassando la temperatura del riscaldamento in casa di un grado, possiamo risparmiare e anche ridurre considerevolmente le emissioni di C02 (anidride carbonica). Anche l'isolamento termico delle abitazioni è molto importante, e per questo vari governi europei hanno programmi di finanziamento per aiutare i cittadini ad isolare le loro case.

7   Per quanto riguarda l'energia elettrica, è molto meglio scegliere l'illuminazione LED rispetto alle lampadine elettriche classiche perché permette di risparmiare ed è molto meno inquinante.

Model answer:

Nel mio paese in primavera e in estate fa bel tempo, ma non c'è mai molto caldo. D'inverno e in autunno, piove, nevica, fa abbastanza freddo e il cielo è costantemente nuvoloso.

L

1 Abbassare il riscaldamento anche solo di un grado.

2 Non aprire le finestre troppo a lungo d'inverno.

3 Non lasciare televisione e pc in standby.

4 Spegnere le luci delle stanze in cui non c'è nessuno.

5 Non sprecare acqua e cibo.

6 Prendere l'autobus o la bici.

7 Fare la raccolta differenziata dei rifiuti.

8 Sostituire le vecchie lampadine con quelle a LED.

M

1 f, **2** h, **3** d, **4** g, **5** a, **6** e, **7** b, **8** c

N

Mi farò l'abbonamento all'autobus, cercando di ridurre al massimo la mia impronta ecologica in città. So che dovrò anche rispettare di più le regole della raccolta differenziata e fare attenzione agli imballaggi, soprattutto della frutta e della verdura, e al consumo di bottiglie di acqua minerale di plastica, forse sarà meglio che mi compri una bottiglia riutilizzabile, ne ho viste al supermercato. Per quanto riguarda il riscaldamento, cercherò di non alzare troppo la temperatura e di usare un timer, mi pare che ce ne siano di smart che si possono controllare a distanza con il cellulare. Tutti questi comportamenti virtuosi dovrebbero ridurre il mio impatto ecologico individuale e le mie emissioni. Speriamo!

Unit 16

È un lavoro che mi piace molto

A

1 che, **2** cui, **3** che, **4** cui, **5** cui, **6** che, **7** cui, **8** che, **9** che, **10** cui

B

1 **a** Ogni, **b** Ciascuno, **c** Qualcuno, **d** qualche, **e** Nessuno, **f** nulla

2 **a** qualsiasi, **b** chiunque

3 **a** qualcuno, **b** ciascun

C

1 Luigi ha comprato finalmente quella casa, di quale ti ha parlato l'anno scorso. Della quale

2 Noemi è una cantante italiana del quale ha raggiunto il successo dopo aver partecipato al programma X Factor. Che

3 L'ufficio postale, in che devo ritirare il pacco, si trova proprio di fronte a casa mia. In cui

4 Durante il mio ultimo viaggio, in quale ho visitato l'India, mi sono ammalata di polmonite. nel quale

5 'La stanza del figlio' è un film di Nanni Moretti, il che è stato girato ad Ancona. Che/il quale

D

1 Sono tutti d'accordo, per il momento non occorre fare nessuno. Niente /nulla

2 C'è ogni cosa che non va? Mi sembri un po' giù. qualche

3 In quella famiglia, ogni contribuisce in ugual misura alle spese domestiche. ognuno

4 Veramente dobbiamo andare al supermercato, in frigo non c'è rimasto qualcosa. Nulla /niente

5 Quante volte devo ripeterti le stesse cose? Di qualche cosa ti parli, non mi ascolti mai. qualsiasi

E

agricoltore	farmer
assistente di volo	flight assistant
avvocato	lawyer
commercialista	accountant
consulente finanziario	financial advisor
docente	teacher/tutor
giornalista	journalist
ingegnere	engineer
medico (chirurgo)	(surgeon) doctor
operatore turistico	tour operator
poliziotto	police officer
segretaria	secretary
tecnico informatico	IT technician

F

1 redazione del giornale

2 agenzia di viaggi

3 aereo

4 scuola/università

5 ufficio

6 azienda/fabbrica

7 questura

8 campo

9 ospedale

10 tribunale

11 studio

12 laboratorio informatico

13 banca

G

W	M	T	Q	I	A	Z	G	I	I	O	M	A	S
D	O	C	E	N	T	E	H	A	N	P	E	S	E
F	D	U	W	G	S	X	R	V	F	E	D	S	G
V	A	I	E	E	D	C	O	V	O	T	A	E	R
T	C	L	A	G	R	I	C	O	L	T	O	R	E
I	O	O	R	N	F	V	A	C	M	R	N	T	T
C	O	M	M	E	R	C	I	A	L	I	S	T	A
S	L	E	T	R	H	B	R	T	L	C	Y	E	R
G	K	D	Y	E	J	N	E	O	E	H	F	N	I
H	J	I	U	P	K	M	T	H	S	I	G	T	A
O	P	C	I	O	L	G	U	E	D	W	J	E	D
G	I	O	R	N	A	L	I	S	T	A	K	D	I

H

True

I

1 V, **2** F, **3** F, **4** V, **5** F, **6** V, **7** F

J

Internet offre anche la possibilità, per chi cerca lavoro, di usare nuove forme di presentazione della propria esperienza e delle proprie abilità, attraverso l'utilizzo di video curriculum, per esempio. Il video curriculum, o video presentazione, è una nuova forma di presentazione delle proprie esperienze professionali e delle proprie abilità e competenze, **che** i candidati diffondono in rete per farsi conoscere. Il video curriculum non è nato in Italia, dove i primi esempi di queste presentazioni registrate hanno iniziato a circolare solo nel 2008, ma si è diffuso inizialmente all'estero, in particolare negli Stati Uniti, dove è conosciuto con il nome di video CV, o VCV.

I profili su social network sono ugualmente importanti, perché le aziende **che** postano le loro offerte di lavoro sulla rete spesso controllano i profili dei candidati durante la fase di selezione delle domande. È pertanto opportuno tenerlo sempre aggiornato, ma scegliere con attenzione le informazioni da rendere pubbliche. Attenzione, dunque, a non scrivere commenti **di cui** ci si potrebbe pentire.

Le competenze richieste per avere successo oggi nel mercato del lavoro sono però rimaste molto simili a quelle ritenute indispensabili anche per le generazioni passate. Per prima troviamo l'abilità nei rapporti sociali, sia in forma diretta che virtuale. Questa è infatti la competenza **che** ci permette di stabilire rapporti solidi e duraturi con clienti e colleghi, importantissimi per il successo di qualsiasi lavoro. Nel nostro mondo globalizzato e internazionale, la conoscenza di una lingua straniera, soprattutto europea, è ormai data per scontata. Saper parlare una lingua extra europea, come il cinese o l'arabo, offre invece maggiori vantaggi, sia per l'importanza economica a livello mondiale dei paesi dove queste lingue sono parlate, sia perché, con un numero minore di persone **che** conoscono queste lingue, c'è meno competizione.

Innovazione, conoscenze tecniche ed informatiche, e capacità organizzativa, infine, sono le altre competenze **che** i datori di lavoro richiedono sempre di più a chi aspira a lavorare per loro.

Che: una forma di presentazione delle proprie esperienze (..) e delle proprie abilità

Che: le aziende

Di cui: i commenti

Che: la competenza

Che: numero di persone

Che: le competenze

K

Capacità	organizzativa
Conoscenza	informatica
Esperienza	professionale
Lingua	europea
Offerte	di lavoro
Rapporti	virtuali
Social	network
Video	presentazione

L

1   video presentazione

2   lingua europea

3   offerte di lavoro

4   conoscenza informatica

5   esperienza professionale

M

1 diffondere, 2 selezione, 3 controllare, 4 indipensabili, 5 rapporti, 6 competizione, 7 richiedono

N

Sono Giulia Natanuzzi, ho 22 anni e sono laureata in Scienze Bancarie presso l'università di Milano. La mia aspirazione professionale è lavorare in una organizzazione internazionale, come la Banca Europea, dove posso entrare in contatto con persone di nazionalità e culture diverse. Una mia passione sono le lingue straniere, parlo inglese e francese correntemente e conosco discretamente il tedesco. La mia esperienza professionale include uno stage presso la Banca Commerciale di Anzio. Sono socievole ed entusiasta, e lavoro bene in squadra.

Unit 17

Se ti senti giù, vai dal dottore

A

1 mangia, **2** prendi, **3** limita, **4** prepara, **5** umidifica, **6** sostituisci, **7** assumi, **8** chiama, **9** dormi, **10** riposa, **11** mangiate, **12** prendete, **13** limitate, **14** preparate, **15** umidificate, **16** sostituite, **17** assumete, **18** chiamate, **19** dormite, **20** riposate

B

1 fai/fa', ascolta, **2** invita, non guardate, **3** non prendere, stai/sta', fai/fa', **4** andate, **5** leggi, **6** dormi

C

1 I, **2** S, **3** RI, **4** O, **5** I, **6** O, **7** RI, **8** S

D

1 Per favore, compra**mi** un litro di latte!

2 Ragazze, non **vi** applicate troppa crema abbronzante.

3 Elena va alla festa di Mina, va**cci** anche tu, ti divertirai!

4 Scusa**li**, sono due bambini un po' troppo vivaci!

5 Per favore, domani mattina non alziamo**ci** troppo presto!

6 C'è ancora quella buonissima torta al caffè? Taglia**mene** una fetta.

7 Eleonora e Fabio, vostra mamma ha telefonato circa un'ora fa. Mandate**le**, un sms per tranquillizzarla!

E

allegro	cheerful
ansioso	anxious
arrabbiato	angry
commosso	emotional
contento	joyful
coraggioso	brave
deluso	disappointed
felice	happy
impaurito	scared

indifferente	indifferent
infelice	unhappy
rilassato	relaxed
soddisfatto	satisfied
triste	sad

F

ansioso	rilassato
arrabbiato	contento
commosso	indifferente
deluso	soddisfatto
felice	infelice
impaurito	coraggioso

G

1 allegre, 2 coraggiosa, 3 infelici, 4 indifferente, 5 soddisfatta, 6 ansioso, 7 impauriti, 8 rilassato, 9 deluso

H

I sintomi che possono indicare la depressione sono: sentirsi giù, non avere voglia di uscire, né di vedere gli amici, rimanere in casa a guardare la tv e mangiare di tutto.

I

1 Le persone tra i 25 e i 44 anni di età e le donne.

2 Perché si ammala chi ha già una predisposizione genetica alla malattia.

3 Le cure e le terapie sono efficaci per uscire da episodi depressivi e per evitarne il ritorno.

4 Perché lo stress è un fattore di rischio.

5 Si deve fare uso di farmaci durante episodi gravi, ma sempre seguendo le istruzioni del medico.

6 Attività leggere all'aria aperta come passeggiate e giardinaggio.

J

La depressione è una vera e propria malattia che interessa circa 15 milioni di italiani, prevalentemente tra i 25 e i 44 anni di età, con una proporzione maggiore nelle donne rispetto agli uomini. Nella maggior parte dei casi, il paziente ha una predisposizione genetica alla malattia, che però si manifesta in genere solo dopo un evento traumatico o comunque percepito come negativo. Episodi depressivi possono durare anche diversi giorni, e spesso ritornano anche molto frequentemente. È difficile guarire definitivamente da questa malattia, ma oggi ci sono cure e terapie molto efficaci, che possono aiutare ad uscire da episodi di depressione e ad evitarne il ritorno. Ecco di seguito alcuni suggerimenti per aiutarvi ad affrontare questi stati depressivi:

Imparate (plur – impara) a riconoscere dai sintomi l'arrivo della depressione, **non fatevi** (plur – non farti) trovare impreparati.

Individuate (plur – individua) le cause della vostra depressione, magari con l'aiuto di un terapista.

Non vergognatevi (plur – non vergognarti) di rivolgervi ad un terapista o ad uno psicologo, o a centri specializzati.

Siate (plur – sii) attenti al vostro stile di vita, perché lo stress è un fattore importante di rischio.

Cercate, (plur – cerca) quindi, di diminuire le situazioni di stress sia al lavoro che nella vita privata, o **usate** (plur – usa) tecniche antistress per minimizzarlo.

Non abbiate (plur – non avere) paura di fare uso dei farmaci antidepressivi, quando vivete un episodio particolarmente grave, ma **seguite** (plur – segui) sempre le istruzioni del vostro medico, per evitare di prenderne dosi troppo forti e di diventarne dipendenti.

Fate (plur – fai) attività fisica, non molto faticosa, ma in modo costante: **fate** (plur – fai) tutti i giorni una passeggiata all'aperto, **occupatevi** (plur – occupati) di giardinaggio, **trascorrete** (plur -trascorri) un paio di ore al parco in compagnia di un amico o un familiare.

K

1 stato d'animo, **2** paziente, **3** meravigliarsi, **4** dannoso, **5** vivace, **6** pentimento

L

1 a, **2** c, **3** b, **4** b, **5** c

M

4 indifferenza, **6** indipendente, **7** inefficace

N

Ciao Pietro, mi dispiace leggere che non stai bene. Forse ti senti un po' stressato per il lavoro? Se ti senti molto stanco e non riesci a dormire, non guardare la televisione dopo cena, ma va a dormire presto. Leggi un libro, e non bere alcolici, ma una bella tisana calda. Ero molto stanca anche io qualche mese fa e questi suggerimenti mi hanno fatto bene. Quando ti senti irritabile, vai a giocare a pallacanestro, oppure fai una bella corsa, così ti tieni anche in forma! Fammi sapere se questi consigli ti sono stati utili. Un caro saluto.

Unit 18

In caso di emergenza, vada al pronto soccorso

A

1 Compri la crema di protezione solare.

2 Applichi la crema prima di mettersi al sole.

3 Usi una crema adatta alla propria pelle.

4 Legga bene la descrizione.

5 Metta di nuovo la crema dopo ogni bagno.

6 Prenda il sole solo per brevi periodi.

7 Interrompa l'esposizione con una pausa sotto l'ombrellone.

8 Parta per andare in spiaggia la mattina presto.

9 Eviti di esporsi durante le ore più calde.

B

1 Si accomodi, **2** Respiri, **3** Faccia, **4** Non parli, **5** Si sieda, **6** Mi ascolti, **7** Mi dica, **8** Non ne fumi, **9** Prenda, **10** Non beva

C

Ciao Elena, come stai? Io sono appena tornata dalla mia ultima vacanza, sono stata in Abruzzo, nel Parco Nazionale, per dieci giorni. È bellissimo, *vacci* anche tu in vacanza, ti divertirai di sicuro. Ma *non* fare camminate senza l'attrezzatura giusta, altrimenti ti potrebbe capitare, come a me, di avere un incidente.

Mia mamma, che era con me, mi diceva in continuazione: '*Mettiti* gli scarponi da montagna anche per piccole camminate, *non essere* testarda', ma io, testarda davvero come sono, l'ultimo giorno sono andata a fare una passeggiata senza scarponi. E mi sono slogata una caviglia. Il signore che mi ha soccorso me lo ha anche ricordato: '*Segua* i consigli di sua madre, la prossima volta, *non sia* testarda. E *non venga* più a camminare con queste scarpe leggere.' Non riuscivo proprio a camminare, con la caviglia slogata, e così il signore mi ha detto: '*Si appoggi* a me, tra cento metri c'è un bar. *Telefoni* a sua madre e *si faccia* venire a prendere lì.'

Ora ti devo salutare, *scrivimi* come è andato il tuo ultimo esame.

Ciao.

Carla

Formal singular imperative	Informal negative imperative	Formal negative imperative	Formal imperative with pronoun	Informal imperative with pronouns
segua	non fare	non sia	si appoggi	vacci
telefoni	non essere	non venga	si faccia	Mettiti
				scrivimi

D

affaticato	fatigued	(sentirsi)
la bronchite	bronchitis	(avere)
debole	weak	(sentirsi)
la febbre	fever/temperature	(avere)
una infiammazione	inflammation	(avere)
una insolazione	sunstroke	(avere)
mal di /male a (gola, testa, denti, schiena)	(throat, head, tooth, back) ache	(avere)
il raffreddore	cold	(avere)
una scottatura	burn	(avere)
stanco	tired	(sentirsi)
la tonsillite	tonsilitis	(avere)
la tosse	cough	(avere)

Avere	Sentirsi
la bronchite	affaticato
la febbre	debole
una infiammazione	stanco
una insolazione	
mal di/male a (gola, testa, denti, schiena)	
il raffreddore	
una scottatura	
la tonsillite	
la tosse	

E

1 raffreddore

2 stanco

3 bronchite

4 infiammazione

5 affaticato

6 scottatura

7 schiena

8 testa

F

L'argomento di questo articolo sono i pericoli e gli incidenti che succedono in casa.

G

1 gli incidenti domestici accadono in proporzioni maggiori tra le donne, probabilmente perché ancora oggi le donne sono le persone che' all'interno della famiglia, trascorrono più ore dedicandosi ai lavori domestici.

2 La maggior parte degli infortuni domestici sono curabili in pochi giorni

3 esistono semplici regole di prevenzione e di pronto soccorso per agire immediatamente

4 tenga i prodotti per la pulizia della casa ed i medicinali fuori dalla portata dei bambini.

5 Faccia attenzione a tappetti e pavimenti scivolosi

6 Dopo l'uso, riponga sempre in posti sicuri coltelli ed altri oggetti taglienti

H

Non sorprenderà sapere che gli incidenti domestici accadono in proporzioni maggiori tra le donne, probabilmente perché ancora oggi le donne sono le persone che all'interno della famiglia, trascorrono più ore nei lavori domestici. Altre categorie di persone più facilmente soggetti ad incidenti domestici sono gli anziani ed i disabili, per proseguire poi con i bambini.

La maggior parte degli infortuni domestici sono curabili in pochi giorni, trattandosi di piccole ferite da taglio dovute ad uso di coltelli, oppure traumi o fratture causate da cadute da sedie o scale, od anche ustioni e scottature dovute a pentole, ferri da stiro, acqua bollente, etc.

In alcuni casì, però, questi incidenti diventano molto più pericolosi e possono causare danni permanenti, se non addirittura la morte. Per questo esistono semplici regole di prevenzione e di pronto soccorso per agire immediatamente: eccone alcune.

Eviti di tenere piante tossiche o velenose in casa.

Tenga i prodotti per la pulizia della casa ed i medicinali fuori dalla portata dei bambini. *(Li tenga fuori dalla portata dei bambini)*

In caso di intossicazione, *vada* al pronto soccorso con informazioni sul prodotto ingerito.

Conservi bene *i cibi avanzati*, in frigorifero e possibilmente in contenitori chiusi. (**Li conservi bene in frigorifero**)

Non salga su sedie o sgabelli che non siano ben fermi e fissi.

Faccia attenzione a tappetti e pavimenti scivolosi.

Dopo una caduta, *applichi del ghiaccio* per ridurre l'infiammazione. (**Lo applichi per ridurre l'infiammazione**)

Non usi apparecchi elettrici vicino a superfici bagnate. (**Non li usi vicino a superfici bagnate**)

Non lasci pentole e cibi liquidi bollenti alla portata dei bambini. (**Non li lasci alla portata dei bambini**)

In caso di scottatura, *immerga la parte del corpo bruciata* in acqua. (**La immerga in acqua**)

Usi protezioni per evitare la chiusura improvvisa delle porte. (**Le usi per evitare la chiusura improvvisa delle porte**)

Dopo l'uso, *riponga* sempre in posti sicuri coltelli ed altri oggetti taglienti. (**li riponga sempre in posti sicuri**)

In caso di tagli, *fermi l'emorragia* e la *sterilizzi* con disinfettante. (**la fermi e la sterilizzi con disinfettante**)

I

1 conservare, 2 riporre, 3 immergere, 4 fermare, 5 applicare

J

Eviti	i cibi troppo grassi
Faccia	molte passeggiate all'aperto
Tenga	sempre con sé una bottiglia di acqua
Mangi	frutta e verdura fresche
Vada	spesso in palestra
Si eserciti	in compagnia
Non beva	alcolici
Non prenda	sempre l'ascensore

K

1 Non le tenga in camera da letto.

2 Le metta in terrazza.

3 Sono pericolosi soprattutto per i bambini.

4 Li rimetta nel cassetto dopo l'uso.

5 Ci vada solo in casi di vera emergenza.

L

Gentile Signor Rossi, si ricordi di prendere sempre le sue medicine: una pasticca al mattina e una alla sera. Faccia una dieta equilibrata, non salti mai la colazione e non mangi cibo troppo piccante, perché le potrebbe fare male allo stomaco e disturbare la digestione. Beva pure vino e birra, ma li prenda soltanto durante i pasti e non superi la quantità di due bicchieri al giorno. Non faccia, però, uso di superalcolici come whiskey or grappa: li eviti del tutto. Faccia molto esercizio fisico: cammini almeno mezz'ora ogni giorno. E soprattutto, deve evitare lo stress, quindi si trovi un passatempo che la rilassi.

Unit 19

Penso di sì

A

1 usciate, 2 escano, 3 venga, 4 dica, 5 possa, 6 capisca

B

1 ci siano, 2 siano, 3 abbia, 4 si preoccupino, 5 abbia aggiornato, 6 abbiano cominciato, 7 sia, 8 abbia deciso

C

1 ti prenda, 2 abbiano deciso, 3 siano già partiti?, 4 non siano ancora arrivati, 5 piaccia, 6 abbia lavorato, 7 tu assicuri, 8 l'abbiamo contattato/a

D

1 abbiano offerto, 2 abbia accettato, 3 partecipi, 4 abbia, 5 ci siano, 6 ci sia stata, 7 inviino, 8 abbia

E

	Invi-are	Iscri-ere	Apri-ire
io (*I*)	invii	iscriva	apra
tu (*you, singular*)	**invii**	iscriva	apra
lui/lei/Lei (*he/she/ formal you, singular*)	**invii**	iscriva	apra
noi (*we*)	inviamo	**iscriviamo**	apriamo
voi (*you, plural*)	**inviate**	iscriviate	apriate
loro (*they*)	inviino	iscrivano	**aprano**

F

1 leggiamo insieme le istruzioni.

2 Carlo voglia aprire un negozio online.

3 impari a usare le app gratuite.

4 guardiamo il tutorial online per vedere come usare questo apparecchio.

5 oltre il 90% dei giovani italiani sia connesso.

6 Twitter™ abbia un filtro per prevenire gli abusi online.

7 le auto senza conducente diventino realtà.

G

M	O	N	M	T	A	T	O	Z	S	O	Z	P	R	V
R	U	A	O	U	P	A	O	M	L	U	O	A	R	**D**
Z	P	I	T	R	P	C	U	N	P	**A**	M	U	A	**I**
O	**C**	**H**	**A**	**T**	**T**	**A**	**R**	**E**	**C**	K	A	C	L	**S**
P	B	L	R	S	C	T	T	**I**	A	B	S	C	**E**	**P**
R	U	R	E	D	E	D	**R**	S	P	O	S	**M**	**R**	**O**
T	T	Q	D	D	L	**T**	N	O	N	U	**A**	B	**A**	**S**
C	E	N	I	E	**E**	A	U	**N**	B	**I**	I	C	**N**	**I**
G	L	O	R	**M**	U	E	C	**A**	L	L	R	C	**O**	**T**
G	E	S	**O**	I	G	I	A	**V**	Q	A	T	C	**F**	**I**
N	F	I	C	G	A	R	C	**I**	N	A	O	A	**E**	**V**
A	**B**	N	A	K	R	X	A	**G**	H	S	T	Q	**L**	**O**
G	N	S	R	U	E	M	A	**A**	L	**M**	I	Z	**E**	**W**
O	E	V	C	I	G	O	C	**R**	T	S	A	E	**T**	**T**
C	**E**	**L**	**L**	**U**	**L**	**A**	**R**	**E**	V	S	V	T	U	V

H

cellulare	un telefono mobile
chattare	chiacchierare online
telefonare	chiamare
sms	un messaggio breve su cellulare
email	una lettera elettronica
messaggio whatsapp	un messaggio su un'applicazione per smartphone
navigare	visitare e sfogliare siti
biometrica	settore della biologia che misura dati rilevanti relativi ai tratti umani
dispositivo	meccanismo o congegno
motore di ricerca	un programma che ricerca parole chiave

I

Students' own answers.

J

1 F, **2** V, **3** F, **4** V, **5** V, **6** V, **7** F, **8** V

K

Indagini e sondaggi recenti rivelano che gli italiani sono molto attenti e curiosi rispetto alle novità tecnologiche. Oltre l'80% possiede uno smartphone, e pare che circa la metà del campione intervistato trascorra in media quasi cinque ore online ogni giorno **circa la metà del campione intervistato trascorre**. Ma ciò che è davvero sorprendente è che almeno il 97% degli italiani abbia accesso **il 97% degli italiani ha accesso** ad un dispositivo digitale nella propria quotidianità.

Un altro dato interessante riguarda la tecnologia indossabile: pare infatti gli utenti italiani siano **gli utenti italiani sono** decisamente interessati a saperne di più sul wearable, soprattutto perché ritengono che sia un modo **è un modo** per raccogliere informazioni su salute e benessere personale.

Il mondo dei social in Italia è ampiamente popolato e frequentato. Si è detto che si trascorrono in media circa cinque ore online. Bene, di queste sembra che due siano dedicate **due sono dedicate** quasi esclusivamente all'uso dei social network, grazie alla diffusione dei device (dispositivi) mobili. Secondo gli indici relativi all'Italia, la maggioranza degli utenti di social network italiani carica fotografie o interagisce con i contenuti postati da altri. Approssimativamente 4 milioni di italiani utilizzano Instagram™, dove il 58% dei contenuti condivisi quotidianamente sono autoritratti fotografici, i cosidetti selfie.

Insomma, è importante sottolineare che la tendenza a utilizzare i social media per socializzare e tenersi in contatto con gli altri sembra convivere con la tendenza opposta, cioé quella a passare molto tempo da soli, in quella che viene definita dalle ricerche 'una solitudine narcisistica'.

Infatti, se il 60% degli intervistati, che non sono italiani di mezza età, ma giovani, i cosidetti 'nativi digitali', pensa che la tecnologia semplifichi decisamente la vita **secondo i giovani la tecnologia semplifica la vita e secondo la stessa percentuale essa ci rende**, la stessa percentuale ritiene anche che essa ci renda meno umani, meno socievoli e disponibili, e più narcisisti. Sembra dunque che l'amore per la tecnologia sia alquanto contrastato **l'amore per la tecnologia è … e i dispositivi … sono forse …**, e che si abbia la sensazione che dispositivi e internet siano forse troppo presenti nella vita di tutti.

L

1 app, **2** condividere, **3** telefono, **4** sistema, **5** sharing economy, **6** intelligente, **7** commenti, **8** servizi, **9** accedere, **10** registrarsi

M

1 g, **2** b, **3** h, **4** d, **5** c, **6** a, **7** f, **8** e

N

Frequento i social media tutti i giorni, soprattutto per socializzare. Penso che siano fantastici per organizzare eventi, per incontrarsi con gli amici e per condividere informazioni, per esempio per programmare un fine settimana o un breve viaggio tutti insieme.

Non mi piace però condividere troppe informazioni. Penso che sia importante ricordare che quello che postiamo su internet ha una durata potenzialmente eterna, e quindi sto attento a non caricare foto e commenti estremi o troppo personali. Mi piace molto condividere foto e aggiornamenti con gli amici e i familiari che vivono all'estero. Mi sembra che questo sia uno degli aspetti più belli e innovativi dei social media.

Unit 20

Vorrei parlarti

A

1   potrei/potresti/potrebbe/potremmo/potreste/potrebbero

2   farei/faresti/farebbe/faremmo/fareste/farebbero

3   rimarrei/rimarresti/rimarrebbe/rimarremmo/rimarreste/rimarrebbero

4 terrei/terresti/terrebbe/terremmo/terreste/terrebbero

5 saprei/sapresti/saprebbe/sapremmo/sapreste/saprebbero

6 vivrei/vivresti/vivrebbe/vivremmo/vivreste/vivrebbero

7 vedrei/vedresti/vedrebbe/vedremmo/vedreste/vedrebbero

B

1 faresti, 2 piacerebbe, 3 andreste, 4 sarebbe, 5 andrebbe, 6 accenderei, 7 cambierebbero,
8 chiameremmo

C

1 prenderei un taxi

2 cercherei di parlargli di persona per dirgli di fare meno rumore

3 metterei dei poster al parco e nella zona in cui abito

4 ordinerei delle pizze a domicilio

5 studierei con un amico per riprovare a fare l'esame

6 ci andrei con un amico

7 le direi se viene al cinema con me e invece la porterei alla festa a sorpresa

8 forse non gli risponderei

D

1 potrebbe, 2 interesserebbe, 3 vorrebbe, 4 andrebbero, 5 frequenterebbero, 6 si
iscriverebbero, 7 potrebbero, 8 sentirebbe, 9 mancherebbe

E

2 si ritroverebbero, 3 parlerebbero, 4 si divertirebbero, 5 rimarrebbero, 6 modificherebbero,
7 staremmo perdendo, 8 sarebbe, 9 permetterebbero, 10 si sentirebbero

F

1 Io non mi intrometterei/non dovresti intrometterti.

2 Io mi convincerei/dovresti convincerti

3 Dovresti riconoscere

4 Io chiamerei/dovresti chiamarlo

5 Io ne parlerei e chercherei/dovresti parlane e cercare

6 Dovrebbe cercare di

7 Io chercherei di trovarlo/dovresti cercare di trovarlo

8 Io gli darei/dovresti dargli

G

1–4	5–6
2–1	6–2
3–8	7–5
4–7	8–3

H

1 Il partner ideale delle donne è un loro coetaneo.

2 Gli uomini invece preferirebbero una donna più giovane.

3 Per la fascia d'età 18-30 anni, il compagno ideale è divertente e romantico.

4 Per le donne non è importante che il compagno sia bello.

5 La donna ideale per gli italiani sarebbe simpatica, intelligente, dinamica.

6 Che cosa rende un uomo affascinante secondo le donne italiane?

I

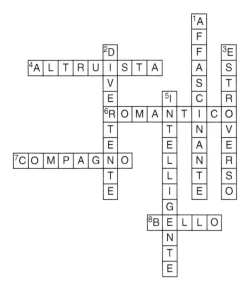

J

1 disgustoso

2 brutto

3 estraneo

4 introverso

5 materialistico/distaccato/freddo

6 stupido/ottuso

7 noioso/pesante

8 egoista

K

Il suo fidanzato forse la tradisce/l'ha tradita.

L

1 Avevamo veramente una bella storia.

2 Io naturalmente mi sono insospettita.

3 Lui dice che si tratta solo di una simpatia e di niente di serio, ma io sono piuttosto arrabbiata che si comporti così dietro le mie spalle.

4 Se io fossi in te non prenderei nessuna decisione affrettata e aspetterei di vedere come si comporta il tuo ragazzo nelle prossime settimane.

5 Forse, potresti organizzare una serata romantica o un weekend da qualche parte per voi due soli. Così potreste passare un po' di tempo lontani dalla routine e dalle preoccupazioni quotidiane, e concentrarvi su di voi. Potreste parlare e tu potresti chiedere al tuo ragazzo di spiegarti meglio che cosa sta succedendo dal suo punto di vista.

6 So che non è facile gestire un rapporto quando ci si sente traditi, ma dovresti dargli un po' di fiducia, almeno per il momento, fino a quando avrai capito meglio che cosa sta succedendo.

7 È possibile che ultimamente tu magari ti sia dedicata troppo al lavoro e abbia trascurato il tuo ragazzo?

8 Perché quando le cose non funzionano di solito la responsabilità è di entrambi.

M

Cara Laura,

sei ovviamente arrabbiata e confusa. Se io fossi in te **non prenderei** nessuna decisione affrettata e **aspetterei** di vedere come si comporta il tuo ragazzo nelle prossime settimane. Forse, **potresti organizzare** una serata romantica o un weekend da qualche parte per voi due soli. Così **potreste passare un po' di tempo** lontani dalla routine e dalle preoccupazioni quotidiane, e **concentrarvi**

su di voi. Potreste parlare e tu **potresti chiedere** al tuo ragazzo di spiegarti meglio che cosa sta succedendo dal suo punto di vista.

So che non è facile gestire un rapporto quando ci si sente traditi, ma **dovresti** dargli un po' di fiducia, almeno per il momento, fino a quando avrai capito meglio che cosa sta succedendo.

Inoltre, io al posto tuo **mi farei anche delle domande** sul tuo ruolo in questa relazione. Sei sicura di avere ragione tu? È possibile che ultimamente tu magari ti sia dedicata troppo al lavoro e abbia trascurato il tuo ragazzo? **Sarebbe meglio** che ti facessi anche questo tipo di domanda perché quando le cose non funzionano di solito la responsabilità è di entrambi.

Come dicevo all'inizio, **io starei calma** e **valuterei** con attenzione i pro e i contro prima di agire. Inoltre, **ne continuerei** a parlare apertamente con lui, per fargli capire che lo ami, ma che non sei disposta a stare con lui se lui non ti ama più come prima.

NON PRENDERE/non prenderei

ASPETTA/aspetterei

PUOI/potresti organizzare

POTETE/potreste passare un po' di tempo

CONCENTRATEVI/concentrarvi su di voi.

POTETE/potreste parlare

PUOI/potresti chiedere

DEVI/dovresti

FATTI/mi farei anche delle domande

È MEGLIO/sarebbe meglio

STAI CALMA/io starei calma

VALUTA/valuterei

CONTINUANE/ne continuerei

N

1 la vera amicizia, **2** equivoco, **3** attrazione, **4** amicizia, **5** gli uomini, **6** lettura, **7** evolutiva, **8** sesso, **9** situazioni imbarazzanti

O

1 una partita di calcio o di un altro sport non competitiva

2 è più facile difendersi dai nemici dichiarati che dai falsi amici

3 un amico che conosci da tanti anni

4 baci

5 fare nuove amicizie

6 il tuo miglior amico

7 un gruppo di amici

8 avere un gruppo fisso di amici con cui si esce regolarmente e di solito ci si dà appuntamento sempre nello stesso posto (bar/piazza/parco)

P

See reading text in Activities K and L.

Unit 21

Speriamo bene

A

1 Anna e Pietro si siano conosciuti durante una vacanza per single.

2 i matrimoni in Italia siano in aumento.

3 troppe persone al loro matrimonio.

4 abbiano avuto una bambina ieri.

5 la festa di fidanzamento non sia un'abitudine molto diffusa nel mio Paese.

6 la legge sulle adozioni gay non sia ancora stata approvata.

7 il divorzio breve sia entrato in vigore qualche tempo fa.

8 le unioni civili siano un esempio da seguire.

B

1 nonostante, **2** sebbene, **3** a meno che, **4** nonostante, **5** senza che/a condizione che

C

1 b, **2** f, **3** a, **4** e, **5** c, **6** g, **7** h, **8** d

D

1 di arrivare in tempo al ricevimento

2 che non abbiamo perso l'arrivo della sposa

3 di ritornare a casa dopo l'università

4 di trovare un appartamento tutto per sé

5 che voglia andare all'estero a lavorare

6 che mio fratello non sia ancora riuscito a risparmiare abbastanza per comprarsi una casa

7 che vostra figlia viva la sua vita

8 restare single

E

1 because

2 so that/in order to

3 because

4 so that/in order to

5 so that/in order to

6 because

7 because

8 so that/in order to

F

Dei cambiamenti nella struttura della società.

G

1 b, 2 a, 3 c, 4 a, 5 c, 6 c, 7 b

H

I single in Italia sono sette milioni. Studi recenti **rivelano** come Milano sia la città italiana con il maggior numero di famiglie mononucleari. Gli adulti che **vivono** da soli **sono** infatti il doppio delle coppie. **Sono** anziani, giovani precari, ma anche le cosidette 'small families' o famiglie monoparentali, cioè quelle composte da un padre o una madre soli con figli.

Sembra che il fenomeno single **abbia avuto** effetti molto importanti su numerosi settori, da quello dei trasporti, a quello dell'assistenza, a quello immobiliare. Per esempio, le agenzie immobiliari **registrano** ormai da alcuni anni una crescente richiesta di appartamenti più piccoli, di dimensioni più adatte a queste mini-famiglie.

Anche **il settore degli alimentari comincia ad adattarsi alle esigenze di chi vive solo. Non è più concepibile che si** trovino in vendita solo grosse porzioni familiari, o che **ci sia** solo una vasta rete di ipermercati, dove **fare** una maxi-spesa settimanale, quando i consumatori single **tendono a fare** un po' di spesa qua e là, quasi ogni giorno e vicino a casa o al ritorno dal lavoro. Insomma **sembra** che **tendano** a fare una spesa veloce che **richiede** piccoli punti vendita nelle zone residenziali, piuttosto che grossi centri commerciali lontani dal centro.

Luisa Angelini, responsabile dell'agenzia 'Single è bello' **ritiene** che quest'universo **stia assumendo** ormai dimensioni importanti anche nel settore dei servizi e delle consulenze personalizzate per single. Per esempio, negli ultimi anni **sono emerse** numerose agenzie tradizionali o online che **si occupano** dell'organizzazione di vacanze e weekend per questo gruppo di persone. **Si tratta** indubbiamente di un mercato in crescita e dalle grandi potenzialità, soprattutto per quanto **riguarda** le vacanze in Italia. Ma come **funzionano** queste agenzie? **Si paga** una quota di iscrizione, **si registra** il proprio profilo e le destinazioni che **ci interessano**. Poi **pensa** a tutto l'agenzia, che normalmente **lavora** sulla base di algoritmi matematici di profilazione per **combinare** caratteristiche personali e **trovare** il nostro compagno o la nostra compagna di viaggio ideale.

I

1 mammoni, **2** matrimonio, **3** matriarcale, **4** estesa, **5** numerosa, **6** casalinga, **7** unita,
8 familista

J

1 sociali, **2** estesa, **3** patriarcale, **4** mononucleare, **5** figli, **6** coppie, **7** solo, **8** unico, **9** contro,
10 infanzia, **11** genitori, **12** adulte, **13** bambini

K

1 b, **2** d, **3** c, **4** a

L

See reading text in Activities F and G.

Unit 22

Se potessi cambiare qualcosa

A

1 bevessi, **2** dessimo, **3** dicessero, **4** facessi, **5** steste, **6** fossero

B

1 avessi, **2** facesse, **3** sapessimo, **4** costruissero, **5** studiaste, **6** mi iscrivessi, **7** fossero, **8** ci fossero

C

1 avessimo fatto

2 ci fosse stata

3 si fosse permessa

4 aveste considerato

5 avessero avuto

6 aveste informato

7 avessimo agito

8 avessero parlato

D

1 non l'avrei comprata di seconda mano.

2 avrei affittato un appartamento più moderno.

3 avrei preso un anno di pausa prima si scegliere che cosa fare all'università.

4 non mi sarei messo con lei.

5 non sarei mai venuto qui.

6 avrei studiato almeno un po' d'inglese.

7 mi sarei impegnato più nello sport da giovane.

8 non avrei accettato questo lavoro.

E

1 aveste, **2** avessimo capito, **3** avessimo valutato, **4** facessimo, **5** fosse stata, **6** fosse, **7** spendessimo, **8** fosse stato

F

1 e, **2** c, **3** g, **4** a, **5** f, **6** b, **7** h, **8** d

G

1 Pompei, **2** Villa Adriana, Tivoli, **3** Reggia di Caserta, **4** Mantova, **5** Il Monte Etna

H

Di come salvare le coste italiane.

I

1 F, 2 V, 3 F, 4 F, 5 V, 6 F, 7 V, 8 V

J

Dalla seconda metà del Novecento si è innescato un processo di cementificazione ed urbanizzazione (spesso abusiva) a cui si è recentemente sommato il fenomeno della progressiva erosione costiera. Questo problema è ancora più serio per quanto riguarda le spiagge, con quasi un terzo della loro superficie occupato da infrastrutture e costruzioni. Il fascino di un paese in cui si poteva godere delle bellezze naturali ed artistiche, passeggiando tra dune marine e macchia mediterranea a pochi passi da monumenti greci e romani, per esempio, è quasi irrimediabilmente perduto.

Che cosa si sarebbe dovuto fare? Se la gestione delle coste fosse stata più chiara, invece di essere così frammentaria (condivisa da Regioni, Stato e Enti locali), **sarebbe stato più facile** applicare le leggi esistenti per la tutela del paesaggio. **Se i governi italiani degli ultimi decenni si fossero davvero interessati** all'inestimabile patrimonio naturale delle coste, **avrebbero potuto tutelarlo** con maggior rigore. **Avrebbero soprattutto dovuto proibire** di costruire a ridosso della costa, e **avrebbero dovuto proteggere** il territorio per almeno un chilometro dalla linea costiera vera e propria. In tal **modo si sarebbe salvaguardata** l'unicità del contesto italiano e **si sarebbe potuto continuare** ad attrarre un turismo di qualità.

Che cosa potrebbero fare i cittadini per aiutare a salvare ciò che rimane delle coste italiane? I cittadini dovrebbero senza dubbio fare pressione sia a livello locale che a livello nazionale per una gestione sostenibile del patrimonio costiero. Inoltre, si dovrebbe educare la popolazione ad un uso attento delle coste, e all'importanza della rinaturalizzazione. Ciò significherebbe investire risorse nella riqualificazione e nel recupero della biodiversità. Quindi, un altro strumento importante secondo molte delle associazioni ambientaliste, sarebbe incentivare i Comuni a conservare le zone costiere libere, e promuovere così una inversione di tendenza, fermando la cementificazione.

K

1 il censimento, 2 luoghi, 3 operazione, 4 cittadini, 5 bellezze, 6 Penisola, 7 siti, 8 degrado, 9 certose, 10 attiva, 11 classifica, 12 cofinanziati

L

1 intervenire, 2 progettare, 3 partecipare, 4 classificare, 5 censire, 6 coinvolgere, 7 recuperare, 8 invertire

M

Se fossi il Presidente del Consiglio cercherei di realizzare un programma 'verde' per il recupero delle bellezze paesaggistiche del mio Paese. Vorrei che i Comuni e gli enti locali proteggessero le aree verdi e le aree più interessanti delle città dal punto di vista architettonico. Proibirei quindi di costruire palazzi troppo alti, o di ampliare ed estendere le proprie case sacrificando i giardini.

Insomma, vorrei garantire ai cittadini di vivere in uno spazio a misura d'uomo.

Adjectives	These are words used to add information about a noun. They can indicate possession – **la mia borsa** *my bag*; quality – **il lavoro è interessante** *the job is interesting*; colour – **lo scaffale bianco** *the white shelf* and many other types of information. In Italian, adjectives change the final vowel to agree with the forms of the noun.
Adverbs	These words add information about verbs and the way the action is done: **Antonio parla lentamente** *Antonio speaks slowly*; **mescolare frequentemente** *stir frequently*. They can also modify or add information to an adjective – **oggi sono davvero stanco** *today I am really tired*. Many Italian adverbs end in **-mente**, and they only have one form.
Agreement/to agree	Articles and adjectives in Italian change their form depending on the gender (masculine or feminine) and number (singular or plural) of the noun they refer to – **la ragazza italiana** *the Italian girl*; **il ragazzo italiano** *the Italian boy*. Therefore, when we say that articles and adjective agree in gender and number with the noun, or that there must be agreement in gender and number between articles and adjectives and the noun, what we mean is that the articles and adjectives adopt the specific form to match that of the noun.
Articles	These are small words which are always found in combination with a noun or pronoun – **la scuola** *the school*; **il vino** *the wine*; **una malattia** *an illness*; **uno student** *a student*. They can be either definite or indefinite. In Italian the article has different forms in order to agree with the noun it accompanies. **il/lo/l'/la/i/gli/le** are the Italian equivalent of the English definite article *the*; **un/uno/una/un'** are the Italian equivalent of the English indefinite article *a/an*.
Auxiliary verbs	These verbs are used to help form the compound tense (see below) of the main verb. In Italian there are two auxiliary verbs, **essere** and **avere** – **Luigi ha studiato** *Luigi has studied*; **Saranno tornati dalle vacanze i miei amici?** *Will my friends be back from their holidays?*
Compound tense	The compound tense is a verb tense which is obtained by combining an auxiliary verb with the past participle of the main verb. In Italian, the **passato prossimo** – **hai mangiato** *you ate*, **sono andato** *i went* and **trapassato** – **eravamo partiti** *we had left*, **avevano spedito** *they had sent* are examples of compound tenses.
Gender	In Italian all nouns, persons, animal, object and even feelings have a gender. **Burro** *butter* for instance is masculine; **bellezza** *beauty* is feminine. Adjectives and articles must take the gender of the noun they refer to.
Infinitives	This is the form of the verb which you find in the dictionary. In Italian you can recognise this form by its ending in **-are, -ere** or **-ire**, while in English it is recognisable by the word *to* – **arrivare** *to arrive*; **leggere** *to read*; **dormire** *to sleep*.
Intransitive verbs	These verbs, which cannot have a direct object, are normally followed by a preposition, such as **a, di, in, su, per** – **Maria parla a sua madre** *Maria is speaking to her mum*. They normally combine with the auxiliary verb **essere** to form compound tenses – **il treno è partito dalla stazione** *the train left the station*.
Irregular verbs	These are verbs that do not follow the standard pattern of the majority of verbs. Amongst the most important are the two auxiliary verbs, **essere** and **avere**, but in Italian there are numerous other irregular verbs.

Nouns	Nouns are words that denote a person – **ragazzo** – *boy*, an animal **tartaruga** – *turtle*, an object – **fotografia** – *photo* or an abstract idea or feeling **felicità e odio** – *happiness and hate*.
Number	In grammatical terms, this indicates whether a noun is singular (one) or plural (more than one).
Object	In a sentence, the object is the noun or pronoun that receives the action of the verb – **io scrivo un libro** *I am writing a book*; **io vado a scuola** *I go to school*. When the object is the answer to the question **whom/what?**, we say that it is a direct object. *The book*, in the first example, is a direct object. The indirect object is always introduced by a preposition, such as **a, con, da**, etc. *To school*, in the second example, is an indirect object.
Possessives	These are adjectives and pronouns, such as **mio** *my/mine*, **tuo** *your/yours*, **suo** *his/her*, etc., which indicate possession or ownership.
Prepositions	Prepositions are small words which are used to express a relation of time, the position and possession, etc., of a noun – **la scuola è tra il parco e il supermercato** *the school is between the park and the supermarket*. The Italian prepositions are **di, a, da, in, con, su, per, tra/fra**.
Pronouns	Pronouns are used to replace a noun which has already been mentioned. They can be subject pronouns if they are used to replace the subject of a sentence – **lei arrriva tardi** *she arrives late*; direct or indirect object pronouns, if they are used to replace the object in a sentence – **mi ascoltava attentamente** *he listened to me attentively*; relative pronouns, if they refer back to a noun previously mentioned in the sentence – **non conosco l'uomo che ho visto ieri** *I don't know the man who I saw yesterday*; or reflexive pronouns, when they are used with reflexive verbs (see next entry).
Reflexive verbs	When the person doing the action and the one receiving the action are the same, we use a reflexive verb – **mi lavo** *I wash myself*. These verbs are always used with the reflexive pronouns and in Italian they can be recognised in the infinitive by the ending in **-arsi, -ersi, -irsi** – **svegliarsi** *to wake up*; **sedersi** *to sit down*; **ferirsi** *to harm oneself*.
Subject	The subject of the sentence is who or what carries out the action of the verb – **l'architetto ha fatto il progetto della casa** *the architect planned the house*.
Tense	Verbs normally change their form to express the time of the action, so we have present, past and future forms – **aspetto l'autobus** *I am waiting for the bus*; **ho finito l'università due anni fa** *I finished university two years ago*; **loro arriveranno tra due settimane** *they will arrive in two weeks' time*. The different forms of the verbs are known as tenses.
Transitive verbs	These are verbs which have a direct object – **mangio la pizza** *I eat pizza*; **visitiamo la mostra di Pollock** *we are visiting Pollock's exhibition*. These verbs normally combine with the auxiliary verb **avere** in compound tenses.
Verbs	Verbs are the words which express the action, state or feeling in a sentence – **Antonio corre ogni sera** *Antonio runs every evening*; **Ancona è una città dell'Italia centrale** *Ancona is a city in central Italy*; **Non ti senti bene?** *Do you feel unwell?*

Italian–English

a proprio agio	*relaxed, comfortable*
abilità e competenze	*skill and competence*
abusiva	*illegal, not legally approved*
accogliente	*welcoming*
accumuna	*[they all] have in common*
affollato	*busy/crowded*
le agenzie immobiliari	*estate agents*
un albergo religioso	*a hotel run by a religious order*
allagamenti	*floods*
allenarsi	*to train*
l'allestimento	*layout*
anche	*also/too*
annuncio di lavoro	*job advert*
apparecchiare la tavola	*to lay the table*
gli appunti	*notes*
arredo	*furniture*
un articolo	*an item (normally of clothing)*
le associazioni dei commercianti	*retailers' associations*
attraversare	*to go across*
bensì	*but, on the other hand*
calzature	*shoes/footwear*
il campione	*the sample*
un capo	*an item (normally of clothing)*
carenze	*lack (plu)*
cerco altri studenti	*I am looking for other students*
la chiacchiera (fare due chiacchiere)	*the chat (to have a chat)*
cibo da asporto	*take away food*
cioé	*that is*
coincidenze	*connections*
connazionali	*fellow countrymen*
consulenze personalizzate	*personalised consultancy services*
i consumatori	*shoppers/consumers*
contattatemi	*contact me*
contenitore sigillato	*sealed container*
una coperta in più	*an extra blanket*
le cosidette	*the so-called*
una cucina abitabile	*a dining kitchen*
darsi appuntamento	*to arrange to meet*
data per scontata	*given for granted*
una decisione affrettata	*a rushed decision*
decenni	*decades*
dedicare il tempo ai	*to dedicate his/her time to*
degustare	*to taste*
dietro le mie spalle	*behind my back*
dipendenti	*addicted*
domanda (di lavoro)	*(job) application*
durare	*to last*
enogastronomia	*food and wine*
enti locali	*local councils*
entrambi	*both*
epoca	*age*

era sempre piena	[it] was always full of	la manifestazione sportiva	the sporting event
espandersi	to grow/expand	mobile porta-televisore	television stand
d'estate	in summer	nebbia	fog
evitare	avoid	nevicare	to snow
fare quattro passi	go for a short walk	l'obbligo di frequenza	compulsory attendance
farmaco	medicine	ospitarmi	to host me
le festività natalizie	Christmas holidays	un passo falso	a false move
freddoloso/i	someone who feels the cold	pasti leggeri	light meals
frequentato	visited	pedonale/pedonali	pedestrianised
fuori dalla portata	out of reach	pedoni	pedestrians
gelata	frost	pelletteria	leather accessories, for example, bags and belts
gettonato	very popular/in demand	pennellate	brush strokes
giovani precari	young people on temporary contracts	pentirsi	to regret
grave	serious	percepito	felt/perceived
immagazzinarsi	to store up	il percorso tematico	the thematic progression (of the exhibition)
inaugurare	open/launch		
incidenti mortali	fatal accidents		
indispensabile	essential	piante velenose	poisonous plants
ingerito	swallowed, ingested	piovere	to rain
innescarsi	to trigger itself	la portata (la portata di carne o di pesce)	course (the meat or fish course)
intraprendere (abbiamo intrapreso)	to embark on	predisposizione genetica	genetic tendency/predisposition
una inversione di tendenza	reversal/U-turn	previsioni meteo	weather forecast
ipermercati	big supermarkets on out of town retail parks	prodotti alimentari/cibi/alimenti	foods
iscriversi	to enrol	profilazione	profiling
il locale	the venue	punti vendita	shops
locali	bars and clubs	quota d'iscrizione	registration fee
macchia mediterranea	Mediterranean vegetation	la quotidianità	daily life
		restauro	restoration
la maggioranza	the majority	ridursi	to reduce, to decrease

rimanere indietro	*to remain behind*	tutela/tutelare	*protection/to protect*
riscaldamento in casa	*heating*	urti e cadute	*collisions and falls*
riscuotere successo	*to be a success*	gli utenti	*users*
i saldi	*sales*	valutare i pro e i contro	*to assess the pros and cons*
saltare la coda	*avoid the queue*	zona giorno / zona pranzo	*living/dining area*
scaffali	*bookshelves*		
uno scambio	*an exchange*		
scioglimento dei ghiacciai	*glacier melting*		
scrivetemi	*write to me*		
sentirsi traditi	*to feel betrayed*		
senza code	*no queues*		
si riferisce a	*[it] refers to*		
siccità	*drought*		
socievoli	*sociable*		
soggetti a	*subject, prone to*		
una sorpresa culinaria	*a culinary surprise*		
stampa geometrica o floreale	*geometric or flower print*		
la stima	*esteem*		
suddivisa	*divided*		
i suoi gusti preferiti	*her favourite flavours*		
temporale	*storm*		
la tendenza opposta	*the opposite trend*		
tramite la rete	*through the web/ internet*		
trascorrere (abbiamo trascorso)	*to spend (time)*		
una trasferta	*working away*		
tropicalizzazione	*climate becoming more tropical (with very warm spells and very heavy rains)*		

Essere

Indicativo/ indicative		Presente/ present	Imperfetto/ imperfect	Passato remoto/ preterite	Futuro semplice/ future
io (*I*)		sono	ero	fui	sarò
tu (*you*)		sei	eri	fosti	sarai
lui/lei/Lei (*he/she/you, formal*)		è	era	fu	sarà
noi (*we*)		siamo	eravamo	fummo	saremo
voi (*you, plural*)		siete	eravate	foste	sarete
loro (*they*)		sono	erano	furono	saranno
		Passato prossimo/past	Trapassato prossimo/ plusperfect	Trapassato remoto/past perfect	Futuro anteriore/ future perfect
io (*I*)		sono stato/a	ero stato/a	fui stato/a	sarò stato/a
tu (*you*)		sei stato/a	eri stato/a	fosti stato/a	sarai stato/a
lui/lei/Lei (*he/she/you, formal*)		è stato/a	era stato/a	fu stato/a	sarà stato/a
noi (*we*)		siamo stati/e	eravamo stati/e	fummo stati/e	saremo stati/e
voi (*you, plural*)		siete stati/e	eravate stati/e	foste stati/e	sarete stati/e
loro (*they*)		sono stati/e	erano stati/e	furono stati/e	saranno stati/e

Congiuntivo/ subjunctive		Presente/ present	Passato/past	Imperfetto/ imperfect	Trapassato/ plusperfect
io (*I*)		sia	sia stato/a	fossi	fossi stato/a
tu (*you*)		sia	sia stato/a	fossi	fossi stato/a
lui/lei/Lei (*he/she/you, formal*)		sia	sia stato/a	fosse	fosse stato/a
noi (*we*)		siamo	siamo stati/e	fossimo	fossimo stati/e
voi (*you, plural*)		siate	siate stati/e	foste	foste stati/e
loro (*they*)		siano	siano stati/e	fossero	fossero stati/e

Condizionale/ conditional		Presente/present	Passato/past
io (*I*)	sarei	sarei stato/a
tu (*you*)	saresti	saresti stato/a
lui/lei/Lei (*he/she/you, formal*)	sarebbe	sarebbe stato/a
noi (*we*)	saremmo	saremmo stati/e
voi (*you, plural*)	sareste	sareste stati/e
loro (*they*)	sarebbero	sarebbero stati/e

Imperativo/imperative subjunctive		Presente/present
	io (*I*)	-
	tu (*you*)	sii
	lui/lei/Lei (*he/she/you, formal*)	sia
	noi (*we*)	siamo
	voi (*you, plural*)	siate
	loro (*they*)	siano

Infinito/infinitive	Presente/present	Passato/past
	essere	essere stato

Gerundio/gerund	Presente/present	Passato/past
	essendo	essendo stato

Participio/participle	Passato/past
	stato

Avere

Indicativo/ Indicative		Presente/ present	Imperfetto/ imperfect	Passato remoto/ preterite	Futuro semplice/ future
	io (*I*)	ho	avevo	ebbi	avrò
	tu (*you*)	hai	avevi	avesti	avrai
	lui/lei/Lei (*he/she/you, formal*)	ha	aveva	ebbe	avrà
	noi (*we*)	abbiamo	avevamo	avemmo	avremo
	voi (*you, plural*)	avete	avevate	aveste	avrete
	loro (*they*)	hanno	avevano	ebbero	avranno
		Passato prossimo/past	Trapassato prossimo/ plusperfect	Trapassato remoto/past perfect	Futuro anteriore/ future perfect
	io (*I*)	ho avuto	avevo avuto	ebbi avuto	avrò avuto
	tu (*you*)	hai avuto	avevi avuto	avesti avuto	avrai avuto
	lui/lei/Lei (*he/she/you, formal*)	ha avuto	aveva avuto	ebbe avuto	avrà avuto
	noi (*we*)	abbiamo avuto	avevamo avuto	avemmo avuto	avremo avuto
	voi (*you, plural*)	avete avuto	avevate avuto	aveste avuto	avrete avuto
	loro (*they*)	hanno avuto	avevano avuto	ebbero avuto	avranno avuto

Congiuntivo/ subjunctive		Presente/ present	Passato/past	Imperfetto/ imperfect	Trapassato/ plusperfect
	io (*I*)	abbia	abbia avuto	avessi	avessi avuto
	tu (*you*)	abbia	abbia avuto	avessi	avessi avuto
	lui/lei/Lei (*he/she/you, formal*)	abbia	abbia avuto	avesse	avesse avuto
	noi (*we*)	abbiamo	abbiamo avuto	avessimo	avessimo avuto
	voi (*you, plural*)	abbiate	abbiate avuto	aveste	aveste avuto
	loro (*they*)	abbiano	abbiano avuto	avessero	avessero avuto

Condizionale/conditional		Presente/present	Passato/past
	io (*I*)	avrei	avrei avuto
	tu (*you*)	avresti	avresti avuto
	lui/lei/Lei (*he/she/you, formal*)	avrebbe	avrebbe avuto
	noi (*we*)	avremmo	avremmo avuto
	voi (*you, plural*)	avreste	avreste avuto
	loro (*they*)	avrebbero	avrebbero avuto

Imperativo/imperative subjunctive		Presente/present
	io (*I*)	-
	tu (*you*)	abbi
	lui/lei/Lei (*he/she/you, formal*)	abbia
	noi (*we*)	abbiamo
	voi (*you, plural*)	abbiate
	loro (*they*)	abbiano

Infinito/infinitive	Presente/present	Passato/past
	avere	avere avuto

Gerundio/gerund	Presente/present	Passato/past
	avendo	avendo avuto

Participio/participle	Passato/past
	avuto